»Richtig wandern«

Cevennen und Languedoc

Wanderungen 1 bis 28 in den Cevennen und im Languedoc

»Richtig wandern«

Cevennen und Languedoc

Hans-Georg Deggau

DuMont Buchverlag Köln

Umschlagvorderseite: Ländliche Idylle auf den Grands Causses
Abbildung Seite 2: Blick in die Gorges du Tarn

Die Deutsche Bibliothek – CIP-Einheitsaufnahme

Deggau, Hans-Georg:
Cevennen und Languedoc / Hans-Georg Deggau. – Köln: DuMont, 1992
(Richtig wandern)
ISBN 3-7701-2663-7

Satz, Druck und buchbinderische Verarbeitung: Boss-Druck, Kleve

Printed in Germany ISBN 3-7701-2663-7

Inhalt

Praktische Reise-Informationen

Cevennen und Languedoc

im Überblick

Land und Leute

Die zwei Gesichter des Languedoc – Küste und Gebirge

Die Cevennen, die südlichen Ausläufer des Zentralmassivs, und die historische Region des Languedoc wurden in der Französischen Revolution in eine Reihe von Verwaltungsbezirken, den Départements, unterteilt, nämlich Hérault, Lozère, Gard und Ardèche. Geographisch zerfällt die Region in unterschiedliche Gebiete, die nur wenig miteinander gemein haben: der breite Küstenstreifen mit den Garrigues einerseits, das Gebirge von den östlichen Cevennen bis zur Montagne Noire andererseits. Die Aufgliederung bleibt für die ganze Region die gleiche: ein Streifen Gebirge, ein Streifen Garrigue und der Küstensaum.

Küste und Gebirge wiesen immer schon unterschiedliche Lebensweisen auf. In Schlagworten gefaßt: Die weltoffene Küste und die abgeschlossene dörfliche Bergbauernsiedlung. Küste und Gebirge verlangen auch unterschiedliche Anstrengungen und Bemühungen der Natur gegenüber, bringen andere

Trockenes Land auf dem Causse de Sauveterre

Kontakte und Verkehrsformen hervor, andere Ausprägungen der Sprache und unterschiedliche ökonomische Verhältnisse. Diese Gegebenheiten machen die historische Entwicklung verständlicher. In dem folgenden Überblick ist dieser Unterschied immer als prägend mitgedacht. Er hat, so scheint es, in der Geschichte bis heute eine entscheidende Rolle gespielt. Aber möglicherweise

Menschenleere Hochplateaus – Die Grands Causses

Obwohl die Grands Causses zu den vielleicht eindrucksvollsten Landschaften Frankreichs zählen, sind sie auch dort weder bekannt noch geschätzt. Sie liegen abseits allen touristischen Verkehrs. Hochebenen, die keine richtigen Ebenen sind, hügelig in unendlicher Weite, Wind und Wetter ausgesetzt, äußerst wasserarm, manchmal wüstenartig und versteppt. Nur auf kurvigen und schmalen Straßen sind sie zu erreichen, durch tiefe Schluchten voneinander getrennt.

Sie schließen sich westlich an die Gebirgsregion der Cevennen an und staffeln sich von Süden nach Norden, beginnend mit dem Causse du Larzac über den Causse Noir und den Causse Méjean bis zu dem Causse de Sauveterre im Norden, um nur die größten zu nennen. Der **Causse du Larzac** mit seinen sechs Einwohnern pro Quadratkilometer ist geprägt von der eintönigen Weite der Schafweiden, nur aufgelockert durch einige Bauernhäuser, Ginster- und Buchsbaumsträucher.

Der **Causse Noir,** der schwarze Causse genannt nach seinem alten Bestand an Tannen, ist der kleinste der vier Großen, im Süden durch das tiefe Tal der Dourbie, im Norden durch die Gorges der Flüße Jonte und Tarn begrenzt. Auch hier unendliche Weite, wild und unkultiviert. Keine Ansiedlung ist zu sehen, der Blick wird durch nichts begrenzt. Eine karstige Region, von der Sonne ausgedörrt.

Der **Causse Méjean** ist der ärmste, auch an menschlichem Leben. Auf 330 Quadratkilometern zählt er 450 Einwohner. Er liegt etwa in der Mitte der Grands Causses, daher auch sein Name. Im Süden wird er begrenzt durch die Gorges de la Jonte, im Norden durch die Gorges du Tarn. Von allen liegt er im Schnitt am höchsten, um die 1000 Meter, und hat das härteste Klima: sehr strenge Winter, im Sommer extreme Temperaturunterschiede zwischen Tag und Nacht. Im Osten finden sich ausgedehnte wüstenartige Flächen, im Westen mehr Wald.

Der **Causse de Sauveterre** ist der nördlichste der Vier. Nicht so dürr und unfruchtbar wie die anderen, sind seine westlichen Teile stark bewaldet. Jedes Eckchen, das etwas fruchtbarer ist, wird landwirtschaftlich genutzt. Oft sieht man noch wunderbare alte Häuser.

Das größte Problem der Causses stellt von alters her das Wasser dar. Zwar fällt bis zu über einem Meter Niederschlag im Jahr; aber das Wasser versickert sofort in den Rissen und Ritzen des Kalkbodens, der es nicht festhalten kann. Da und dort sieht man sogenannte *Lavognes,* Vertiefungen, in denen sich das Wasser ausnahmsweise wegen des Tonuntergrundes ansammelt und die als Viehtränken genutzt werden. Wegen des Wassermangels verfügte früher jedes Haus über ein ausgeklügeltes System, das kostbare Naß in nur jeder denkbaren Weise in die Zisternen zu leiten. Heute existiert ein Netz von Wasserleitungen, an das praktisch jeder Haushalt auf den Causses angeschlossen ist.

ist diese natürliche Einteilung doch etwas Künstliches. Die grundlegenden Unterschiede im Languedoc beziehen sich vielleicht stärker auf die Differenzen zwischen Ost und West. Dem Westen fehlt die Industrie, er betreibt immer noch im wesentlichen Weinbau, auch wenn sich dieser von der Massenproduktion zur Produktion von Qualitätsweinen entwickelt hat. Demgegenüber erlebt der Osten mit seinen städtischen Zentren wie Montpellier und Nîmes einen explosiven Urbanismus. Aber wenn auch die alten Einteilungen nicht mehr so tragfähig sind, so haben sie doch von anderer Seite eine neue Bestätigung erfahren: vom Tourismus. Denn für ihn zählt in erster Linie die Alternative des grünen Gebirges oder des blauen Meeres – und die Sonne.

Die Flucht in die Städte

Die Unterschiede zwischen Ost und West hängen mit längerfristigen Prozessen zusammen. So haben zwei mächtige demographische Bewegungen das Languedoc in den letzten hundert Jahren bewegt. Die erste bewirkte durch den Aufschwung des Weinbaus und der Manufakturen im 19. Jh. ein erstaunliches Bevölkerungswachstum. Aber mit dem Ende des Jahrhunderts begann ein langer und anhaltender Abstieg, der bis in die 50er Jahre dieses Jahrhunderts anhielt. Vor allem die dauernde Krise des Weinbaus, die Schwierigkeiten der nur schwach entwickelten Industrie und die Abwanderung der jungen Generation in die nördlichen Zentren, nach Paris oder Lyon, trugen dazu bei. Der Umschwung in den 50er Jahren kam zunächst durch Einwanderungsströme aus Spanien und Italien, dann durch die Rückkehr der Franzosen aus den Kolonien, vor allem in Folge des Algerienkrieges und der Lösung Algeriens von Frankreich.

Die Migrationen, inzwischen vor allem innerhalb des Landes, sind immer noch sehr stark. Zwischen 1975 und 1982 wurden in den drei Départements Aude, Gard und Hérault fast eine halbe Million Bewegungen festgestellt. Das Hauptmotiv ist dabei überraschenderweise weniger wirtschaftlicher Art als vielmehr das attraktive Leben im Süden. Die Altersstruktur zeigt ebenfalls, daß die Jugend die Dörfer und Städtchen der Garrigue und der Berge verläßt, um sich in den großen Städten anzusiedeln. 1982 waren die Gegenden, in denen der Bevölkerungsteil der unter 25jährigen mehr als 35% betrug, der Küstenstreifen und die großen Agglomerationen, vor allem Montpellier. Bezirke, bei denen der entsprechende Anteil unter 20% liegt, finden sich durchweg im Hinterland. Für die Cevennen heißt das: sie haben in den letzten hundert Jahren 75% ihrer Bevölkerung verloren.

Auch hier zeigt sich wieder, daß die Ebene die größere Anziehungskraft besitzt. Bessere Kommunikationswege, höherer Lebensstandard, größerer Reichtum, ein ausgeprägteres kulturelles Leben – all das fördert die lang anhal-

Die Landflucht überläßt die Dörfer dem Verfall

tenden Konzentrationsbewegungen in die Städte, also in die Ebene oder an die Küste. Heute wohnen in diesen Bezirken etwa drei Viertel der Bevölkerung des Languedoc. Zersiedelung und ausufernde Städte führen dazu, daß die alte Unterscheidung Stadt/Land in diesen Bereichen ihren Wert fast verloren hat.

Der Midi – Frankreichs goldener Süden

Was ist der *Midi*? Meine Befragung einiger Franzosen führte zu nichts. Ja, das sei eben der Süden. Ob denn die Provence dazugehöre, das Roussillon und das Languedoc? Ja,... Nein,... Also eigentlich, jein ... Keiner wußte es genauer. Vielleicht ist die Frage einfach falsch, vielleicht läßt sich der Midi geographisch nicht festlegen. Vielleicht ist er etwas ganz anderes, Ausdruck eines Lebensgefühls, einer Lebenshaltung, einer Einstellung, einer anderen Erfahrung ... Kurt Tucholsky schreibt: »... freundlich geht es da zu. ›T'en fais pas‹ ist ein schöner Grundsatz. Bring dich nicht um! Nun, hier bringt sich keiner um.... Die Bedürfnisse der bürgerlichen und bäuerlichen Provinzfranzosen sind nicht groß, viel wichtiger ist ihnen: zu leben. Sie wissen alle, wozu sie da sind, hienieden. Und es ist gar kein Zweifel, daß sie mit solchen Gaben mehr vom Leben haben als jene, die sich abrudern ... Die Leute in der französischen Provinz rennen nicht, sie leben«.

L'homme du Midi – man sieht ihn morgens in der Frühe im Café sein Glas Rotwein trinken; man sieht ihn in größeren Mengen beim Boulespiel, auch vormittags, zu unserer großen Verwunderung; man sieht ihn geduldig seine Angelleine in den Fluß werfen, aber nie etwas herausziehen; man sieht ihn um die Mittagszeit in seinem Café den Pastis trinken; man sieht ihn, gemütlich weiterschwätzend, in seinen zerbeulten R 4 steigen und wegfahren, ohne sich um den Sicherheitsgurt zu scheren. Man kann ihn erkennen an seiner Nase: mit etwas Aufmerksamkeit sieht man bedeutende Nasen, groß und zerklüftet, in unterschiedliche Regionen zersprengt, deren Farben von hellem Rot bis zu tiefem Violett und Blau changieren. Kurz, er ist noch ein Mensch, wie wir uns einen Menschen vorstellen. Er scheint nicht angesteckt von der alles erfassenden Hektik der Städte, seinen eigenen Rhythmus lebend, ohne Hast, geduldig. Im Frieden mit der Sonne und seinen Freunden. Der sich nicht um die Welt und um das kümmert, was gesund sein soll, sondern sein Steak frites mit Genuß verzehrt.

Und zu ihm gehört dieses Land, auch wenn wir es geographisch nicht präzise festlegen können. Die Sonne, die niederbrennt und alles austrocknet und verdorren läßt, vor der man flüchten muß und die oft nur die Vormittagsstunden und den späten Nachmittag zur Arbeit läßt – so daß es besser ist, ansonsten im Café zu sitzen oder Boule zu spielen. Das Meer, das verführerisch spiegelt, glänzt und schimmert, das blendet und stürmt und verschlingt, das bald ausgefischt ist, aber noch genug für die Fischsuppe läßt. Der Wind, der abkühlt und es manchmal auch regnen läßt, der oft aber unerbittlich hart ist, auch kalt und schneidend, und den Sand der Sahara über das Meer bringt. Die Felsen und die Berge, kahl, blendend, verbrannt, von denen man in die Ferne blickt über die unendlichen Weinfelder.

Angesichts dieser Natur, in ihrer Härte und Schönheit, werden die Städter und ihre eilige Hast, das Geld und seine Anhäufung, die Moden und die Skandale der Politik lächerlich und nebensächlich. Und der *homme du Midi* genießt sein Glas Rotwein in seinem kleinen Café vor seiner täglichen Partie Boule. Hat er nicht recht?

Warten auf Kundschaft am Canal du Midi

Die Pflanzenwelt

Auch die Pflanzen sind unterschiedlichen Bedingungen ausgesetzt. Sie können nur im Zusammenhang mit der ›menschlichen Geographie‹ verstanden werden. Denn die menschlichen Eingriffe sind inzwischen so tiefgreifend, daß es manchmal schwierig ist, noch von ›natürlich‹ zu sprechen. In großen Bereichen müssen sich diese Lebewesen anpassen (Bewirtschaftung und Düngung, Ausdehnung der Städte, Luftverschmutzung, Herbizide usw.) oder untergehen.

Die allgemeine Einteilung in Ebene und Gebirge ist auch hier brauchbar, muß aber etwas differenziert werden. Nächst dem Meer erstreckt sich die Küstenregion, Strand und Étangs. Zwei Charakteristika sind hier entscheidend: das Salz des Meeres und die große Trockenheit. Das Gelände war früher sehr ungesund, sumpfig, mit vom Wind zerfurchten Lagunen. Diese alte Küste, ein Paradies für Pflanzen und Tiere, ist durch ihre touristische Industrialisierung zum größten Teil verschwunden. Die Landschaft, die wir heute vorfinden, ist jungen Datums. Die Begradigungsarbeiten, Trockenlegungen der Sümpfe und Entwässerungen des letzten Jahrhunderts wurden durch die Bulldozer dieses Jahrhunderts zu ihrem Abschluß gebracht. So gibt es heute fast keine traditionellen Häuser mehr – was noch vorhanden ist, soll ins Museum. Alles ist neu: begradigte Wasserläufe, neugeschaffene Seen, künstliche Orte. Deshalb ist die Küste heute im wesentlichen ein künstliches Ambiente, in dem die natürliche Vegetation verdrängt ist.

Das Gebiet zwischen Küste und Garrigue ist von Kulturpflanzen beherrscht. An erster Stelle ist der Weinstock zu nennen, der das Bild der Landschaft weiträumig prägt und die anderen Nutzpflanzen fast ganz verdrängt hat. So herrscht der Weinstock, der im ersten vorchristlichen Jahrtausend von den Phöniziern oder Griechen hier heimisch gemacht und dann von den Römern zu seiner ersten Blüte gebracht wurde, über Wohl und Wehe der okzitanischen Wirtschaft, deren monokulturelles Hauptprodukt er darstellt. Er besetzt etwa die Hälfte des landwirtschaftlichen Bodens.

Maschine zur Destillation von Lavendel

Neben der Weinrebe bestimmt ein weiteres klassisches Gewächs des Mittelmeerraumes das Bild, der Ölbaum. Das Olivenöl des Languedoc ist aber trotz seiner Qualität nicht so bekannt wie das der Hochprovence oder der Toskana. Ähnlich wie im großen Obstgarten der Provence finden sich weitere typische Kulturpflanzen wie die Feige, die Aprikose oder der Pfirsich, wenn auch in eingeschränktem Maß. Auch Kirsche, Birne und Apfel (Holsteiner Boskop) sind anzutreffen.

In der Garrigue stoßen wir auf eine ganz andere Landschaft. Ihre großen Flächen standen nie im Zentrum der Aufmerksamkeit. Als weitgehend wildes Ödland erweckt sie nur begrenzt touristisches Interesse. Da und dort ist eine Feriensiedlung entstanden oder eine Diskothek à la mode in die Landschaft gebaut worden. Nur in der Nähe der Städte gibt es kein Halten: Sie dehnen sich rücksichtslos aus. Die Garrigue ist eine Degradation der im Mittelmeerraum verbreiteten Formation der Macchia, des Buschwaldes. Hier ist der Artenreichtum relativ eingeschränkt. Die Humusarmut des durch Erosion, Brände und menschliche Eingriffe geschädigten Bodens erlaubt nur eine karge Entwicklung von Baum- und Strauchgewächsen, selten werden Bäume höher als vier Meter.

Im Bereich der Garrigue kann man bei den Pflanzen drei Stockwerke unterscheiden: die Bäume, die Büsche und Sträucher, den Bodenbewuchs, Gras, Blumen usw. Bäume sind hier keine großen Pflanzen, sondern nähern sich eher den Büschen an. Vorherrschend ist die immergrüne Kermeseiche, man kann sie als Leitpflanze dieser Pflanzengesellschaft ansehen. Ihre ledrigen Blätter sorgen für eine geringe Verdunstung. Außerdem leuchtet das Gold des Ginsters, das Lila des Heidekrauts und Rosmarins, das Blau des Lavendels, und in der herbstlichen Landschaft setzen die roten Früchte des Erdbeerbaums farbige Akzente. Dazwischen das Weiß des kahlen Kalksteins.

Botanikbücher nennen in der Reihenfolge ihrer Bedeutung Kermeseiche, Ginster, Thymian und Zistrose. Das ist typisch für die südliche und küstennahe Garrigue. Hier gedeiht also trotz menschlicher Eingriffe noch immer eine große Artenvielfalt. Der Norden der Garrigue dagegen gleicht einer pflanzlichen Ruine, so karg und kahl, so hart und verbrannt ist der Boden, oft nur mit einer dünnen Erdschicht bedeckt, oft der kahle Fels, aus dem die Pflanzen hervorzuwachsen scheinen.

In höheren Lagen kommen wir wieder in andere klimatische Zonen. Etwa ab 600 Metern stoßen wir auf Wälder, insbesondere verschiedene Arten der Eiche. Hier gedeiht dann vor allem die Kastanie, etwa bis 900 Meter, sofern ihr der Boden entspricht. Die ursprünglichen Wälder auf dem Mont Aigoual waren Buchenwälder, von denen die größten Teile durch Abholzung verschwunden sind. Die heute bewaldeten Gebiete wurden vor allem mit relativ schnell wachsenden Nadelhölzern aufgeforstet, mit Fichten, Kiefern und Lärchen. Aber man trifft auch auf Zedern. Einst waren die Causses mit Eichen bestanden. Deren radikale Abholzung hat zu einer starken Erosion geführt, so daß weite Teile verödet sind. In gewissem Umfang ist die Aufforstung hier zwar geglückt, hauptsächlich aber gedeiht niedriges Buschgewächs.

Geschichtlicher Überblick

Vorgeschichte

Schon aus der frühen Vorgeschichte menschlichen Lebens gibt es in unserem Wandergebiet erste Spuren, die sich dann für das spätere Neolithikum verdichten (›Frühgeschichte auf den Causses‹, S. 129). Auch aus der Bronzezeit sind die Funde reich. Beträchtliche Entwicklungen in der Technik, vor allem in der Metallverarbeitung, Schmuckstücke von großer Schönheit, raffinierte Keramiken kennzeichnen diese Epoche. Eine rasche Vervollkommnung von Waffen und Werkzeugen ist zu beobachten. Vielfach leben die Menschen bereits in Häusern, obwohl die natürlichen Behausungen der Höhlen nach wie vor geschätzt werden. Einäscherung ist die gängige Bestattungsweise, sie hat die Erdbestattung verdrängt. Nach der Verbrennung werden die Reste in einer Urne gesammelt und im Zentrum eines Tumulus beigesetzt. Die Eisenzeit, die hier bis zur römischen Eroberung reicht, ist durch ein neues demographisches Wachstum gekennzeichnet. Die Kelten erobern das Hinterland der Küste und nehmen das Gebiet der alten Megalithkultur langsam in Besitz. Das Leben in Höhlen wird endgültig aufgegeben, die Tumulusbestattung hat sich ganz durchgesetzt.

Neue Einflüsse kommen mit der griechischen Besiedlung der Küste (um 600 v. Chr.). Die Griechen legen Hafenstädte an und erschließen das Hinterland bis in das Gebirge hinein, wo sie Handelsstationen errichten. Der Kontakt der Einwohner zu den Griechen und damit zu der Kultur des Mittelmeeres zeigt sich besonders gut an *Oppidum d'Enserune* (bei Béziers), einem seit der Urzeit besiedelten Ort. Dort wurden attische und ionische Töpferwaren gefunden sowie Spuren eines weit ausgedehnten Handels. Aber die griechische Besiedlung führte nicht zu einer *Gallia Graeca*. Den großen und tief prägenden Einfluß üben erst die Römer aus.

Die pax romana und ihr Verfall

Die Römer werden zunächst als Verbündete der griechischen Hafenstädte ins Land geholt, vor allem von Marseille. Aber schnell entwickelt sich eine eigene römische Eroberungs- und Expansionspolitik, die zur ersten Gründung einer römischen Provinz auf nichtitalienischem Boden führt, der *Gallia Narbonen-*

Das frühromanische Kreuz von La Retournade

sis. Narbonne also wird die Hauptstadt, nicht das griechische Marseille (Massalia). Die junge Stadt liegt an der alten Straße des Herkules, auf der der Heros von Italien nach Spanien gezogen sein soll. Sie wird nun *Via domitiana* genannt, denn der Konsul Domitius Ahenobarbus setzt sie wieder instand und sorgt für ihre Sicherheit.

Der geographische Unterschied zwischen Küste und Gebirge macht sich bemerkbar. Das Vorgebirge wird zur Grenzlinie. In der Ebene und den niedrig gelegenen Landesteilen blüht das gallo-römische Leben, allerdings mit einer eigenartigen Struktur: Zwischen Nîmes und Béziers entwickelt sich keine größere Stadt und kein bedeutender Hafen, nur kleine Marktflecken. Vermutlich waren die Meerniederungen damals schon malariagefährdet. Außer Nîmes und Béziers war noch Toulouse als Zentrum des landwirtschaftlich reichen Westlanguedoc eine große Stadt. So bildete sich eine zivilisierte Zone um die Städte an der Küste und eine ›barbarische‹ Zone der Gebirgsregion, in der noch immer die ›unzivilisierten‹ Stämme hausten.

Im 3. und 4. Jh. n. Chr. setzt mit dem Niedergang des Römischen Reiches auch hier ein Verfall ein. Die Städte werden kleiner und mit Stadtmauern umgeben, der blühende Handel zerfällt. In dieser Zeit verankert sich das Christentum in der Region. Im 3. Jh. stoßen wir überall im Languedoc auf kirchengründende Märtyrer, so etwa St. Trophime in Arles oder St. Sernin in Toulouse. Aber der ketzerische Arianismus gefährdet die Einheit der jungen Religionsgemeinschaft. Seit dieser Zeit bis zu den Katharern im 13. und den Protestanten ab dem 16. Jh. finden Häresien im Languedoc immer einen fruchtbaren Boden.

Der endgültige Verfall der pax romana, die dem Languedoc eine so lange Zeit des Friedens gebracht hatte, vollzieht sich dann in der Völkerwanderungszeit. Die Invasionen der Wandalen und Westgoten im 5. Jh., der Franken und Sarazenen im 6. und 8. Jh., der Normannen und Ungarn im 10. Jh. zerstören die alten Strukturen weitgehend. Unter der fundamentalen militärischen Auseinandersetzung zwischen dem Christentum und dem Islam hat das Languedoc besonders zu leiden. Das Bas Languedoc wird verwüstet, die Städte liegen in Schutt und Asche. Erst eine ungeheure Einwanderungswelle aus Spanien kann die Leere füllen.

Das Mittelalter

Mit dem wirtschaftlichen und demographischen Aufschwung des 11. Jh. beginnt eine neue Epoche. Überall wird gerodet, überall werden Sümpfe trockengelegt. Auf dem Land, sogar in ungünstigen Gegenden wie den Garrigues oder den Causses, entstehen neue Dörfer. Aber dieses Mal ist es kein Bevölkerungsstrom aus Spanien, der hilft, sondern aus den jetzt übervölkerten Gebieten wandern Emigranten nach Spanien aus, in die durch die Reconquista entvölkerten Gebiete. Der Fortschritt äußert sich in zahlreichen Kirchenneubauten, sogar das alte städtische Netz wird wieder belebt, neue Städte werden gegründet (z. B. Montpellier und Beaucaire). Zwar beherrschen Pisa und Genua noch den Mittelmeerhandel, vor allem mit der Levante, und üben durch ihren Reichtum großen politischen Einfluß aus. Aber langsam beginnt das Languedoc, mit seinen Hafenstädten den alten Mächten Konkurrenz zu machen.

Vor allem der Handel profitiert von dem größten wirtschaftlichen und politischen Unternehmen der damaligen Zeit, den Kreuzzügen. St. Gilles und Montpellier sichern sich in den östlichen Gebieten wirtschaftliche und rechtliche Privilegien. Sie lassen sich im 13. Jh. in Zypern nieder und entwickeln einen ausgedehnten Handel mit der Levante, vor allem mit Gewürzen und wertvollen Stoffen aus dem Osten. Sie liefern hauptsächlich grobe Textilien und Metalle. Die Kaufleute des Languedoc sind auf den Messen in der Champagne zu finden, aber auch im Norden in Flandern und London. Montpellier entwickelt sich zu einer Weltstadt und beherbergt nicht nur Juden und Araber, hier treffen sich Kaufleute aus der Lombardei, aus Rom, Genua und Pisa, aus Ägypten und Spanien. Alle Sprachen der Mittelmeerwelt sind hier zu hören. Und natürlich zieht auch das Umland seinen Nutzen daraus.

Diese stürmische wirtschaftliche Entwicklung läßt die politischen Strukturen nicht unberührt. Vor allem in den Städten entwickelt sich eine Art bürgerlicher Selbstverwaltung, das Konsulat. Die feudalen Herren müssen ihre Macht nun mit den bürgerlichen Stadtherren teilen. Dieser Übergang der Macht vollzieht sich im großen und ganzen friedlich. Aber das Konsulat ist keine demokratische Einrichtung im modernen Sinne, vielmehr von seiner feudalen Umwelt stark bestimmt. Es ist Ausdruck der Macht der städtischen Eliten, einer städtischen Oligarchie, an der nur wenige Familien teilhaben. Auch die alten Feudalherren sind an der Macht noch beteiligt. In traditioneller Weise wiegen Grund und Boden schwerer als Geld. Einem Grundbesitzer wird der Vorrang vor einem reichen Kaufmann eingeräumt. Was den alten Adel betrifft, so arrangiert er sich mit der neuen Lage oder zieht sich zurück. Das führt zu einem gewissen politischen Machtvakuum, in das dann die Nordspanier einzudringen versuchen.

Gleichermaßen entwickelt sich eine städtische Kultur, und mit ihr die *langue d'oc*, die berühmte Sprache der Troubadours. Die Ursprünge des Gesangs der Troubadours liegen auch heute noch im Dunkeln, vielleicht sind es alte Traditionen, die neu belebt werden. Der Inhalt dieser okzitanischen Lyrik

Alabaster-Madonna in der Kathedrale von Narbonne

Fassade der Kathedrale St. Nazaire in Carcassonne

aber ist klar bestimmt: es ist die Liebe, der ausschließliche und totale Kult einer Liebe, in der der Sänger sich einer auserkorenen verheirateten Frau zuwendet. Diese höfische Poesie hat nichts mit der sogenannten platonischen Liebe zu tun, denn sie bezieht sich auch deutlich, oft sogar in derb burlesker Art, auf die körperliche Sphäre. Der Einfluß der Troubadours auf den deutschen Minnesang und auf die Italiener Petrarca und Dante ist kaum zu überschätzen.

In diesem gesellschaftlichen Klima wächst eine religiöse Gegenbewegung, die der Katharer. Gegen das verschwenderische und prunksüchtige Papsttum und seine Kirche setzen die Anhänger dieser religiösen Strömung die Besinnung auf das einfache Leben in Armut und Bescheidenheit. Sogar ein eigenes Konzil führen sie 1176 durch. Anhänger gewinnt diese Geisteshaltung sowohl bei unteren Schichten als auch bei Teilen der Bürger und des Adels.

Die Antwort des Papstes auf diese ›Bedrohung‹ der Kirche durch die Ketzer besteht im Aufruf zum Kreuzzug gegen die Katharer Anfang des 13. Jh. und endet mit ihrer Vernichtung.

Mit den Katharerkriegen und der wiederhergestellten Herrschaft der katholischen Kirche verschwindet die Erotik aus den Gesängen. Problemlos verwandelt sich die angebetete Dame des Herzens in die Jungfrau Maria. Mit diesem Kreuzzug ändert sich auch der Charakter der okzitanischen Literatur: Die Satire, vor allem gegen Rom gerichtet, breitet sich aus. Die romanische Kunst des Kirchenbaus entwickelt sich vornehmlich an der Küste. Hier entstehen Wehrkirchen, deren Architektur oft von den neu erworbenen Kenntnissen der

Kreuzfahrer beeinflußt ist, also der islamischen Tradition. Außerdem werden kirchliche Bauten an den großen Pilgerwegen errichtet, an der *via tolosana,* die von Südfrankreich nach Santiago de Compostela führt. Man denke etwa an St-Guilhem-le-Désert oder St. Sernin von Toulouse.

Nur der westliche Rand unseres Wandergebietes ist von den Katharerkriegen berührt worden, doch war Toulouse ein Zentrum der Kämpfe. Gleichwohl ist das ganze Languedoc durch die politischen Folgen des Krieges tief geprägt worden. Die Machtlosigkeit der Krone Frankreichs, die hier fast zwei Jahrhunderte lang praktisch keinen Einfluß hatte, die relative Autonomie des Südens findet ein Ende. Amaury de Montfort, der Sohn des Führers des ersten Kreuzfahrerheeres, tritt alle seine Rechte an den König ab.

Obwohl zunächst nicht an den Kämpfen beteiligt, erkennt der französische König bald die historische Chance und zieht 1226 erneut gegen die Katharer, um sich der Mittelmeerküste und der reichen südlichen Provinz zu bemächtigen. Neben dem militärischen Sieg führt auch eine geschickte Heiratspolitik zum Erfolg: Raymond VII., Graf von Toulouse, beugt sich im Frieden von Meaux (1229) und muß seine Tochter mit dem Bruder Ludwigs des Heiligen verheiraten. Das Languedoc fällt endgültig an die Krone.

Diese Auseinandersetzungen scheinen erstaunlicherweise der Vitalität des Landes nur wenig geschadet zu haben. Die Bevölkerung wächst, die Wirtschaft entwickelt sich, die Handelsbeziehungen zu Nordfrankreich vertiefen sich. Die Baugedanken der nördlichen Gotik, der Kunst der Ile-de-France, dringen in den Süden vor (z. B. Carcassonne oder Béziers). Noch immer ist der Levantehandel Grundstock des Reichtums der Küstenstädte. Aus ihm entsteht auch die Kenntnis der Seidenraupenzucht, die im 13. Jh. erstmals urkundlich erwähnt wird. Das gesellschaftliche Interesse verlagert sich. Die höfische Gesellschaft und ihre Beziehungen werden abgelöst durch die städtische Bourgeoisie, die jetzt tonangebend wird. Universitäten, vor allem medizinische und juristische Fakultäten werden wichtig, so z. B. in Montpellier.

Auch wenn die einheitliche Kultur und Sprache, die ja nie einen einheitlichen politischen und organisatorischen Ausdruck gefunden hatte, sondern nur eine »zivilisatorisch-kulturelle Einheit« (Rolf Legler) darstellte, zerstört war, so wurde jetzt eine neue Einheit geprägt: das königlich geeinigte Languedoc. Aber König und Hauptstadt sind weit entfernt. Deshalb bedarf es besonderer politischer Institutionen für die Provinz. So entsteht die Einrichtung des *Lieutenant du roi en Languedoc,* dem die drei Seneschalle von Toulouse, Carcassonne und Beaucaire unterstehen. Dazu kommt von seiten der Untertanen die Notablen-Versammlung der Stände des Languedoc. Kurz, um das Jahr 1300 gilt: »Die politische Unabhängigkeit und die religiöse Eigenständigkeit sind verschwunden. Aber die regionale Einheit ist verwirklicht« (Emmanuel Le Roy Ladurie).

Die folgende Zeit bis zur Mitte des 15. Jh. ist im Languedoc geprägt von Krieg, Krise und Pest. Der Aufschwung des vorhergehenden Jahrhunderts bricht ab. Hungersnöte, Überbevölkerung, Teuerungen fordern ihren Tribut. Wie so oft sucht die Gesellschaft nach Sündenböcken: ab 1304 werden die bis dahin einigermaßen tolerierten Juden wieder verfolgt. 1348 kommt die große Pest, deren wehrloses Opfer die geschwächte und unterernährte Bevölkerung ist. An manchen Orten geht sie zur Hälfte zugrunde – wie auch im übrigen Europa. Aber die Pest verschwindet nicht. Bis zum Beginn des 16. Jh. kommt es immer wieder zu Ausbrüchen – und das, während die Päpste zu Avignon residieren.

Der Hundertjährige Krieg zwischen Frankreich und England um Thron- und Herrschaftsansprüche verschlimmert die Lage. Der Schwarze Prinz, der englische Thronfolger Eduard, verwüstet sengend und brennend um die Mitte des 14. Jh. das Haut Languedoc. Räuberbanden, die meistens aus entlassenen Söldnern bestehen, machen das Land unsicher, zwingen sogar den Papst in Avignon zu hohen Lösegeldern. Es herrschen chaotische Zustände. Da und dort brechen Volksaufstände aus, Lokalherren liegen in Fehde, das wirtschaftliche Leben bricht mancherorts ganz zusammen. Erst um die Mitte des 15. Jh. stabilisieren sich die Verhältnisse allmählich wieder.

Die ersten Religionskriege

Gegen Ende des Jahrhunderts setzt ein neuer wirtschaftlicher Aufschwung ein, der fast hundert Jahre anhält und Hand in Hand geht mit einem starken Bevölkerungswachstum. Das längst aufgegebene und karge Land in den Garrigues und auch in den Cevennen wird wieder bearbeitet. Das Handwerk blüht auf, die Faßmacher, die Glasbläser, die Textilindustrie. Zur gleichen Zeit erlebt auch das Haut Languedoc eine Glanzzeit. Pastel, das zur Färbung von Textilien dient, ist überall gesucht und bringt Reichtum nach Toulouse.

Das 16. Jahrhundert wird oft als das schöne Jahrhundert bezeichnet. Aus zeitgenössischen Berichten wissen wir von dem ausgelassenen, luxuriösen und unbeschwerten Leben des Adels und der Studenten in Montpellier, das auch nicht von Sittenstrenge gekennzeichnet war. Aber man sollte die negativen Seiten dabei nicht übersehen. Denn die Nahrungsmittelproduktion wächst nicht im gleichen Maße wie die Bevölkerung, die Löhne nicht wie die Gewinne. Hungersnöte bedrängen das Land trotz des Reichtums, die Ernährungslage wird für weite Teile der Bevölkerung immer schlechter. Die Pest bricht wieder aus. Zielpunkt aller sozialen Unruhen und Ärgernisse ist die katholische Kirche, die einzige Gruppe, die von den Verhältnissen profitiert. Das ist der soziale Hintergrund für die überraschenden und schnellen Erfolge der protestantischen Kirche. Denn diese faßt ja nicht nur in den höheren Klassen Fuß, sondern gerade und besonders in der bäuerlichen Kultur der Cevennen. Nicht ohne Bedeutung ist sicherlich auch der Zustand des Klerus im Languedoc, der völlig saturiert und unfähig war, die geistlichen Bedürfnisse der Gesellschaft zu erkennen und auf sie einzugehen. Dies nicht zuletzt auch aufgrund seiner stark weltlichen Orientierung.

Der Höhepunkt der sozialen Unzufriedenheit fällt mit dem ersten Auftreten der calvinistischen ›Missionare‹ zusammen, den Jahren 1528 bis 1532, in denen Hungersnöte wüten und die Pest haust. In aller Heimlichkeit tragen die Priester der neuen Religion ihre Lehre von Stadt zu Stadt.

Über die Handelswege breitet sie sich aus, zunächst im Rhônetal. Von Lyon aus tragen Studenten, Kaufleute oder Maultiertreiber die neue Doktrin weiter ins Land. Sie erreicht die Gegend der Niederrhône und das Bas Languedoc. Von Nîmes, Alès und Aigues-Mortes aus gewinnt sie die Cevennen, vor allem über die Täler. Im Haut Languedoc, das weniger verstädtert ist, gelingt es nur, einige Zentren zu überzeugen, etwa Toulouse, Albi und Castres.

All das spielt sich im Geheimen ab, aus Angst vor den unerbittlichen Repressionen der katholischen Kirche, vor allem vor dem wütend orthodoxen Parlament von Toulouse. Allein von 1540 bis 1549 werden von ihm 18 Verdächtige zum Tode verurteilt. Erst gegen 1560, nachdem eine gewisse Stabilisierung eingetreten ist, bekennen sich die Hugenotten öffentlich zu ihrem Glauben. Das bedeutet eine bürgerkriegsähnliche »Explosion des Hasses gegen die Päpstlichen« (Emmanuel Le Roy Ladurie) in Montpellier, Nîmes und anderen Orten. Die Antwort auf die Gewalttätigkeiten des protestantischen Bas Languedoc gegen die Katholiken läßt nicht lange auf sich warten: die Katholiken des Haut Languedoc stürzen sich ebenfalls in die Gewalt, bekämpfen die Calvinisten mit Waffen.

Damit sind die Religionskriege in Gang gekommen. Über fast 40 Jahre folgt eine Schandtat der anderen, Belagerungen, Plünderungen, Einäscherungen, Massaker. Aber eine entscheidende Schlacht wird im Languedoc nicht geschlagen. Es gibt keine großen Armeen, nur kleine Einheiten und Banden. Diese, ob katholisch oder protestantisch, verfahren immer nach dem gleichen Schema: Besetzung eines Ortes – Plünderung – Verproviantierung der Truppe – Legen von Hinterhalten. Dieser dauernde Kleinkrieg erschöpft das Land. Vorübergehende Waffenstillstände bieten Erholungspausen, aber sie halten niemals lange an. Die religiösen Motive vermischen sich mit den persönlichen Interessen der Bandenführer, die sich bereichern, wo immer es möglich ist. Die religiösen Beweggründe treten schließlich mehr und mehr zurück. Der Krieg wird zu einem Kampf zweier Familien, der Joyeuse und der Montmorency. Symptomatisch für diese Situation ist die Tatsache, daß der Führer der Protestanten ein Katholik ist, der königliche Gouverneur der Provinz, Montmorency-Damville. Die katholischen Truppen befehligt demgegenüber Jacques de Crussol, Duc von Uzès, ein Hugenotte, aber ein eingeschworener Feind der Familie Montmorency.

Erst mit dem Edikt von Nantes (1598) wird die Koexistenz der beiden Religionen anerkannt und den Protestanten die Freiheit ihrer Religionsausübung sowie das Recht zuerkannt, ihre Städte zu befestigen. Die Folgen dieses Religionskrieges sind gewaltig. Die Grenzen des Einflußbereiches der Religionen sind für die nächsten Jahrhunderte festgeschrieben. Sozial hat der Krieg zur Erschöpfung vieler alter Familien des Hochadels geführt, die Bourgeoisie zieht nun in ihre Positionen ein. Auch ökonomisch hatte der Krieg einen ungeheuren Schaden angerichtet. Die Landwirtschaft war stark in Mitleidenschaft gezogen worden und in weiten Bereichen zum Erliegen gekommen. Große Flüchtlingsströme flossen aus dem Languedoc nach Spanien.

Nach dem Krieg beginnen – wie nach jedem Krieg – die Aufbauarbeiten. Der Bausektor ist rasch überlastet, überall werden Häuser und Kirchen wieder aufgebaut. Die Inflation ist nur schwach, die Produktivität steigt, die Grundrenten wachsen. Überall wird Wein angebaut. Vor allem in den Cevennen beginnt sich die Seidenraupenzucht auszubreiten (s. »Der ›Goldbaum‹ – Die Seidenraupenzucht und ihr Niedergang«, S. 86) ebenso wie die Glasbläserei. Große Verbreitung findet auch die Textilindustrie, deren Palette von der Herstellung feiner Tuche bis zum groben Leinen reichte. Obwohl also der Osten des Languedoc und besonders die Cevennen an diesem wirtschaftlichen Aufschwung teilnehmen, vollzieht er sich doch in kleinen Familienbetrieben, ohne fabrikmäßige Ausrichtung und Effizienz. Die Wiederbelebung der Wirtschaft führt letztlich nicht über den Zustand hinaus, der schon vor dem Krieg geherrscht hatte.

›Richelieu vernichtet die Häresie‹, Kupferstich (17. Jh.)

Seit dem Edikt von Nantes leben die Religionsgemeinschaften zwar in einem Zustand der Koexistenz, aber nicht in einem von wechselseitiger Toleranz. Immer wieder kommt es zu Zwischenfällen. In den 20er Jahren bricht erneut ein Bürgerkrieg aus. In der Folge dieses Krieges, der durch den Frieden von Alès (1629) beendet wird – in dem der protestantische Führer, der Duc de Rohan, sich dem königlichen Diktat unterwerfen muß – büßen die Calvinisten viel Einfluß ein. Zwar wird ihnen die Freiheit der Religionsausübung noch zugesichert, aber alle befestigten Städte, die ihnen im Edikt von Nantes zugestanden worden waren, werden geschleift. Diese waren für sie als Rückzugspunkte und militärische Stützpunkte von außerordentlicher Wichtigkeit gewesen. Während sich die Calvinisten auf dem Rückzug befinden, gewinnt die katholische Kirche einen Teil des verlorenen Terrains zurück. Auch mehren sich Konversionen zur alten Religion, oft aus opportunistischen Gründen.

Der Kamisardenkrieg (1702–1704)

Seit der Herrschaft Heinrich IV. (†1610) hatte sich in Frankreich die absolutistische Monarchie durchgesetzt. Unter Ludwig XIV. erreichte sie den Höhepunkt ihrer Machtfülle. Er verstand sich als absoluter Monarch, als Stellvertreter Gottes auf Erden, sogar dem Papst gegenüber. Deshalb war es ihm ein Anliegen, die katholische Glaubenseinheit des Landes zu erzwingen, gab doch sie »dem nationalen Machtstaat als tiefste Sinndeutung das Gottesgnadentum« (Fritz Wagner). Diese Politik wandte sich im ganzen Königreich gegen die Häresie der Calvinisten. Diese umfaßten knapp 10% der französischen Bevölkerung und waren vornehmlich im Gewerbe tätig – fanden sie doch im Staatsdienst keine Aufnahme und sahen den wirtschaftlichen Erfolg als Zeichen ihres Auserwähltseins.

Schon zur Zeit von Mazarin und Richelieu kämpft das Languedoc mit wirtschaftlichen Schwierigkeiten. Die Preise fallen, die handwerkliche und landwirtschaftliche Produktion wird unrentabel. Weniger fruchtbare Böden werden aufgegeben. Die geforderten Abgaben und Steuern bleiben dagegen sehr hoch. Ab 1680 beginnt für das Languedoc eine Schwächeperiode, die 40 Jahre dauern wird. Dagegen hilft auch eine merkantilistische und staatsinterventionistische Politik letztlich nur wenig – trotz der großen Projekte, die der Staat mitfinanziert. Vor allem der Wirtschaftsminister von Ludwig XIV., Colbert, hatte diese Politik auf seine Fahnen geschrieben.

Für das Land bedeutet diese Politik ein doppeltes: zunächst eine klare Bevorzugung der katholischen Landesteile. Die geförderten Häfen, der Canal du Midi (s. S. 36) oder die subventionierten Manufakturen liegen alle in katholischen Landen. Die protestantischen Gebiete werden von Colbert ausgespart. Zudem bindet der Staat die großen privaten Geldgeber in seine mächtigen Vorhaben ein. Alleine könnte er die notwendigen großen Geldmengen nicht aufbringen. Deshalb werden auch die Provinzparlamente zu Geldbewilligungen genötigt. Und trotzdem: der protestantische Osten des Languedoc bleibt wirtschaftlich führend, insbesondere im Bereich der Tuchherstellung, dem wichtigsten Wirtschaftsfaktor. Denn trotz aller Förderung entspricht die wirtschaftliche Struktur und die Mentalität im Westen nicht derjenigen, die sich bei den Menschen um Alès und in den Cevennen findet. Denn »unsere Protestanten, das fleißige Volk von Colbert, waren die besten Franzosen in Frankreich. Es waren im allgemeinen arbeitsame Menschen, Händler, Fabrikanten zu billigen Preisen, die das Volk einkleideten, besonders aber Bauern, und die ersten Gärtner von Europa« (Michelet).

Die oben bereits erwähnten sozialen Umwälzungen führen nach dem Untergang einiger großer Familien dazu, daß jetzt bürgerliche Familien, die inzwischen zum Amtsadel gehören, in Führungspositionen aufrücken. Zu Intendanten des Languedoc werden auf diese Weise eine Reihe von Bürgerlichen, so auch 1685 Lamognon de Basville, der dieses Amt über 30 Jahre innehaben wird. Er arbeitet eng mit den anderen Institutionen der Provinz zusammen. Alle eint der Haß gegen den Calvinismus. Die große Serie der Zwangsmaßnahmen gegen die Calvinisten gehen aber nicht vom Hof in Paris aus. Vielmehr sind die katholischen Bischöfe des Languedoc die treibende Kraft.

Schon 1676 hatte die Kirche eine ›Konvertitenkasse‹ eingerichtet, die Übertritte zum Katholizismus mit einer Prämie belohnte. Die geballte Zusammenarbeit aller politischen Kräfte gegen die Calvinisten führt zunehmend zu deren gewaltsamer Isolierung. Ihre Einrichtungen wie Schulen, Kirchen oder Krankenhäuser werden nach und nach zerstört. Mischehen werden verboten, Predigten überwacht. Ab 1664 setzt eine Ausschließungsbewegung ein, die sie ihrer bürgerlichen Rechte beraubt. Sie haben keinen Zugang mehr zu öffentlichen Ämtern, calvinistische Handwerker werden aus den Zünften entfernt – »um die Konkurrenz zu schwächen«, wie man offen zugibt. Die Zahl der Übertritte erscheint so gewaltig, daß man meint, die katholische Religionseinheit sei wieder hergestellt. 1685 wird deshalb die Entwicklung zu ihrem Abschluß gebracht: der König hebt das Edikt von Nantes auf.

Basville, Indendant des Languedoc, setzt die erprobte Politik der *Dragonnades* fort: Königliche Truppen werden nach Gutdünken bei wirklichen oder vermuteten Calvinisten einquartiert. Sie dürfen tun und lassen, was sie wollen, haben alle Rechte. Nur Mord und Vergewaltigung sind ihnen untersagt. Damit gehören die Dragonnades zu den Instrumenten einer terroristischen Politik. Für das Leben der betroffenen Calvinisten bedeutete das eine unerträgliche Last: Sie hatten die Herrschaft über das eigene Haus verloren, unterlagen der dauernden Kontrolle der Soldaten, waren ununterbrochen jeder Art von Belästigungen ausgesetzt, hatten praktisch ihr Privatleben verloren. Sie mußten die dauernde Anwesenheit von Fremden im eigenen Haus ertragen, die sich wie die Herren aufführten, eine exzessive wirtschaftliche Belastung, da die ›Wirtsleute‹ die Soldaten und deren Tiere nach deren Willen verköstigen mußten. Diesem Zustand war keine Familie auf Dauer gewachsen. Tausende von Calvinisten beugten sich dem Terror, »verzichten auf die calvinistische Ketzerei und nehmen alle Dogmen der katholischen, apostolischen und römischen Kirche wieder an«, wie es in einem zeitgenössischen Bericht heißt. Die offiziellen Angaben sprechen von 250 000 Konvertierten und davon, daß die Arbeit praktisch getan sei. Daß das ein Irrtum ist, zeigt die Tatsache, daß die Auswanderung anhält.

Man kann verschiedene Reaktionen der Calvinisten auf diese Politik beobachten, die stark vom sozialen Stand der Betroffenen abhängen. Verallgemeinernd läßt sich sagen, daß der protestantische Adel und das Bürgertum in den Städten zur Resignation neigen. Anders die Handwerker, die ungebunden sind und es vorziehen auszuwandern. Die Bauern hingegen, die ihren Boden nicht verlassen wollen, tendieren zur Revolte.

Bald tauchen erste ›Propheten‹ in den protestantischen Gebieten auf. Erleuchtete, die behaupten, daß aus ihnen direkt die Stimme Gottes spreche, und die viel Gehör finden. Sie verkünden die Bekehrung des Königs und die Befrei-

Szene aus dem Kamisardenkrieg *(Dragonnade)*

ung der Kirche. Große Volksprediger stehen auf, die das Volk in ihren Bann ziehen, nachdem die Pfarrer das Land verlassen haben. Aber es kommt noch nicht zu gewalttätigen Auseinandersetzungen.

Gegen 1700 setzt eine zweite Welle des Prophetismus in den Cevennen ein, die ihren Nährboden vor allem in der jungen Generation findet, die in den 80er Jahren zur Welt gekommen ist. Sie hat die Qual ihrer Eltern und deren Erniedrigung, ihre inneren Kämpfe und die terroristischen Maßnahmen, die Heimlichkeit der Gottesdienste und die Angst vor der Entdeckung sowie ihre Rückkehr in den Schoß der Heiligen Römischen Kirche in jungen Jahren erlebt. Sie lehnen nun jede Unterwerfung radikal ab und stürzen sich, obwohl oft völlig ungebildet, in die Lektüre des Alten Testamentes und des Evangeliums, beharren auf dem Wert der Heiligen Schrift und ihrer Lektüre für alle, werden geschüttelt vom Heiligen Geist und erleben prophetische Gesichte. Eine radikale biblische Bewegung entsteht.

Basville nimmt diese Jugend nicht ernst und verkennt die Breite und Tiefe der ganzen Bewegung. So beschließt er, die unzugänglichen Cevennen aufzubrechen, und ordnet an, durch Wälder und Berge 22 Straßen zu schlagen, und die Cevennen in dieser Weise zugänglich zu machen – zum Zwecke der Aufrechterhaltung der Ordnung und der Beförderung des Handels. Zur Überwachung dieses Vorhabens ernennt er einen *Surveillant des chemins,* einen Wegebevollmächtigten: François du Chayla. Der ist gleichzeitig für die Missionierung der Calvinisten zuständig; er ist der ›Erzpriester‹ der Cevennen, ein

Fanatiker, der sich nicht scheut, auch mit Feuer, Schwert und Folterung zur Bekehrung der Fehlgeleiteten zu schreiten.

1702 wird du Chayla unter Anführung von A. Mazel ermordet. Das bildet den Auftakt zu den Kamisardenkriegen (s. S. 76). Die Führer dieses Aufstandes sind Männer des Volkes wie etwa Laporte, ein Handwerker, oder Cavalier, ein Bäckergeselle. Sie verfügen nicht über organisierte Truppen, sondern nur über kleine Gruppen von Aufständischen, sind miserabel ausgerüstet und müssen Waffen und Munition stets von ihren Gegnern erbeuten. Geldmittel zum Kauf des Nötigsten sind nicht vorhanden. Sie stellen den königlichen Truppen Hinterhalte, verwüsten kleine katholische Orte, nehmen dann und wann eine Burg mit List, können sich aber keiner Feldschlacht stellen. Dazu haben sie weder Mittel noch Erfahrung oder Ausrüstung. Auf ihren Guerillakrieg sind die regulären Truppen nicht eingestellt. »Der Aufstand ist grausam wie die Unterdrückung, die ihn provoziert hat« (Emmanuel Le Roy Ladurie).

Die protestantischen Kämpfer befinden sich materiell immer im Nachteil. Ihren einzigen Vorteil, die Kenntnis der Gegend, in der sie aufgewachsen sind, nutzen sie, so gut es geht. Gegenüber den verhaßten Katholiken schrecken sie vor nichts zurück. »Sie handelten wie wilde Tiere, aber man hatte ihnen ihre Weibchen und ihre Kleinen genommen. Sie zerrissen die Jäger, die sie jagten« (Voltaire). Nur durch Unterstützung der bäuerlichen Bevölkerung, deren Söhne die protestantischen Kämpfer ja zumeist waren, konnten sie durchhalten. Aus den umliegenden protestantischen Städten erhielten sie keine Hilfe, diese verhielten sich neutral. Die ›Verrückten aus den Bergen‹ waren ihnen nicht geheuer, vor allem ihr Prophetismus machte die Städter, die Kaufleute, mißtrauisch. Das galt auch für andere protestantische Milieus wie etwa Genf oder London.

Die katastrophale Wirtschaftslage trägt mit zu den sozialen Unruhen bei. 1703 befürchtet der Intendant, daß die Bevölkerung des Languedoc, auch die Katholiken, die Zahlung der sehr hohen Steuern verweigern wird. Die militärischen Erfolge der königlichen Truppen gegen die Kamisarden bleiben aus. Marschall de Broglie wird sogar von dem Bäckergesellen Cavalier geschlagen. Sein Nachfolger, Montrevel, schwört auf die harte Linie, die die Starrköpfe zur Umkehr zwingen soll. 80 Calvinisten werden bei lebendigem Leibe verbrannt. Der Intendant beschließt die vollständige Verwüstung der Cevennen und die Umsiedlung der Bevölkerung in die Ebene. Der ›Große Brand der Cevennen‹ wird noch im selben Jahr vom König genehmigt. 446 Namen von Dörfern oder Weilern stehen auf der Liste der Orte, die geplündert und in Brand gesteckt werden sollen. Michelet spricht von der »Bartholomäusnacht der Häuser«, da kein Stein auf dem anderen bleiben soll – sehr zum Ärger der Soldaten, denn das Feuer reicht nicht aus, die soliden Häuser aus Stein zu zerstören. Die Erfolge dieser Aktion sind zweifelhaft, und im folgenden Jahr, 1704, schlägt Cavalier auch den General Montrevel.

Die harte Linie hat keinen Erfolg gehabt, sie hat nur zu einer weiteren Verhärtung der Fronten geführt. Montrevels Nachfolger zieht es deshalb vor, sein Ziel auf dem Verhandlungswege zu erreichen. Es gelingt: 1704 schließt er mit Cavalier einen für die Kamisarden zweifelhaften Frieden. Dieser wird zwar von den anderen Kamisardenführern nicht akzeptiert. Gleichwohl ist damit ein gewisser Endpunkt erreicht, auch wenn die Auseinandersetzungen - wesentlich weniger heftig - noch bis zum Jahre 1710 weitergehen. Dann wird der letzte Kamisardenführer verraten und getötet, der Krieg ist endgültig beendet.

Ihren Widerstandsgeist haben die Cevenols aber nicht aufgegeben. Antoine Court reorganisiert ab 1715 die calvinistische Kirche, bildet neue Priester aus und hält den protestantischen Glauben am Leben. Bis zum Toleranzedikt von 1787 und der Französischen Revolution vollzieht sich das calvinistische Dasein in der ›Wüste‹, im Geheimen. Trotzdem wird 1726 nach siebzigjähriger Unterbrechung wieder eine nationale Synode abgehalten. Aber die Verfolgung läßt nicht nach. 1742 wird in Nîmes ein Pfarrer gehängt. Noch immer müssen ›Anders-Gläubige‹ sich in die Einsamkeit zurückziehen, in die Verborgenheit, um den Gottesdienst zu feiern oder ein Kind zu taufen. Mitte des Jahrhunderts geht eine letzte größere Verfolgungswelle über die Hugenotten hinweg. 1758 bekommt der Intendant des Languedoc königliche Order, Toleranz zu üben - nur das notorisch engstirnige, die alte Orthodoxie um jeden Preis verteidigende Parlament von Toulouse hält an der alten Linie fest, läßt Leichname unbestattet verwesen und verhängt Todesurteile. Erst 1770 beginnt sich der neue Geist allgemeiner durchzusetzen. Die letzten protestantischen Gefangenen in der *Tour de Constance* in Aigues-Mortes werden freigelassen. Doch das Toleranzedikt von 1787, dem nachgesagt wird, den Protestanten die Freiheit gebracht zu haben, verweigert ihnen nach wie vor den Zugang zu öffentlichen Ämtern wie auch die Ausübung des Kultes. Der wirkliche Umschwung kommt erst 1789 mit der Revolution.

Das 18. Jahrhundert - Aufschwung und Revolution

Die wirtschaftliche Stagnation des 17. Jh. hält zunächst weiter an, etwa um die Mitte des Jahrhunderts beginnt sich die Lage zu ändern. Die Bevölkerung nimmt so stark zu, daß das Languedoc am Vorabend der Revolution zu den französischen Provinzen gehört, die das stärkste demographische Wachstum aufweisen. Etwa gleichzeitig findet die landwirtschaftliche Krise ihr Ende. Der Weinanbau gewinnt an Bedeutung, obwohl ihm die klimatischen Bedingungen enge Grenzen setzen (heiße und trockene Sommer). Darüber hinaus werden Obst und Gemüse angebaut, Oliven und Mandelbäume. Die Tierzucht geht aufgrund des Weinbaus zurück, der das Weideland beansprucht. Allerdings bleibt die landwirtschaftliche Produktionsweise klein und familiär.

Etwa zeitgleich erlebt die Industrie ebenfalls einen starken Aufschwung. So verdoppelt sich die Tuchproduktion zwischen 1744 und 1763. Die Seidenpro-

duktion nimmt zu und wird fast im ganzen Languedoc mit der ›Zulieferindustrie‹ des Maulbeerbaums betrieben (s. »Der ›Goldbaum‹ – Die Seidenraupenzucht und ihr Niedergang«, S. 86). Gleiches gilt für die Spinnereien (Verdreifachung der Produktion von 1744 bis 1768). Die Weberei entfaltet sich mit großer Dynamik. Nîmes entwickelt sich so zu einer der größten Städte mit Manufakturen in Frankreich. Das östliche Languedoc mit den Cevennen ist mit großen Aufträgen für die Strumpfherstellung beschäftigt, 90% davon werden exportiert. In noch größerem Umfang wird die Baumwollverarbeitung betrieben. Einige Großindustrielle lassen im ganzen Languedoc und in den Cevennen Baumwolle spinnen. Die ersten modernen Fabriken der Textilindustrie entstehen. Z. B. macht das Taschentuch aus Montpellier Karriere: »Der ausgedehnte Gebrauch des Schnupftabaks erhöht den Bedarf an Taschentüchern um das Zehnfache«.

Durch diese starke Exportorientierung verschieben sich die Handelsströme. Die traditionelle Ausrichtung auf die Levante wird durch ein erstarkendes Interesse an den nördlichen Ländern ersetzt. Diese entwickeln sich zu wichtigen Absatzmärkten für die Branntweine des Languedoc. Nordsee, Ostsee, das Baltikum, sogar die russischen Häfen werden von Schiffen aus dem Languedoc besucht. Dazu kommen stärkere Kontakte mit den Kolonien, auch wächst der Chinahandel. Charakteristisch für diese Zeit sind die Umsatzsteigerungen, die auf der Messe von Beaucaire erzielt werden, einer der Zentralstellen, wo die Waren des Nordens gegen die des Südens getauscht werden: 6 Millionen Umsatz Ende des 17. Jh.; 14 Millionen 1750; 41 Millionen werden 1789 erreicht.

Die Explosion der Französischen Revolution berührt auch das Languedoc, aber die Auseinandersetzungen nehmen eine überraschende Form an: sie sind geprägt von den alten Fronten und dem Geist der Religionskriege. Die Katholiken sind in der Überzahl, sie bilden anti-revolutionäre Zusammenschlüsse, so in Nîmes oder auch Toulouse. Die Protestanten dagegen sind Anhänger der Revolution, auch hier wieder mit Nîmes als Zentrum. Aber die politischen Widersprüche innerhalb der protestantischen Revolutionäre sprengen die Solidarität des religiösen Bekenntnisses. Insgesamt gesehen bleibt das Languedoc relativ ruhig.

◁ Aquädukt von Pierre-Paul Riquet (1666) In der Altstadt von Narbonne ▷

STADT-Porträts

Narbonne

Narbonne-Plage ist nicht Narbonne. Das war einmal anders, früher, als es Narbonne-Plage noch nicht gab, als Narbonne noch ein großer Hafen war und selbst direkten Zugang zum Meer hatte, als die Stadt Zentrum und Hauptstadt der ersten römischen Provinz war, die ihren Namen nach Narbonne erhalten hatte: der *Gallia Narbonensis.* Aber das Meer hat sich zurückgezogen, der Hafen ist versandet. Fast nichts erinnert mehr an die große römische Zeit. Und so gibt es heute zwei Narbonnes, die sich sehr voneinander unterscheiden, die alte Stadt und das moderne Kunstprodukt. Denn Narbonne-Plage ist ein Kunstprodukt, an dem Freude haben mag, wem es gefällt. Das Seebad gehört wie La Grande Motte zu dem Riesenprojekt der französischen Regierung, die in den 60er Jahren eine Gesamtplanung für die touristische Erschließung der Mittelmeerküste erstellt hatte. Die ganze Küste sollte mit touristisch attraktiven Orten, Ansiedlungen, Freizeitmöglichkeiten überzogen werden. Das ist gelungen.

Narbonne-Plage liegt ungefähr 10 km von Narbonne-Stadt entfernt, durch die *Montagne de la Clape* von dieser getrennt. Ein Vorgebirge (214 m), mit Weinstöcken überzogen, sonst nur Sand. Es ist angenehm, hier zu laufen. Man begegnet fast niemandem, und der Strand ist nicht weit. Es geht über Weindünen, an Weingütern und Winzerhäusern vorbei, in der Erwartung, hinter jeder Düne das Meer zu sehen, das immer noch nicht auftaucht. Aber die Enttäuschung ist nicht allzu groß: immer wieder das andere Meer, das Meer der Dünen und der Weinhügel. Die Sträßchen sind schmal, in schlechtem Zustand, verlieren sich. Aber dann doch das glitzernde Meer. Und vor ihm, vielleicht noch schöner, glänzen die Autodächer und reflektieren vielfarbig das Sonnenlicht.

Eigentümlich, daß die Römer Narbonne zur Hauptstadt dieser Provinz machten. Narbonne ist weit entfernt von Rom, noch ein gutes Stück weiter als Montpellier oder Marseille. Aber hier liegt sicher einer der Gründe dafür: Der griechische Einfluß, der besonders in Marseille sehr stark war, sollte zurückgedrängt werden. Es ist eine alte Politik, etwas widerspenstige Orte dadurch zu entmachten, daß man die Träger der Gewalt, die Institutionen, Gouverneure, Ämter, Gerichte, an andere Stellen verlagert.

Aber verlassen wir die Montagne de la Clape. Fahren wir einfach in die Stadt hinein. Zunächst unübersichtlich, stellt sich ihre Struktur doch schnell heraus. Das Zentrum wird durchschnitten von dem **Canal de la Robine.** Links davon, als Mittelpunkt das **Quartier de la Cité,** auf einem Hügel die Kathedrale St. Just und die ihr verbundenen Gebäude, rechts der andere Teil der Altstadt, das **Quartier de Bourg** mit der Markthalle und verwinkelten Gassen.

Mit ihren etwa 43 000 Einwohnern zählt Narbonne zu den typischen Kleinstädten. Das alte Zentrum ist nicht groß und schnell durchschritten. Kleine nette Straßen, sonnige

Der Canal de la Robine

Ecken, dann und wann ein Café. Hübsch ist die **Promenade des Barques,** die sich einige hundert Meter am Kanal entlangzieht. Auf der anderen Seite die **Markthalle.** Hier ist zu bekommen, was Frankreichs Süden uns bieten kann. Auch für den kleinen Imbiß: Hervorragende Wurstwaren, Brot, Käse, Wein, Obst. Die Markthalle liegt aber bereits am Boulevard, also an der Grenze der alten Stadt.

Sehenswert ist der ganze Komplex der **Kathedrale** und des **Erzbischöflichen Palastes.** Ich suchte bei meinem ersten Besuch die Kathedrale, konnte sie aber nicht finden. Eine normale Kirche, dachte ich, der sich hier nicht gut auskannte. Zunächst Irritierung: Eigenartige Pfeiler ragen in die Luft, geben ein graphisches Lineament, verwirren, weil das Gebäude dazu nicht zu sehen ist. Ich finde den Eingang nicht. Dann verstehe ich, warum: die Kirche ist geschlossen. Als ich drinnen stehe, bin ich sehr überrascht: ein Chor, tatsächlich nichts als ein Chor. Große Arkaden, die von einem Triumphorium beherrscht werden, riesige Glaswände, herrliche Fenster. Auch ein Blick auf den sehenswerten Domschatz lohnt.

Hybride Planungen, vermessene Machtansprüche der Kirchenherren, Politik im Mittelalter: Die Kirche ist nie vollendet worden, weil die Planungen vorausgesetzt hätten, daß ein Teil der Stadtmauer abgerissen würde. Dagegen wehrten sich die Konsuln, die bürgerliche Stadtverwaltung. Ihnen war eine Stadtmauer zur Verteidigung in diesen harten Zeiten lieber als deren Zerstörung. Der Schutz der Mauer wog mehr als der Schutz Gottes, dessen man sich nie sicher sein konnte. So blieb der Dombau stecken. Die Stadtmauer rettete bald darauf die Stadt vor den anbrandenden Truppen des Schwarzen Prinzen. Die Bürgervernunft hatte gesiegt.

Wenn wir heute vor dem Pfeilergewirr der Kirche stehen, ist es schwierig, sich das alles richtig vorzustellen. Das Wachstum unserer Städte läßt ja – bei seiner viel betrauerten Vernichtung der alten gewachsenen Stadtkerne – die Einheitlichkeit einer solchen Stadt nur ahnen. Und auch das nur bei heute sehr kleinen Städten. Die Umschließung der Stadt mit

Erzbischöfliches Palais, Ostfassade

Mauern, die ihre Einheitlichkeit, die Identität ihrer Bürger, ihren Unterschied vom Land und ihre Herrschaft über das Land, ihre Bereitschaft zur selbstbewußten Verteidigung, ihre Selbstdarstellung demonstrierte, sie ist heute verschüttet und anachronistisch. Wenn so auch die städtebaulichen Konzeptionen verloren gegangen und nicht mehr sinnlich wahrnehmbar sind, so gilt das doch nicht für die einzelnen Gebäude. Etwa die

Blick zum Westturm der Kathedrale St. Just

Kirche, den Dom St. Just. So können wir Vergangenheit immer nur fragmentiert wahrnehmen, nicht mehr das Ganze, nur noch einzelne Teile. Bestenfalls.

Die große Einheit von Dom, Rathaus und erzbischöflichem Palast bildet den alten Stadtkern, ein großer Komplex, der die Kathedrale, den Kreuzgang sowie den alten und den neuen Palast einschließt. Zunächst ist es etwas schwierig, sich zurechtzufinden. Man kann die Kathedrale über die Treppe zum Kreuzgang – der übrigens wenig zur Meditation einlädt – verlassen und gelangt dann direkt über eine weitere Treppe vom Kreuzgang in die **Passage de l'Ancre.**

Diese Passage führt auf die **Place de l'Hôtel de Ville,** den Hauptplatz der Stadt. Die Passage ist eine mittelalterliche Wehrstraße, befestigt, mit imposanten Mauern. Sie trennt den alten von dem neuen Palast. Diese Bauteile hängen zwar alle durch Mörtel und Mauer zusammen, sind aber ganz disparater Natur. Wie immer, hat jede nachfolgende Zeit das Überkommene ›verbessert‹, ›verschönert‹, dem Zeitgeschmack angepaßt. Romanische, gotische und spätere Bauteile sind zusammengewachsen, den praktischen und ästhetischen Bedürfnissen der Jahrhunderte entsprechend. Ihren Höhepunkt findet diese Mischung in der Fassade des heutigen Rathauses, die Viollet-le-Duc in neugotischem Stil errichten ließ.

Der Canal du Midi

Es ist ein alter Traum, das Mittelmeer und den Atlantik durch einen Kanal zu verbinden. Das Projekt, das schon die Römer erwogen haben sollen, war von verschiedenen französischen Königen wieder aufgegriffen worden. Franz I. und Heinrich IV. hatten Gutachten darüber anfertigen lassen, und auch Richelieu hatte den Wert einer solchen Verbindung erkannt. Aber keine dieser Untersuchungen führte zu einem praktikablen Ergebnis. Erst in der 2. Hälfte des 17. Jh. fand Pierre-Paul Riquet (1604–1680) die Lösung der Probleme.

Die Schwierigkeiten lagen in der großen Länge des Kanals, in der Überwindung der Höhendifferenz bei dem Seuil de Naurouze und vor allen Dingen in der Sicherung der dauernden Schiffbarkeit – in einem Land des knappen Wassers keine Selbstverständlichkeit. Die geniale Idee von Riquet bestand nun darin, für die Wasserversorgung des Kanals auf entferntere Quellen zurückzugreifen. Nach seinem Plan sollte dem Kanal an seiner höchsten Stelle, dem Seuil de Naurouze, Wasser von außen zugeführt werden, das je nach Bedarf in Richtung Toulouse oder Richtung Aude umgeleitet werden konnte. Riquet wollte dabei auf die unerschöpflichen Wasservorräte der Montagne Noire zurückgreifen: eine ganze Reihe kleinerer Wasserläufe sollte zusammengeführt werden und den Kanal speisen.

Mit Unterstützung des Erzbischofs von Toulouse gelingt es Riquet, Wirtschaftsminister Colbert für den Plan zu interessieren. Dieser weiß um die Bedeutung des Projekts, vor allen Dingen angesichts der Unsicherheiten und Schwierigkeiten anderer Transportwege. Riquet erhält so die königliche Erlaubnis, den Kanal in Angriff zu nehmen. Die Widerstände sind groß, denn die Gefahren eines solchen Riesenvorhabens scheinen ungeheuer. Man befürchtet Überschwemmungen, Verlust von Arbeitsplätzen und einen Verfall der Preise. Städte wie Carcassonne oder Toulouse sehen nur Nachteile und wollen nicht mitarbeiten, nichts zahlen, dem Baumeister nicht entgegenkommen. Riquet aber setzt sich durch. Er ist besessen von seinem Plan und setzt alles daran, das Unternehmen durchzuführen, und in der Tat wird der Kanal in einer Rekordzeit fertiggestellt: man braucht nur 14 Jahre. 10 000 bis 12 000 Arbeiter sind in dieser Zeit beschäftigt. Das Unternehmen verschlingt Unsummen. Riquet aber stirbt wenige Monate vor der Einweihung der Wasserstraße.

Deren Vorteile für das Transportwesen waren in der ganzen Region ungeheuer. Wasserstraßen waren damals wichtiger als Landstraßen, weil diese sich in einem aus-

Denkmal des Pierre-Paul Riquet in Béziers

gesprochen schlechten Zustand befanden. Hinzu kam, daß ein Schiffstransport über die Meerenge von Gibraltar, um etwa Wein von Sète nach Bordeaux zu bringen, mindestens zwei Monate dauerte, über den Kanal aber nur zwei Wochen! Und außerdem wurden zwei große Gefahren für die Transporte vermieden: die Unwetter auf hoher See und die Piraterie, die damals nicht selten war.

Nach Eröffnung des Kanals zeigten sich durchschlagende Erfolge. Sümpfe, Wälder und Brachland, die sich in der Nähe des Kanals befanden, wurden urbar gemacht und kultiviert. Die Anliegerstädte – vorher unwillig und zu keinen Aufwendungen bereit – boten nun freiwillig Gelder an. Der Kanal mit seinen 103 Schleusen gab 2000 Familien Lohn und Brot. In den beiden Monaten August und September wurden jedes Jahr 4000 Arbeiter für Instandhaltungs- und Reparaturarbeiten beschäftigt. 1674 hatte Riquet eine dauernde Postverbindung zwischen Castelnaudary und Toulouse eingerichtet.

Der Handel intensivierte sich: Von Toulouse zur Küste des Mittelmeeres wurde vor allem Getreide befördert, hauptsächlich für das Bas Longuedoc und die Provence. In der Gegenrichtung stellte Wein das Hauptgut dar. Mitte des 19. Jh. erreichte der Kanal den Höhepunkt seiner Bedeutung. Das damalige Transportvolumen an Passagieren, Post und Gütern wurde nie wieder erreicht. Denn kurz darauf begann der Siegeszug eines neuen Transportmittels: Die Eisenbahn übernahm den Gütertransport. Der Kanal dient heute vor allem als Wasserstraße für Freizeitkapitäne, die hier ihren Urlaub verbringen. Seit etwa 1970 hat seine touristische Nutzung ganz außerordentlich zugenommen.

Béziers

Mein erster Eindruck: eine Nummer zu groß, wenn nicht gar zwei. Ein riesiger Platz, benannt nach Paul Riquet, in Wirklichkeit eine doppelte Allee, mit hohen Platanen, sich verlierender Breite und Weite. Kaum jemand ist zu sehen. Oder zeugt es nur von vergangener Pracht, Größe und Bedeutung? Eine kleine Stadt, gut 90 000 Einwohner – und dann diese Prachtstraße. Ich komme mir vor wie in Klein-Paris. Ich lasse die Allee, entferne mich aus diesem zu groß geratenen Zentrum. Die Sonne kommt hervor, und merkwürdigerweise gewinnt plötzlich alles wieder ein normales Maß. Eine französische Kleinstadt, wie viele andere. Mit südlichem Charakter. Unverwechselbar. Versöhnt genieße ich die Gartenanlage des **Plateau des Poètes,** durchschreite die 600 Meter der Allee, begrüße dabei Paul Riquet, den Erbauer des Canal du Midi, und schaue mir das dem Plateau gegenüberliegende Theater mit seiner Jugendstilvorläuferfassade an. Ich gehe durch die schmalen Gassen der Altstadt. Ein Schuster, eine kleine Buchhandlung, eine Boutique – sehenswerte Modelle, die wie aus den 50er Jahren wirken. Ein Café. Alle französischen Cafés haben diese kleinen Tische und diese ungemütlichen kleinen Stühle. Warum nur? Mich hat in einer Bäckerei, ich meine in einer Konditorei, kurz einer *Pâtisserie,* ein merkwürdiger runder kleiner Kuchen gelockt. Er heißt wie ein Einwohner von Béziers, nämlich *Biterrois.* Eine besondere Spezialität der Stadt. Ich werde mir einen oder zwei mitnehmen, wenn ich weiterfahre. Ein richtiger Reisekuchen, ein ›gâteau de voyage‹. Man nennt ihn sogar so. Die Tradition dieses städtischen Kuchens ist leider mehr als dürftig. Eine Marketing-Masche einiger Pâtissiers, die ihn erst 1985 aus der Taufe gehoben haben.

Hier, in Béziers, hat 1209 das größte Massaker des Kreuzzuges gegen die Katharer stattgefunden. Die erste Stadt, die sich dem ›Kreuzfahrer-Heer‹ aus dem Norden widersetzte. Sie sollte ihren Mut teuer bezahlen. Statt sich hinter ihren Mauern zu halten und

Béziers

abzuwarten, unternahmen sie einen vorwitzigen Ausfall. Der Feind, die Christen, die hier im Auftrage des Papstes die römische Kirche mit Feuer und Schwert gegen die Ketzer durchsetzen sollten, drang mit den zurückflutenden Biterrois durch die Stadttore in die Stadt ein. Tagelang wurde gemordet, gebrandschatzt, geplündert, »damit nichts Lebendes mehr übrig bleibe«.

Die Einwohner beherbergten nur wenige von den gesuchten Ketzern, den Katharern. Aber diese wenigen hatte die Stadt dem feindlichen Heer nicht ausliefern wollen. Mit guten Beuteaussichten dringen die Truppen in die Stadt ein und nehmen sich, was sie bekommen können. Nur wenige Einwohner werden ihnen entkommen. 5000 oder 7000 Bewohner, so heißt es, retten sich in die Kirche La Madeleine. Aber nichts ist mehr heilig in diesem Heiligen Krieg. Und so werden sie von den Rittern und Kreuzfahrern niedergemetzelt. Aber nicht – das muß man ihnen zugute halten – ohne vorher den höheren Rat ihres obersten geistlichen Führers eingeholt zu haben. Quellen berichten, daß dieser, Arnaud Amaury, der Abt von Cîteaux, also das Oberhaupt des Zisterzienser-Ordens, auf die Frage, wie man denn jetzt die Katharer von den Katholiken unterscheiden solle – die weit überwiegende Mehrzahl der Bewohner Béziers war ja katholisch – erwidert habe: »Tötet sie alle – Gott wird die Seinen schon erkennen«.

Im Sommer ist die Stadt kaum wiederzuerkennen. Dann pulsiert unter der heißen Sonne heiter das südfranzösische Leben. Béziers ist eine Stadt der Feste, das ›französische Sevilla‹. Die Nähe Spaniens ist zu spüren. Sein Einfluß zeigt sich besonders an der großen *Feria* im August, einer Institution. Eine Fülle von Veranstaltungen, Aufführungen und sonstigen Attraktionen lockt alle auf die Straßen. Aufzüge, folkloristische Tänze, öffentliche Bälle, und natürlich: Stierkämpfe. Die Stadt vibriert. Nun ist die Allée Riquet nicht mehr der leere, triste Platz, die Riesenallee. Sie ist erfüllt von Leben. Nur schwer kann man sich durch die Menschenmenge einen Weg bahnen. Am 14. August der Höhepunkt: die *Folle Nuit*, die verrückte Nacht. Die dichte Atmosphäre explodiert. Auf der Allée Paul Riquet Brunnen mit Wein und auf der Place Jean Jaurès das große Feuerwerk.

Sie verstehen zu leben. Und sie haben sich ihren freien und unabhängigen Geist der Toleranz bewahrt, den wir schon im Mittelalter finden. Nicht nur blühte im 12. Jh. die jüdische Gemeinschaft – was sich im Mittelalter keineswegs von selbst verstand –, hier wie überhaupt im Languedoc, werden auch die ketzerischen Katharer, die in Béziers wohl kaum mehr als einige Hundert zählten, geduldet. Als sich die päpstlichen Legaten in innerstädtische Angelegenheiten einmischen, versagt ihnen der Bischof den Gehorsam. Ein toleranter und aufsässiger Bürgergeist.

Im Juli herrscht das Zepter der Musik. Vielfältige und qualitativ hochstehende musikalische Angebote, große französische und ausländische

Die Allee Pierre-Paul Riquet

Orchester, überall musikalische Veranstaltungen. Die Musik gehört zum Leben dazu.

Seinen Abschluß findet das Feiern im Oktober: am 3. Sonntag wird *La Fête du vin nouveau* gefeiert, das Fest des neuen Weins. Bei ihm werden die alten Traditionen mit großem Pomp gepflegt, gastronomische und Weinbruderschaften treffen sich, die neuen Brüder der Bruderschaft *San Andiu de la Galinera* werden mit großem Zeremoniell inthronisiert. Man ist würdig, ißt und trinkt wie in alten Zeiten ...

Weiter oben gelange ich unversehens zur höchsten Erhebung der Stadt, hier liegt die **Kathedrale.** Davor ein kleiner Platz, ein schöner Aussichtspunkt, der einen Blick über das weite Land, das Languedoc in Richtung Mittelmeer und Pyrenäen gewährt. Bei gutem Wetter ist der Canigou zu sehen. Unten fließt der Orb in einer Schleife um Béziers herum. Man versteht, wieso die Stadt hier gegründet wurde. Der Platz war schon 600 v. Chr. ein Zentrum der keltischen Tektosagen.

Das ist also die Kathedrale, die Kirche des Bischofs. Hier hat der Bischof 1209 die Bürger aufgefordert, sich zu ergeben, die Katharer auszuliefern, als das Kreuzfahrerheer *ante portas* stand. Aber hier saß auch der Bischof Guillaum de Roquessels, der sich den Wünschen der päpstlichen Legaten verweigerte, die die bürgerliche Regierung der Stadt mit der Exkommunikation bedrohen wollten, sollte sie nicht prophylaktisch der Häresie abschwören. Eine Stärke, die von der Toleranz und Liberalität der Biterrois, ja des Languedoc überhaupt zeugt.

Diese Kirche ist ein merkwürdiger Bau, uneinheitlich, nicht aus einem Guß. Vielleicht merkt man ihr an, daß sie im wesentlichen nach dem Kreuzzug gegen die Katharer gebaut wurde, wie viele andere Kirchen der Region auch ein Zeichen des Sieges der katholischen Kirche über die Ketzer. Man denke nur an Les Jacobins in Toulouse oder die Kathedrale von Albi. So ist von der ursprünglichen romanischen Kirche nur die Erhöhung des Chors übrig, und der Glockenturm ruht ebenfalls auf romanischen Resten. Die beiden Türme der Fassade sind Wehrtürme, kriegerisch, wuchtig, verteidigungsbereit. Ihre Schwere wird nur etwas durch die große Rosette in ihrer Mitte gemildert. Man sieht noch Pechnasen und vergitterte Fenster.

Diese Kirche hat etwas Drückendes, Lastendes. Das wird erst im Inneren klar, vor allem im Kreuzgang. Er ist schwer, undurchdringlich, nur Stein und nichts als Stein. Mir scheint, als habe dieser Stein keine Seele, als drücke er nur Herrschaft aus, Kälte. Hier kann nichts sprießen, alles wird niedergedrückt. Daß sich kein Ketzer mehr sehen lasse – er wird vernichtet werden. Die Frische einer frühromanischen Kirche fehlt ihr ebenso wie die Eleganz eines gotischen Domes. Ihrer Funktion entsprechend liegt sie am höchsten Punkt der Stadt, das Symbol der Herrschaft der Bischöfe.

Wenige Schritte entfernt das **Museé des Beaux-Arts** mit Werken von Delacroix, Chirico, Dufy und anderen großen Malern.

Aus Béziers stammt einer der Heroen der französischen Résistance: Jean Moulin (1899–1943). Er studierte

Die Kathedrale St. Nazaire

in Montpellier Rechtswissenschaften und begann eine glänzende Karriere. 1930 wurde er der jüngste Unterpräfekt Frankreichs, wenige Jahre später, 1937, jüngster Präfekt. Nach der deutschen Besatzung 1940 weigerte er sich, ein Schriftstück zu unterzeichnen, das Grausamkeiten beschrieb, die die französische Armee begangen haben sollte, und versuchte, sich umzubringen. Als Präfekt seiner Ämter enthoben, wandte er sich der Résistance zu, floh nach England und kehrte später als De Gaulles Generalbevollmächtigter für die unbesetzte Zone zurück. Er spielte eine führende Rolle in der Organisation der *Maquis* und in der Entwicklung des Nationalrates der Résistance. Von der Gestapo, vermutlich aufgrund Verrates, verhaftet, wurde er von dem ›Schlächter von Lyon‹, Klaus Barbie, nach Art der Gestapo ermordet. Barbie ist wegen seiner Verbrechen vor wenigen Jahren in Frankreich verurteilt worden. Sehenswert ist dazu der dokumentarische Film ›Terminus‹ von Ophüls.

Carcassonne

Es gibt zwei Carcassonnes, zwei ganz verschiedene Städte mit dem gleichen Namen, aber in allem unterschiedlich. Wer nach Carcassonne fährt, besucht natürlich die Cité – und nicht Carcassonne. Denn das eine ist die Burg, die mittelalterliche Anlage, die Legende, die Romantik, lebendige Vergangenheit, Mauerwerk wie in Rittersagen – die andere Stadt liegt nicht weit entfernt in der Ebene, in Sichtweite. Aber für Touristen ist sie meilenweit entfernt. Die eine Stadt liegt also im Imaginären, die andere im Département de l'Aude. Die eine vermittelt uns eine plastische Empfindung der Vergangenheit, die andere die Banalität des alltäglichen Lebens. Hier oben in der Cité kann man nicht ernsthaft wohnen. Höchstens träumen.

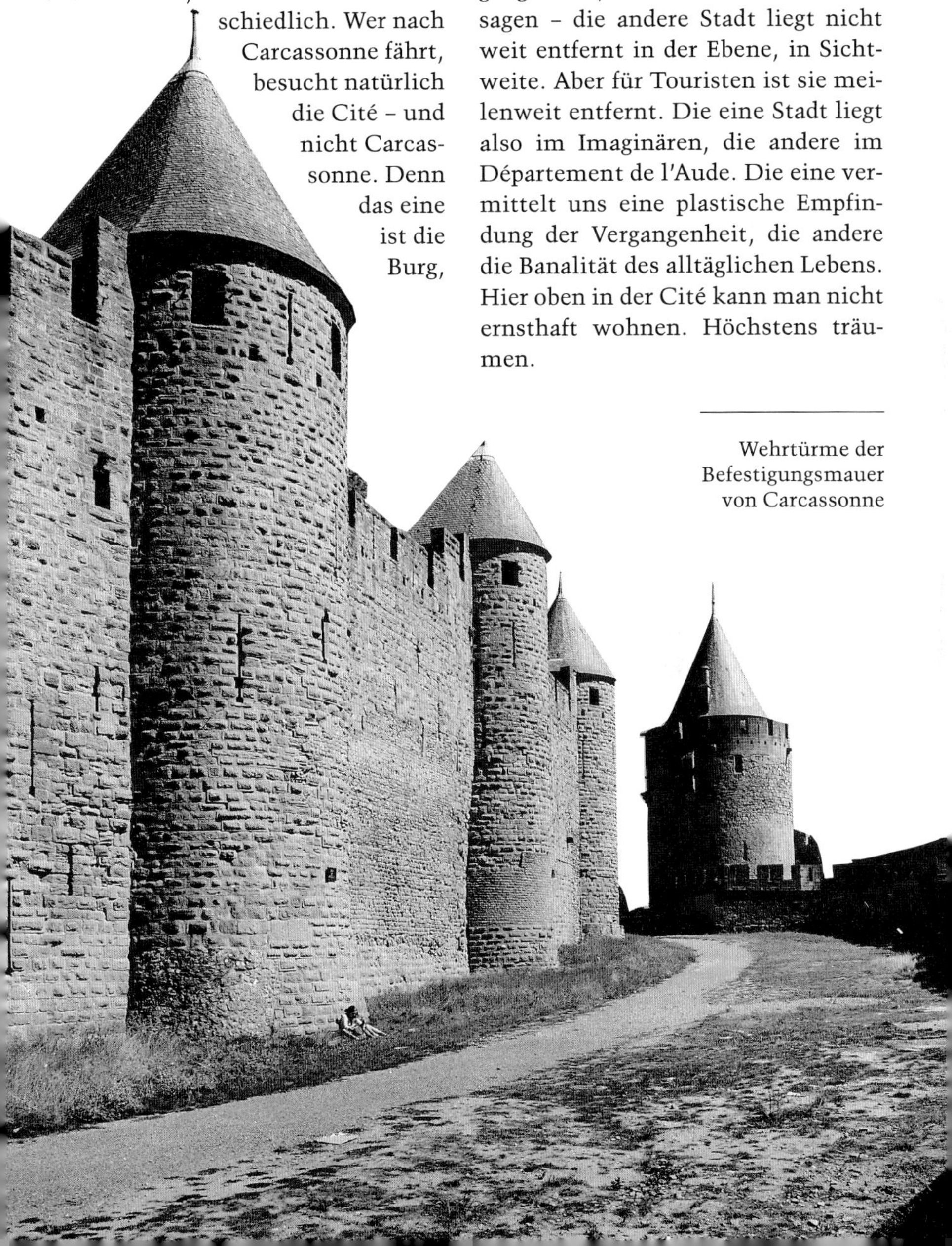

Wehrtürme der Befestigungsmauer von Carcassonne

Carcassonne

Aber wie so oft finden wir in den alten Gemäuern oder in ihrem Bild uns selbst wieder. Unser Blick ist nicht der objektive Blick, den uns die Ruinen aufzwingen oder den sie erheischen würden – es ist unser Gegenwartsblick auf die Dinge, den wir den Dingen selbst einschreiben. Und doch scheint es so, als wäre das, was wir sehen, von ihnen bestimmt und nicht von uns. Die Veränderung dieses Blicks kann man an der Geschichte des alten Carcassonne, der Cité, gut nachvollziehen.

Zu Beginn des 19. Jh. schrieb der französische Reiseschriftsteller Millin in seiner »Voyage dans les départements du Midi de la France« (1811) nicht sehr positiv über die alte Stadt von Carcassonne: »Der obere Teil, den man Cité nennt, ist der älteste Teil. Er ist schlecht gebaut, die Straßen sind schmal, und das Schloß, das die Stadt beherrscht, ist nur noch eine Ruine.« Man hatte damals (noch) keinen rechten Sinn für diese Art von Romantik. Er sollte später herrschen, und noch heute zieht er Millionen in seinen Bann. Es ist die Zeit Napoleons. Die alten Bauten, insbesondere Kirchen, werden als Steinbrüche benutzt. Wie Cluny im Burgund und die Cité von Carcassonne. Der schöne Haustein verkauft sich gut. Aber eine Änderung des Geschmacks deutet sich an.

Stendhal notierte 1837 über diese verlassene Stadt ohne Leben: »Ich überquere die Brücke. Ich steige in diese alte Stadt hinauf. Es scheint mir, als stiege ich im Angriffssturm. Die Mauern, über dem Felsen hingekauert und 30 oder 40 Fuß hoch, sind stark und streng. Kein Fenster taucht auf, kein menschliches Wesen. Ich trete durch eine kleine gotische Pforte.

Schweigen, entvölkerte Leere. Ganz kleine Häuser, gotische Spuren. Besonders aber fehlt alles, was eine Zivilisation anzeigte. Statt Fensterscheiben Ölpapier an vielen Fenstern. Schließlich kommt mir die Idee, daß ich hier in der Mitte einer Stadt des 15. Jahrhunderts stehe.« Zu der Zeit, als Stendhal diese Zeilen schrieb, ging eine Veränderung in der Beurteilung der Vergangenheit vor sich. Ruinen und alte Gemäuer werden nicht mehr bloß als leblose Sammlung von Steinen gesehen, sondern man träumt von ihrer Wiederherstellung als »einem versteinerten Zeugen der Geschichte«. Prosper Merimée, der Dichter und Inspekteur der französischen Monumente, und dann Viollet-le-Duc – ohne diese beiden wären große Teile der alten französischen Bauten nur noch Staub – stehen auf diesem historischen Boden. 35 Jahre leitete Viollet-le-Duc die Restaurationsarbeiten an der Kirche St. Nazaire und den Befestigungsanlagen der alten Stadt. Natürlich muß er Widerstände überwinden, die sich gegen diese ›Modernisierungsarbeiten‹ richteten. Denn diese Arbeiten führten nur dazu, daß die Mauern »wie eine Operndekoration wirken« (Taine).

Die Restauratoren treffen einen Nerv des Zeitgeistes, die Cité wird attraktiv. Und sie bleiben nicht aus, die Touristen. Ende des 19. Jh. besuchen vornehmlich Engländer die Stätte. 1905 zählt man bereits 8366 Besucher in der Cité, und das nur in den Monaten von Juli bis Oktober.

Jedesmal aufs Neue staune ich über diese Burg, diese Stadt. Sie ist phantastisch erhalten, so der erste Gedanke. Aber in Wirklichkeit weniger, als es den Anschein hat. Im 13. Jh. wurde die Anlage in drei Phasen erneuert. Noch während der Katharerkriege wollte der König das neu erworbene Land sichern und ließ die Burg befestigen. 1240 widerstand sie auch einer Belagerung. Bald darauf, unter Ludwig IX., dem Heiligen, wird im Rahmen einer großen Konzeption das ganze Umland frei gemacht, die Bewohner werden in die neue Stadt umgesiedelt, die alten Vororte zerstört. Abgeschlossen werden die Arbeiten unter Philipp IV., dem Schönen, der große Teile des doppelten Befestigungsringes und einige Türme bauen läßt. Später ist sie niemals angegriffen worden – nie mußte sie sich einer Belagerung aussetzen. Mit der Zeit ist sie selbstverständlich verfallen und erst in langen Jahrzehnten wieder restauriert und erneuert worden. Sie ist also nicht so gut erhalten, sie ist so gut wiederhergestellt. Aber ist das wiederhergestellte Alte dem verfallenen und verfallenden Alten wirklich vorzuziehen? Der Reiz des Verfallenen, das vielleicht eine viel größere Wahrheit über das Alte aussagt als das Neu-Alte, fehlt gänzlich. Es sieht wie eine Kulisse aus, artifiziell und ohne Leben. Der romantische Techniker erlaubte nicht, daß das Bauwerk Ruine blieb oder zur Ruine wurde. Er wollte das Alte nicht als das Alte, er wollte es selbst neu erschaffen. Natürlich versucht er, wie Viollet-le-Duc sagt, »den wahrscheinlichen alten Zustand wieder herzustellen«. Aber verfehlt er damit nicht den Charakter der Ruine als einer »Stätte des Lebens, aus der das Leben geschieden ist« (Georg Simmel)?

Dann also doch in die Burg. Manche der Führer leben mit Begeisterung in der Welt des Mittelalters. Sie fühlen sich ganz einig mit dem Geiste der Erbauer und führen jede Falle und jeden Fallstrick, der gegen Eindringlinge geplant war, genau vor, am liebsten leibhaftig. Läuft man über bestimmte Treppenstufen, so ist man bedroht: von unten kann man zwischen den Stufen hindurchgreifen und hochgerüstete und schwerbewegliche Ritter zum Sturz bringen. An jener Stelle ist es recht abschüssig und gefährlich – von dort hat man die Angreifer besonders gut im Visier. Diese Pforte ist so schmal, damit die Eindringlinge nur einer nach dem anderen herauskommen können. Und von diesem Turm aus kann man sie mit dem Bogen sehr gut erreichen. Hier ein ausgeklügeltes System der Täuschung, dort eine Sackgasse, in die die Belagerer unweigerlich hinein laufen werden – den Sieg schon vor Augen ...

Das wirkliche Leben Carcassonnes spielt sich aber nicht in der Cité ab. Die moderne Stadt, die Neustadt hatte der alten Cité schnell den Rang abgelaufen. Sie wurde unter dem Heiligen Ludwig neu angelegt, ihr schachbrettartiger Grundriß ist das deutlichste Zeichen dafür. Ansonsten bietet sie allerdings wenig Interessantes.

Blick auf die Tarnschlucht bei Les Vignes ▷

Wanderungen in den Cevennen und im Languedoc

Das Massiv des Mont Lozère und der Nationalpark

Das nördlichste Gebirgsmassiv der Cevennen ist der Mont Lozère. Mit einer Höhe von 1699 m (Sommet de Finiels) verfügt er über die höchste Erhebung des Gebietes. Ein ausgedehnter granitener Rücken zieht sich vom Col de Montmirat im Westen bis kurz vor Villefort im Osten. Die starke Erosion hat hier oben manch eigenartige Steinlandschaft entstehen lassen, die man sonst erst in Höhen von 2000 bis 3000 Metern findet.

Die Winter sind lang und hart, mit Frost an über 120 Tagen im Jahr, Nebel und Schnee, Stürmen und Gewittern mit einer oft beängstigenden Gewalt. Binnen kürzester Zeit kann das Wetter umschlagen. War es gerade noch schön, so bilden sich plötzlich Wolkenwände, ein gewaltiger Wind erhebt sich, Wirbelstürme jagen Schneekristalle nieder, die in Windeseile den Horizont verschleiern und alles bedecken. Der Weg ist verschwunden, die Glocken in den wenigen Dörfern schlagen: Das Unwetter herrscht. Immer wieder hört man von Opfern solcher Unwetter oder von Schneestürmen im Winter, die nur knapp ihre Häuser verfehlten und starben.

Quer über den Mont Lozère ziehen sich zwei große *Drailles,* zwei alte Wege, auf denen seit Urzeiten die Herden auf- und abgetrieben wurden. Die eine verbindet die Ebene des Languedoc mit dem Gévaudan; die andere ist die der Margeride. Hunderttausende von Tieren sind hier früher entlanggetrieben worden. Heute ist die alte Tradition der *Transhumance* praktisch verloren gegangen. Der GR 7 folgt ihr – und wir ein Stück dem GR (Wanderung 2).

In den Hochlagen des Mont Lozère dehnt sich eine weitläufige Landschaft aus. Hier gedeihen Heidekraut und Ginster, dessen blendendes Gelb überall leuchtet. Er verbreitet sich in jedem Winkel, vor allem dort, wo noch vor kurzem der Mensch tätig war. Seine üppige Ausdehnung ist auch ein Zeichen dafür, daß diese Tätigkeit aufgehört hat und die Natur ihren Boden wieder in Besitz nimmt. »Der Ginster erobert alles. Gegen ihn ist man machtlos. Und er verbreitet überall den Geruch des Todes« (Jean-Pierre Chabrol) dieser alten Kulturlandschaft.

Und trotz der Kälte, der schlechten Lebensbedingungen, der kargen Böden, der Abgeschiedenheit von der Welt: seit Urzeiten ist das Gebirge bewohnt. Von frühesten Zeiten zeugen die 150 Menhire des Boudon, östlich des Col de Montmirat; aus römischer Zeit stammt das Mausoleum von Lanuéjol; die mittelalterlichen Malteserkreuze, die man eingraviert findet – und natürlich überall die Bauernhöfe, die Weiler, die Dörfer ...

Der Weiler L'Hôpital

1 Das Ökomuseum im Nationalpark – beim Mas Camargues

Wir laufen hier im Quellgebiet des Tarn durch eine typische Lozère-Landschaft.

Wichtige Hinweise

Anfahrt: Von Florac oder Génolhac auf der D 998 bis Pont-de-Montvert. Von dort auf der D 20 Richtung Norden. Nach etwa 5 km nach rechts Richtung L'Hôpital abbiegen. Der letzte Teil des Weges ist nur schlecht befestigt.

Ausgangspunkt: Der aus nur wenigen Häusern bestehende Weiler L'Hôpital.

Dauer: 2:30 Std.

Art: Rundwanderung.

Schwierigkeitsgrad: Einfach.

Orientierung: Leicht.

Wegbeschaffenheit: Fahrweg und Pfade.

Höhenunterschied: 60 m.

Ausrüstung: Der Weg verläuft fast immer ungeschützt, Wind und Sonne ausgesetzt. Eventuell Wasser mitnehmen.
Hinweis: In der touristischen Saison kann man das Mas Camargues besichtigen, das mit der Ferme du Troubat zum Écomusée du Mont Lozère gehört. Bei ausreichendem Wasserstand an verschiedenen Stellen Bademöglichkeiten im Tarn; am besten hinter der Tarn-Brücke.
Kartenmaterial: 1:25 000 IGN Nr. 2739 est.

Der Weiler **L'Hôpital** ist ein herrlich gelegenes, eindrucksvolles Ruinendorf aus Granit. Aber deutlich sieht man, wie da und dort aus den verfallenen Mauern wieder bewohnbare Häuser werden. Der Ort ist in seiner völligen Isolation attraktiv geworden. Er gehörte früher dem Johanniterorden, der hier – wie im Westen die Templer – ausgedehnte Besitzungen besaß.

Ein Feudalherr der Gegend hatte 1166 dem Großpriorat von St. Gilles (Provence) beträchtliche Güter im nördlichen und südlichen Lozère-Gebiet geschenkt. Hier, in einer Höhe von 1360 m, richtete der Orden seine Komturei ein und nannte sie *L'Hôpital*, das Krankenhaus, in Anlehnung an den Namen und die Aufgabe des Ordens selbst. Da die Draille hier entlangführte, entwickelte sich L'Hôpital zu einem beliebten und gesuchten Haltepunkt, besonders wegen der gefährlichen Wetter. Denn die Draille diente nicht nur für den Auftrieb der Tiere, sondern war eine Art natürlicher Handelsweg und eine Verkehrsachse. Auf die Transhumance aber, das versteht sich, erhoben die Herren von L'Hôpital eine Abgabe für das Durchzugsrecht.

Wanderung 1

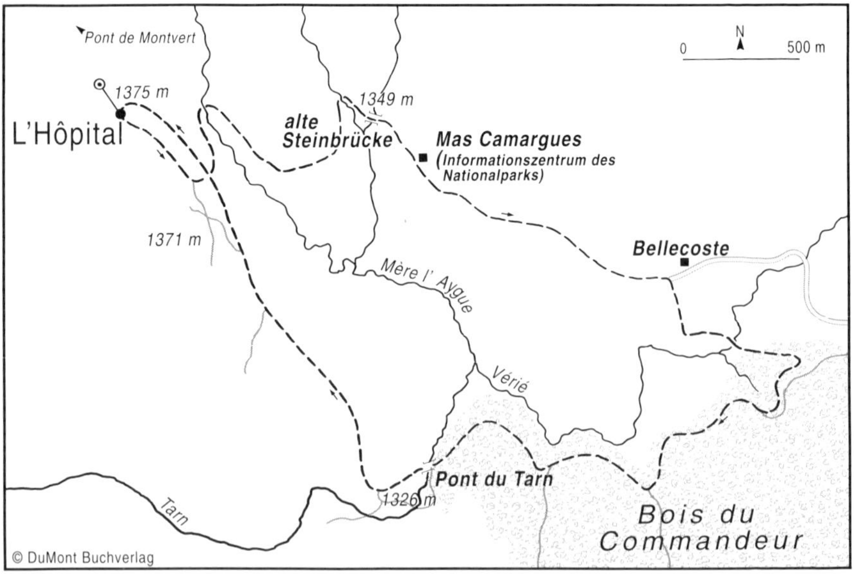

Steinbrücke beim Mas Camargues

Das **Mas Camargues** bildet einen Teil des Ökomuseums, des *Écomusée.* Dieser Name verbindet zwei unterschiedliche Welten: die der Natur und Landwirtschaft einerseits, die der musealen und belehrenden Darstellung andererseits. Beide Aspekte werden hier verknüpft. Das Ökomuseum besteht aus dem Haupthaus, der *Maison du mont Lozère* in Pont-de-Montvert, und einer Reihe von anderen Elementen, die über das ganze Massiv verstreut sind. Die Maison du mont Lozère enthält eine Dauerausstellung, die die regionale Naturgeschichte und die Geschichte der menschlichen Besiedlung darstellt. Dort findet sich auch eine *Gîte d'Étape.* Zu den anderen Teilen des Museums zählen Mühlen, Brunnen, Glockentürme und auch ganze Weiler.

Das alte Herrenhaus des Mas Camargues erstaunt durch eine schöne und regelmäßige Fassade aus behauenen Granitblöcken und seine Ausdehnung. Das Gebäude ist vom Écomusée wieder instand gesetzt worden. Ein *Sentier d'observation,* eine Art Lehrweg, beginnt hier. Auf ihm werden Besuchern unterschiedliche Elemente der typischen landwirtschaftlichen Arbeit vorgestellt: die Schäferei, die Mühle, die Bewässerung. Der längste Weg – es gibt 3 Möglichkeiten – dauert etwa 1½ Stunden und ist unbedingt empfehlenswert.

Wir sind hier im Quellgebiet des **Tarn.** Der letzte Abschnitt unseres Weges, nachdem wir die alte Tarnbrücke überschritten haben, bietet schöne Ausblicke über die Ebene des ›jungen‹ Tarn.

Wegbeschreibung
Wir folgen dem Weg in Fahrtrichtung (Schild: Écomusée – Mas Camargues). Sehr bald kommen wir zu einer Abzweigung des GR 7, dem wir aber nicht folgen. Wir gehen links, bei der nächsten Abzweigung geradeaus. Es geht über eine schöne Steinbrücke (0:40 Std.) und gleich darauf an dem **Mas Camargues** vorbei.

Wir folgen dem Weg weiter bis kurz vor **Bellecoste,** wo wir nach rechts in den GR 72 einbiegen. Wenig später ist ein Bach zu überqueren (Sollte er sehr viel Wasser führen: 200 m links oberhalb liegt eine kaputte Holzbrücke, die den Überstieg sehr erleichtert. Anschließend geradeaus durch ein Ginsterfeld, bis man den Weg wieder trifft. Dann links halten). Wir kommen in einen Wald (1:25 Std.), stoßen wenige Minuten später auf eine große Kreuzung. Hier gehen wir auf einem breiten Waldweg nach rechts.

Bei der nächsten Gabelung (1:35 Std.) geradeaus, später auf dem GR 7 nach rechts über die **Tarnbrücke** (1:50 Std.). Bei der nächsten Gabelung halten wir uns rechts und folgen dem GR in einer großen Rechtskurve leicht aufwärts. Er macht sich hier die alte *Draille du Languedoc* nutzbar. Der GR biegt dann links ab, wir gehen geradeaus weiter (2:15 Std.). Der breite Fahrweg führt uns nach L'Hôpital, das wir schon vor uns liegen sehen. Wir gehen geradeaus über eine Kreuzung, kommen oben in dem Ort heraus, an einigen Häusern vorbei, steigen nach links durch Steinmäuerchen ab und erreichen wieder den Ausgangspunkt (2:30 Std.).

2 Auf einer alten Draille – bei Aubaret

Ein landschaftlich abwechslungsreicher Weg, der im letzten Abschnitt auf einer alten Draille verläuft.

Wichtige Hinweise
Anfahrt: Von Génolhac südlich auf der D 906 Richtung Alès fahren. Nach etwa 3 km nach rechts auf die D 998 Richtung Florac einbiegen. Kurz hinter dem Paß *Col de la Croix de Berthel* kommt die Gîte d'Étape und das Restaurant *Les Bastides.* Von Florac über Pont-de-Montvert bis nach Les Bastides. Hier kann man das Auto gut stehen lassen.
Ausgangspunkt: Les Bastides.
Dauer: 3:00 Std.
Art: Rundwanderweg.
Schwierigkeitsgrad: Leicht.
Orientierung: Ein Teil rot-weiß markiert. Leicht.
Wegbeschaffenheit: Manchmal breite, manchmal schmale Wege, an einer Stelle querfeldein. Über einen Bach.
Höhenunterschied: 250 m.
Bademöglichkeit: In den Bächen, wenn sie ausreichend Wasser führen.
Hinweis: In der Regenzeit sind die im Sommer ausgetrockneten oder schmalen Bäche stark angeschwollen und manchmal nur feuchten Fußes zu überqueren. Auch die Wege selbst

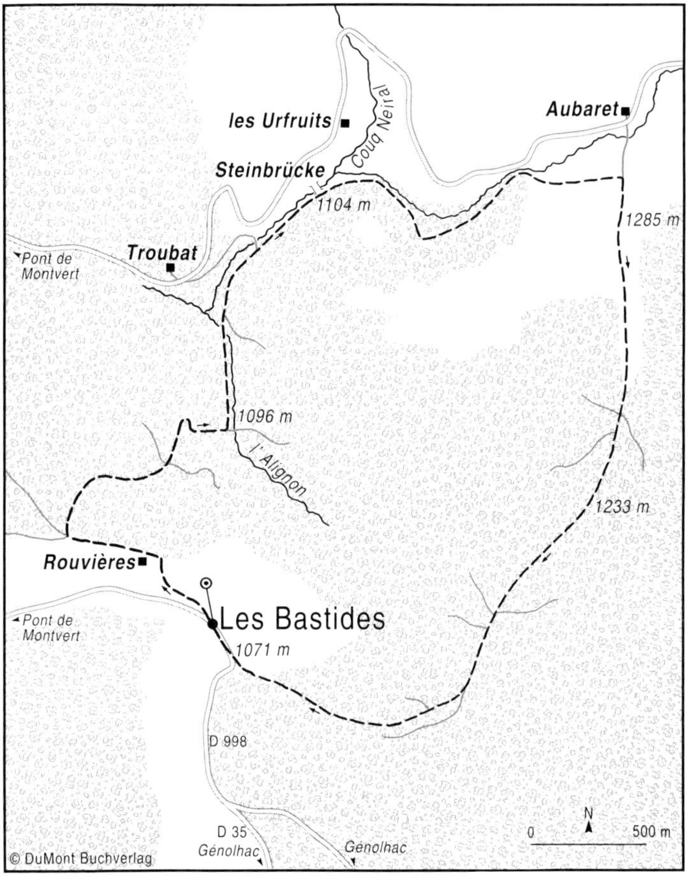

Wanderung 2

können an manchen Stellen zu kleinen Bachläufen werden.
Kartenmaterial: 1:25 000 IGN Nr. 2739 est.

Wir sind im Kernland der Cevennen und auch des Nationalparks. Einsamkeit, Wildnis, Kargheit, verbranntes Gras, verlassene Bauernhöfe und Dörfer erwarten uns. Der Abstieg von Aubaret folgt der alten *Draille du Languedoc*, heute der GR 7. Man kann sich gut vorstellen, wie hier einst ungeheure Herden entlangzogen. Die Gegend ist unzugänglich, die Straßen sind klein und kurvig, Ortschaften selten.

Die beiden Hauptstädte der Straße, an der Les Bastides liegt, sind Génolhac und Florac mit 850 bzw. ca. 2000 Einwohnern. Selbst die größten Orte sind hier nicht mehr als Dörfer, und die Abwanderung der Bevölkerung hält an. Wie die Hochtäler der Cevennen ist auch diese Region ein sehr menschenleeres und extrem armes Land. Die Böden geben nicht mehr her als früher, und die Winter, mit bis zu 2 Metern Schnee, sind so hart wie eh und je.

Sich von Schafzucht zu ernähren, ist mühsam. Man sagt, daß es sich überhaupt erst ab Herden mit 600 Tieren lohne. Ohne sich mit Leib und Seele dafür zu engagieren, kann man hier kaum überleben. Dasselbe gilt für die Ziegenhaltung, den Obstbau oder die Imkerei. Dabei zählt der Honig, den man bei den Imkern kaufen kann (Schilder: *Miel*), zu den besten, die ich kenne. Vor allem die bei uns wenig bekannten und sehr teuren, meist gar nicht erhältlichen Sorten wie Kastanie oder Bruyère sind in Geschmack und Aroma außerordentlich wohlschmeckend, aber wegen des leichten Bittergeschmacks nicht jedermanns Sache. Deshalb können diese mehr zaghaften Versuche eines alternativen Lebens auch keine wirkliche Alternative eröffnen, die dem Bevölkerungsrückgang Einhalt gebieten könnte.

Einen kleinen Lichtblick stellt der Tourismus dar. Seit zwei Jahrzehnten wird er stark gefördert und bietet für die Einheimischen eine regelmäßige und wichtige Einnahmequelle. Glücklicherweise verhindern die Regelungen des Nationalparks die Entstehung von Hotelburgen, und die touristische Infrastruktur ist recht bescheiden. Denn sonst stünde zu befürchten, daß derselbe Effekt einträte, wie überall: Das, was die Touristen in diesen einsamen Landschaften suchen, verschwindet, wenn sie zu zahlreich werden. So werden die Cevennen heute zwar stärker besucht als früher, etwa 500 000 Besucher kommen pro Jahr. Aber es sind insgesamt doch noch so wenige, daß das Charakteristische der Landschaft dadurch nicht zerstört wird.

Wegbeschreibung

Wir gehen die Straße einige Meter in Richtung Pont-de-Montvert und folgen dann einer kleinen Asphaltstraße, die rechts aufwärts führt. An einigen Häusern, den **Rouvières,** vorbei, kommen wir kurz darauf zu einer mehrfachen Gabelung (0:15 Std.) und gehen rechts. Wir bleiben auf diesem Weg, an einer Kreuzung (0:30 Std.) geht es geradeaus weiter. Der Weg führt leicht abwärts, wir biegen unten (0:40 Std.) ein Stückchen vor einem Bach nach links in einen kleinen Weg.

Eine Weile plätschert der Alignon rechts neben uns, bis wir ihn überqueren (0:50 Std.). Nach einigen Minuten zweigt ein Weg links ab, der über einen weiteren Bach führt, dann zur Straße aufsteigt. Wer ihm folgt, kann die **Ferme Troubat** besichtigen, einen alten restaurierten Bauernhof,

Bei Florac

Die großen Viehauftriebe – Die Transhumances

Viele Straßen, viele Wanderwege der Cevennen sind von Viehherden gebahnt worden, man nennt sie danach noch heute *Drailles.* Ihr Ursprung liegt in den sogenannten *Transhumances,* den großen Viehauftrieben, einer Tradition, die in sehr frühe Zeiten zurückreicht. Herden, die im Sommer in den Garrigues und an der Küste kein Auskommen mehr fanden, wurden in großer Zahl in die Berge hinaufgetrieben, wo ausreichend Wasser und Weiden vorhanden waren. Möglicherweise sind diese Wege bereits in Urzeiten von wilden Tieren gebahnt worden, die im Sommer die heißen Zonen flohen.

Die Transhumance ist eine »uralte halbnomadische Form der Weidewirtschaft, welche die Berggebiete mit den Ebenen und Städten im Tiefland verband« (Fernand Braudel). Sie entsprang der Notwendigkeit, sich das lohnende Weideland nutzbar zu machen. Ihr geht bereits eine lange Phase zivilisatorischer Entwicklung voraus: Der Übergang vom Nomadentum zur Seßhaftigkeit ist bereits vollzogen, feste Ansiedlungen mit entsprechenden Eigentumsformen und einer entwickelten Arbeitsteilung haben sich herausgebildet. Damit aber war das ungehemmte Nomadentum nicht mehr möglich, es traf in besiedeltem Raum auf Hindernisse. Insofern ist die Transhumance ein Kompromiß zwischen beiden Formen. Sie verknüpft die Seßhaftigkeit und das Nomadische und ist im ganzen europäischen Mittelmeerraum verbreitet. In Nordafrika hat sich demgegenüber das Nomadische erhalten, die Seßhaftigkeit erst später durchgesetzt.

Der menschheitsgeschichtliche Grundkonflikt zwischen Nomaden und Seßhaften wird hier deutlich. Der Nomade will freie Bahn für sich und seine Herden. Er wendet sich dorthin, wohin ihn das Bedürfnis seiner Tiere treibt. Alle Beschränkungen, alle Siedlungen sind ihm nur Hindernis. Der Seßhafte dagegen ist auf Besitzstandswahrung bedacht. Er hat seine Ordnung, die das Beständige schützt und festigt. Bewegung, unkontrollierte zumal, macht ihn mißtrauisch. Diese Probleme und Differenzen kommen in einer späten Gestalt in den Transhumances zum Ausdruck. In ihnen spiegeln sich vor allem die unterschiedlichen wirtschaftlichen Interessen der verschiedenen Akteure.

Da sind die Eigentümer der Tiere, der Rinder oder Schafe, dann die Schäfer und natürlich die Eigentümer der Weideflächen und der Auftriebswege. Eine Reihe von Konflikten ist damit vorprogrammiert. Die Schäfer sind diejenigen, gleichsam Nomaden, die außerhalb des sozialen Gefüges stehen, sie sind a-sozial. Nicht seßhaft, ungebunden, umherziehend, mehr mit Tieren als mit Menschen zusammenlebend, haben sie ihre eigenen Lebensregeln, die denen der Siedlungen nicht entsprechen.

In den Augen der Bauern sind sie fast Gesetzlose, Regellose, Unzuverlässige, keine Mitglieder der eigenen Gemeinschaft, sondern nur nützliche Handlanger, die das Notwendige tun. Die Bauern beschweren sich über sie und sind sehr mißtrauisch, die Städter schimpfen sie Tölpel und Nichtsnutze. Jeder versucht, sie auszunutzen oder unter Vorwänden Gewinn aus ihnen zu ziehen.

Die Schäfer pachten zuerst die Weiden für den Sommer und zahlen ›in Natur‹ oder ›in Mist‹. Der Mist war so wichtig, daß sich daraus eine Rechnungseinheit entwickelte. Der Mist einer bestimmten Zahl von Tieren in einer Nacht war noch vor nicht allzu langer Zeit das Maß. Er wurde sehr sorgfältig aufgesammelt und stellte für die Bewohner der Bergregionen den Hauptdung für ihre kargen Böden dar.

Auseinandersetzungen zwischen Eigentümern und Schäfern in den Cevennen sind überliefert. Die Besitzer sind den Schäfern gegenüber mißtrauisch und machen ihnen eine Reihe von Vorwürfen: Sie stehlen Obst und Feldfrüchte; sie lassen ihre Herden auf Wiesen weiden, die für sie verboten sind, ja sogar auf Äckern. Außerdem versuchten sie mit der Zahl der Tiere zu betrügen, indem sie zu niedrige Zahlen angeben. Man verlangte von ihnen verschiedene Abgaben und war immer bereit, ihnen Schäden zuzurechnen, die sie gar nicht verursacht hatten, ja die vielleicht nicht einmal entstanden waren. Auch legte der Staat sehr schnell die Hand auf die Auftriebe, um sie als Geldquelle zu nutzen.

Auf der andern Seite waren die Anlieger nicht zimperlich, wenn es darum ging, sich auf Kosten der Schäfer zu bereichern. Die Schäfer warfen ihnen zu Recht vor – so ist es für Florac überliefert –, die Türen ihrer Höfe beim Durchzug der Herden offenstehen zu lassen; denn natürlich verirrte sich so manches Tier und verschwand auf Nimmerwiedersehen. Sie erhoben oft ungerechtfertigte Abgaben für den Durchzug der Herden und bereicherten sich, indem sie die Drailles, die Wege der Auftriebe, zu ihren Gunsten verkleinerten: Grenzsteine wurden versetzt, Grenzmauern verschoben.

Es ist klar, daß sich solche Auftriebe von insgesamt vermutlich einigen Hunderttausend Tieren nicht ohne Schäden vollziehen konnten. Belästigungen jeder Art sind denkbar, deshalb waren die Schäfer auch immer zu Ersatz verpflichtet. Schon im 4. Jh. findet man in gesetzlicher Form die ›Staubabgabe‹. Denn die riesigen Herden, noch im 19. Jh. bis zu 20 000 Tiere, zogen eine ungeheure Staubwolke hinter sich her, die die Anlieger nach dem Durchzug der Herden erst einmal wieder beseitigen mußten.

Die alte Gewohnheit hat sich verloren. Heute finden echte Tanshumances nicht mehr oder kaum noch statt, als touristische Attraktion vielleicht. Die modernen Transportmittel haben sie ersetzt.

der zum Écomusée du Lozère gehört. Unser Weg jedoch führt geradeaus weiter. Bald sehen wir unterhalb eine kleine Steinbrücke über den Bach (1:05 Std.). Nach etwa 300 Metern verliert sich der Weg, es geht nun aufwärts querfeldein. Linker Hand fließt immer in kleinerer oder größerer Entfernung der Bach. Wir stoßen auf eine tieferliegende Wegschneise (1:25 Std.), der wir aufwärts folgen.

Bei einem Weg, der von rechts spitzwinklig auf unseren stößt, gehen wir geradeaus. Einige Minuten später endet der Wald und links am Bach bietet sich eine herrliche Gelegenheit zum Baden oder auch zu einem Picknick. Das Wasser fließt hier breiter, und große flache Felsen eignen sich als Ruhestatt. Auf der anderen Seite des Baches die Straße und die wenigen Häuser von Urfruits. Geradeaus sehen wir schon den Weiler Aubaret mit seinen Dächern hervorlugen. Wir gehen querfeldein Richtung Osten, haben Aubaret also immer zur Linken vor uns. Der Weg ist manchmal noch mit seiner alten Bepflasterung vorhanden, alten Steinplatten, die eine Gasse bilden. Nach einer Senke treffen wir nach einigen hundert Metern südlich von Aubaret auf einen breiteren Weg, den rot-weiß markierten GR 7, dem wir nach rechts folgen.

Ab hier ist die Strecke rot-weiß markiert (Es empfiehlt sich aber ein kleiner Abstecher nach Aubaret). Wir verlassen gleich darauf mit dem GR den Fahrweg und halten uns leicht rechts aufwärts. Wir bewegen uns jetzt auf einer alten Draille, eine Art Kammweg mit einem phantastischen Blick ringsum: Die Gipfel der Cevennen, manche noch in Nebel gehüllt. Man fühlt die Einsamkeit der alten Schäfer und gewinnt einen Eindruck von der Größe der Natur, in der sich diese langsam aussterbende oder abwandernde Bevölkerung immer bewegt hat. Wir laufen auf einer breiten Grasnarbe, über eine Kreuzung hinweg (2:20 Std.), und erreichen immer auf der Schneise eine Senke (2:40 Std.).

Hier zweigen mehrere Wege ab. Wir gehen immer geradeaus weiter, bis wir den GR nach rechts verlassen (2:50 Std.). Diese Stelle ist durch mehrere Markierungsschilder gekennzeichnet. Auf einem schönen Waldpfad geht es abwärts, bis wir bei einem Gatter wieder auf die Straße treffen (3:00 Std.). Nur noch wenige Meter nach rechts auf der Straße sind es bis Les Bastides.

3 In der Cevenne der Cevennen – bei Florac

Ein kleiner Rundgang bei Florac, der am Hang über dem Tarnon verläuft.

Wichtige Hinweise
Ausgangspunkt: Das Syndicat d'Initiative in der Stadtmitte.
Dauer: 1:50 Std.
Art: Rundwanderweg
Schwierigkeitsgrad: Leicht.
Orientierung: Leicht. Lokale Markierung: weiß/grün, im weißen Sektor schwarz-weißes Wappen. Sentier de Grimoald.
Wegbeschaffenheit: Zu Beginn und am Ende Asphaltstraße, da man im Ort ist. Manchmal etwas geröllig, manchmal schmal.
Höhenunterschied: 140 m.

Auf dieser kleinen Rundwanderung bleiben wir bei **Florac,** dem kleinen Ort, in dem der *Parc National des Cévennes* seinen Sitz hat. Seit 1975 befindet sich dessen Hauptverwaltung im Schloß von Florac. Der Nationalpark ist ein staatliches Verwaltungsamt, direkt dem französischen Umweltminister unterstellt. Seine Leitung liegt in den Händen eines Aufsichtsrates, an dem auch die lokale Bevölkerung beteiligt ist. Außerdem bestehen wissenschaftliche Ausschüsse zur Beratung und Begutachtung. Hier – wie an den 14 anderen Informationsbüros – kann man sich über den Park, seine Aktivitäten und Veranstaltungen informieren sowie Publikationen erwerben, die über fast alles Auskunft geben, was den Park betrifft. Das alte sehenswerte Schloß, in dem die Parkverwaltung untergebracht ist, stammt aus dem 17. Jh.

Florac kauert sich in das Tal des Tarnon. Im Westen ragen die stei-

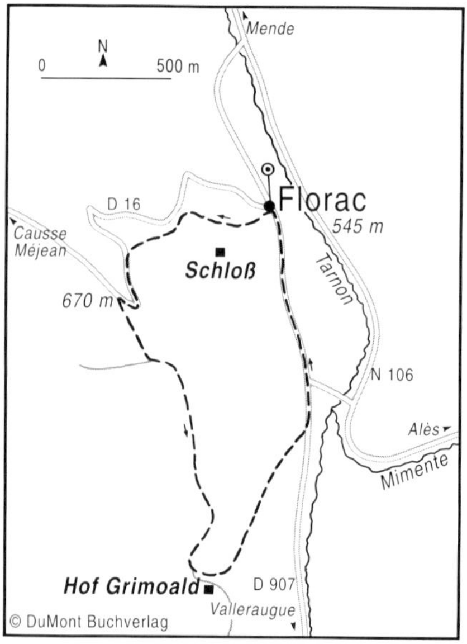

Wanderung 3

len Felswände des Causse Méjean hoch auf, im Osten steigt das granitene Gebirge des Mont Lozère, der Montagne du Bougès auf. Im Tal lang hingezogen, reicht Florac fast von dem Zusammenfluß von Tarnon und Mimente im Süden bis zur Mündung des Tarnon in den Tarn im Norden.

Die Wege, die Zugang zum Ort schaffen, waren immer schwierig zu begehen – und so ist es noch heute. Gleichwohl liegt er an der alten Verbindungsstraße von Languedoc und Gévaudan, an der *Draille de Margeride.* Ausgezeichnet ist seine Lage auch dadurch, daß hier mehrere Zonen aufeinanderstoßen: das Land des Weizens auf dem kalkigen Hochplateau, das Land des Roggens auf den Granit- und Schieferböden und das fruchtbare Land der Flußniederung, des Tarn. Schafzucht erlaubte Florac eine gewisse Wollindustrie. So ist es verständlich, daß die Messen, die zweimal jährlich stattfanden, zu ebensolchen Höhepunkten wurden wie die Durchzüge der Transhumance.

Auch heute noch hat der Ort etwas Schläfrig-Melancholisches. Im Sommer aber, wenn die Sonne strahlt und sich das Leben auf dem platanenbestandenen Hauptplatz Boyer abspielt, wenn Boule gespielt wird und alle Caféplätze besetzt sind, gewinnt er einen fröhlichen, südlichen Charakter. Das entspricht der Erfahrung, die der Präfekt des Département Lozère bei einer ersten Besichtigungsfahrt durch Florac vor fast 200 Jahren festgehalten hat: »Florac ist eine kleine Stadt von 2000 Seelen am Tarnon. Sie bietet einen recht fröhlichen Eindruck, obwohl die Hauptstraße so schmal ist wie alle die Hauptstraßen der Städte des Départements, die ich bis jetzt gesehen habe. Es ist eine Stadt ohne jede Industrie und ohne jeden Handel. Ihre Einwohner sind eine Art Philosophen ohne Ansprüche, die sich wenig Sorgen darüber machen, wie es in der Welt gehen mag, von denen jeder sein kleines Feld bestellt und fröhlich seine Kastanien ißt. ...«

Wegbeschreibung

Wir gehen von dem Platz, an dem sich das Syndicat d'Initiative befindet, die kleine Straße leicht aufwärts. Sie führt unter einem Überbau (Tunnel) hindurch, den man schon vom Platz aus sehen kann. Auf der Place Boyer wenden wir uns nach rechts. An einem Brunnen vorbei folgen wir der D 16 (Straßenschilder: Richtung Millau und Les Vignes, dann auch Aven Armand).

Die Straße führt in einem großen Bogen links aufwärts, rechts der Friedhof. Beim Ortsausgangsschild links ein Parkplatzhinweis. Hier beginnt die Ausschilderung des Weges, und wir biegen nach links in einen kleinen Weg, ziemlich steil bergauf (0:10 Std.). Dabei gibt uns die Stromleitung die Richtung an. Eine Reihe anderer Markierungen beachten wir nicht.

Halblinks leicht ansteigend genießen wir die schönen Blicke auf das Städtchen und das Château de Florac. Der Weg stößt auf die D 16 und folgt ihr eine Serpentine aufwärts. Bei einem großen Steinblock links biegen wir in einem spitzen Winkel links aufwärts (0:35 Std.). Nach einigen hundert Metern folgen wir bei einer Weggabelung dem unteren Weg. Kurz darauf eröffnet sich eine große, freie Weidefläche. Wir nehmen den landwirtschaftlichen Querweg nach links durch einen Stacheldrahtzaun.

Rechts liegen einige bizarre Felsblöcke (0:45 Std.). Nach einem weiteren Stacheldraht folgen wir einem kleinen Weg halblinks, der etwas absteigt (0:50 Std.). Auf schmalem Pfad überqueren wir die terrassenartig angelegten Wiesen. Vor einem Taleinschnitt führt der Weg nach links in Serpentinen wieder abwärts.

Wir folgen wenige Minuten später dem Weg, der sich zu dem Taleinschnitt zurückwendet (1:05 Std.). Dann geht es nach rechts über den Einschnitt hinaus auf einen Bauernhof zu (1:15 Std.). Vor diesem biegen wir nach links abwärts. Bei einer Weggabelung nach wenigen Metern halten wir uns in der Mitte und gehen unterhalb der Felsen weiter. Der Pfad fällt leicht ab und stößt auf die Straße (1:30 Std.), die längs des Tarn nach links wieder in die Stadt hinein und zum Syndicat d'Initiative zurückführt (1:50 Std.).

In Florac

Die Cevennen südlich von Florac ▷

Der Nationalpark der Cevennen

Dieser zweitgrößte der französischen Nationalparks wurde 1970 eröffnet und ist in zwei unterschiedliche Bereiche aufgeteilt. Die zentrale Zone umfaßt gut 900 km^2. Für sie gelten die strengen Regeln des Nationalparks, die auch Touristen in ihrer Freizügigkeit einschränken. Für die periphere Zone mit einer Fläche von 2370 km^2 gelten die Parkgesetze nicht, aber es existiert ein spezielles Förderungsprogramm. Die geschützte Kernzone besteht aus folgenden Regionen: dem Causse Méjean, dem Mont Lozère, dem Bougès-Gebirge, dem Mont Aigoual und dem Lingas-Höhenzug sowie den Gardontälern.

Das Ziel des Nationalparks ist in erster Linie, die weitere Zerstörung der Umwelt in seinem Gebiet zu unterbinden und die Abwanderung der Bevölkerung aufzuhalten. Dieser Nationalpark ist so auch der einzige in Frankreich, dessen zentrale Zone noch bewohnt ist. Hier leben ungefähr 600 Menschen, im Umfeld etwa 41 000 Personen. Der Park bietet in jeder Hinsicht eine außergewöhnliche Variationsbreite: Im Klima mediterran oder atlantisch; in seinen Reliefs abwechslungsreich, von den winterlichen Schneebergen bis zu den tiefen Tälern, in denen die Mimose blüht; in seinen Böden Schiefer, Kalk oder Granit; sein Bewuchs reicht von dichten Wäldern bis zu erodierten Kahlflächen.

Ein wesentliches Ziel ist der Landschaftsschutz, die Sorge für Fauna und Flora und die Bewahrung der traditionellen Architektur. Man bemüht sich darüber hinaus mit Erfolg, einen ›sanften Tourismus‹ zu praktizieren.

Derzeit kann man wohl sagen, daß das Vorhaben einigermaßen geglückt ist. Heute leben in dem Gebiet 45 Säugetierarten, 150 Vogelarten, 23 Kriechtier- und Lurcharten und 13 Fischarten. Die Lebensräume für größere Tierarten haben sich vornehmlich durch den Rückzug des Menschen entschieden gebessert. Man trifft Wildschweine und Greifvögel, Hirsch, Reh; Biber und wilde Geier wurden wieder eingeführt. Die Vegetation ist äußerst reich. Der Park birgt ungefähr 1200 Arten, darunter eine ganze Reihe endemischer Arten, die nur hier vorkommen.

Von staatlicher Seite sind deshalb einige Hilfsprogramme entwickelt worden, die es den Bewohnern gestatten sollen, ihre Lebensumstände zu verbessern und gleichzeitig mit den Zielen des Nationalparks in Übereinstimmung zu leben. Vor allem die Bauern haben Zuwendungen erhalten, die einer Verbesserung ihrer Böden und der Wiederbewirtschaftung von aufgegebenen Gebieten dienen sollen. Insbesondere versucht man, die Kastanienwälder zu pflegen und fördert auch die Tradition der Transhumance. Außerdem wird von der Verwaltung des Nationalparks eine Beteiligung der Landwirte an bestimmten Entscheidungsprozessen angestrebt. So wirken sie etwa bei der Unterhaltung der Wege, der Einrichtung von Baumschulen, beim Feuerschutz und anderen Aufgaben mit.

Zur Bewahrung traditioneller Architektur wurden bestimmte Auflagen bei Neu- oder Umbauten festgelegt. Außerdem können die Bewohner von der ›Aktion Häuschen‹ profitieren, der *Action hameaux.* Mit dieser werden die Einrichtungen von weiteren *Gîtes ruraux,* d. h. bäuerlichen Beherbungsstätten (kleine Häuschen oder Hütten), gefördert, die relativ billig an Touristen vermietet werden. Als Nebeneffekt soll dadurch den Eigentümern noch ein zusätzliches Einkommen verschafft werden. Auch hat man versucht, die Lebensbedingungen der Bewohner zu verbessern und ihre Isolation zu durchbrechen: Straßen wurden befestigt, Telephonanschlüsse ermöglicht, Schulen eingerichtet.

Gleichwohl ist der Nationalpark zunächst bei den Bewohnern im Umkreis auf wenig Gegenliebe gestoßen. Staatliche Maßnahmen, die das Interesse der Bürger im Auge haben sollen, werden in Frankreich und besonders in den Cevennen aus langer Tradition sehr mißtrauisch beäugt. Die langen historischen Erfahrungen haben in den Cevennen gelehrt, daß vom Staat nur wenig Gutes zu erwarten ist. Die Einrichtung von Campingplätzen, Skistationen, Häusern usw. für die Touristen schränken Eigentum oder Weideflächen ein. Sie ziehen Fremde an, die manchmal nicht gerne gesehen werden. Vielleicht auch deshalb findet sich allerorten das *non au parc.*

Dem Nationalpark gehört das Parkgelände nicht selbst. Es ist zu zwei Dritteln in privaten Händen. Die Eigentümer reagieren äußerst empfindlich auf alle Vorschriften. Jede Regelung erscheint ihnen schon an sich als Einschränkung ihrer Rechte, vor allem wenn es um Jagd- oder Fischrechte geht. Gerade die Jagd ist in Frankreich, wo zur Jagdsaison ein wahres Fieber ausbricht, ein mehr als heikles Gebiet. Deshalb wurden Abschußpläne für die einzelnen Tierarten aufgestellt, die von den etwa 1300 Jägern im großen und ganzen inzwischen auch akzeptiert werden. Aber immer noch gibt es Fälle von wütender Opposition. Als der letzte Parkdirektor sein Amt antrat, fand er am Tag seines Amtsantrittes drei abgeschossene Hirsche vor – einen Gruß der ›Wilderer‹.

In den Kamisardenwäldern

Wir bewegen uns hier im Herzen der Cevennen, der sogenannten Cevenne der Cevennen. Ein unzugängliches, inzwischen fast unbewohntes Gebiet. Ein zerklüftetes Mittelgebirge, das Reliefs und Profile zeigt, die für eine so kleine Kette von Erhebungen ganz ungewöhnlich sind: tiefe, scharfe Täler, langgezogene und oft bewaldete, manchmal fast parallel geworfene Bergrücken. Spuren von Bewirtschaftung, die durch die wilden Wasser immer wieder gefährdet werden. Viele verlassene Bauernhäuser, die zeigen, daß das Leben hier nicht mehr lebenswert ist. Insgesamt machen die Talsohlen nur etwa 5% des Gebietes aus. In diesen Tälern fließen auch die drei berühmtesten *Gardons* der Cevennen. Viele Wasserläufe heißen hier Gardon. Das Wort ist eigentlich kein Eigenname, sondern kommt von einem lateinischen Stamm, der einfach Wasser bezeichnet. Die genannten drei Flüsse werden nach den Orten unterschieden, die an ihnen liegen. Der Gardon von Saint-Jean-du-Gard vereinigt sich mit dem Gardon von Mialet nördlich von Anduze zum Gardon von Anduze. Dieser fließt südlich von Vézenobre mit dem Gardon von Alès zusammen, um dann nur als Gard (oder Gardon) weiter im Osten den berühmten Pont du Gard zu umspülen.

Daß es die königlichen Truppen in den Cevennen während des Kamisardenkrieges äußerst schwer hatten, wird angesichts des Landes überdeutlich. Sie standen in einem für sie ganz unüberschaubaren Gebiet, ohne Weg und Steg, und sahen sich einem Gegner gegenüber, der hier zu Hause war. Das war einer der Gründe dafür, daß die Kamisarden-Guerilla sich so lange und mit großem Erfolg gegen die Armee des Königs halten konnte.

4 Auf dem Paß von Uglas

Wir laufen durch die alten Wälder der Cevennen, mit weiten Blicken in das Land, und auf dem kahlen Cevennenfels.

Wichtige Hinweise

Anfahrt: Von Anduze Richtung St-Jean-du-Gard über Mialet auf der D 50. Etwa 3 km hinter Mialet nach rechts auf die D 160 bis zum Col d'Uglas. Von St-Jean-du-Gard Richtung Mialet auf der D 50. Etwa 3 km vor Mialet nach links auf der D 160 bis zum Col d'Uglas. Von Alès aus hält man sich kurz Richtung Norden auf der D 916, um dann nach links in die D 160 Richtung St-Paul-la-Coste einzubiegen. Auf der D 160 bis zum Col d'Uglas.

Ausgangspunkt: Col d'Uglas. Hier gute Parkmöglichkeiten.

Dauer: 2:30 Std.

Art: Rundwanderweg.

Schwierigkeitsgrad: Mittel, wegen des steilen Aufstieges.

Orientierung: Leicht. Ein guter Teil des Weges ist rot-weiß markiert.

Wegbeschaffenheit: Breite Wege, ein kurzes Stück wenig befahrener Straße, ein steiler, felsiger Aufstieg.

Höhenunterschied: 250 m.

Kartenmaterial: 1:25 000 IGN Nr. 2740 est.

Die Straße windet sich von Mialet aus hinauf und ist an manchen Stellen so eng, daß ein Bus steckenbleiben würde. Der Paß d'Uglas ist nur über die D 160 zu erreichen, sei es von Alès, sei es von Anduze aus. In der Entfernung kommt es etwa auf das Gleiche hinaus. Kurz hinter Mialet überquert eine alte Brücke den Gardon, die Kamisardenbrücke, der *Pont des camisards.* Sie hat mit den eigentlichen Kamisarden aber wenig zu tun, stammt sie doch aus etwas späterer Zeit (1718). An der Straße liegt, nachdem wir auf die D 160 abgebogen sind, das winzige Dorf **Aigladines.** Bei diesem hübschen Weiler fand 1559 die erste ›Synode‹ der reformierten Kirche der Cevennen statt. 15 calvinistische Geistliche hatten sich in einer Höhle

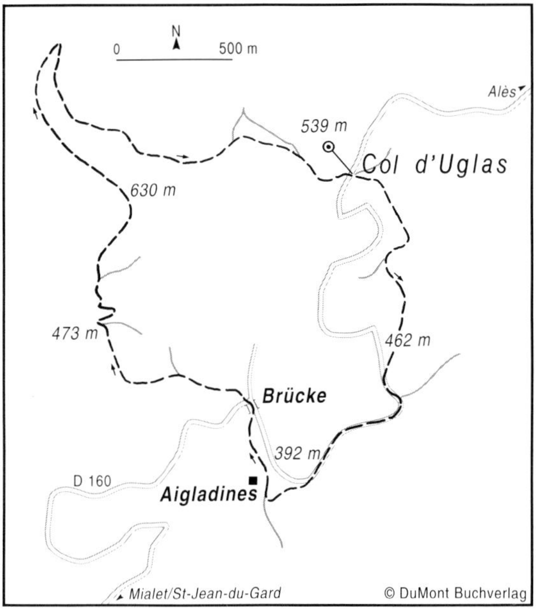

Wanderung 4

gegenüber dem Dörfchen versammelt, um über die Orte zu beratschlagen, »in die sie gehen wollten, um die Tugend des Evangeliums zu predigen«.

An allen möglichen Stellen finden wir *non au barrage* geschrieben. Dieses ›Nein zum Stausee‹ bezieht sich auf ein altes Projekt, das schon lange im Gespräch ist. Man hat die Absicht, einen riesigen Stausee anzulegen, der einige Täler der Cevennen überschwemmen würde. Eine Reihe von Dörfern müßte geräumt werden, unter ihnen auch Aigladines. Bisher hat das Vorhaben noch keine großen Fortschritte gemacht. Es ist als typisches Großprojekt in sich problematisch und stößt auf Widerstand in der Bevölkerung.

Wir befinden uns hier in der Nähe von **Alès,** mit gut 40 000 Einwohnern die ›Metropole‹ der ganzen Gegend. Auch Alès liegt, wie Anduze, nicht richtig im Gebirge. Am Fuße der Cevennenausläufer öffnet es sich zur Ebene. Schon in prähistorischer Zeit besiedelt, dann eine kleine römische Stadt, wird es im frühen Mittelalter ein kleines Bistum. Der Familie der Pelet, den feudalen Herren im Mittelalter, ringen die Stadtbürger eine Stadtcharta ab, die beachtliche Freiheitsrechte enthält.

Alès reformiert sich sehr schnell. Nach dem Tod von Henri IV. schließen Protestanten und Katholiken der Stadt sogar einen Bund, den sie eidlich bekräftigten, der aber in wenigen Jahren vergessen ist. Mit dem Frieden von Alès, der nach der erfolgreichen Belagerung der Stadt durch Ludwig XIII. und Richelieu von dem Duc de Rohan unterzeichnet wird, ist das Schicksal der Protestanten besiegelt.

Die alten Schlösser der Feudalherren werden abgerissen, und als Symbol der erstarkten königlichen Macht wird eine Zitadelle errichtet.

Im 18., vor allem aber im 19. Jh. partizipiert Alès am Aufschwung der Seidenindustrie (s. S. 86). Die Messe von Alès entwickelt sich zu einer der bedeutendsten Seidenmessen des Königreiches. Nach dem Niedergang der Seidenindustrie setzt Alès auf die Ausbeutung eines anderen Schatzes, der Kohle. Mit dem Bergbau kommt auch die Schwerindustrie, der Ort wird zum ersten industriellen Zentrum des Languedoc. Dazu trägt auch die 1840 eröffnete Bahnlinie bei. Aber nach dem 2. Weltkrieg beginnt der ›Abstieg‹ der Kohle. Binnen 30 Jahren geht die Zahl der Bergleute von etwa 20 000 auf unter 500 zurück. Das eigentliche Zentrum des Bergbaus befand sich nördlich der Stadt, in **La Grande Combe.** Der Ort ist bestenfalls industriesoziologisch interessant. Er wurde 1847 von der Bergbaugesellschaft für die Unterbringung der Bergleute errichtet. Diesen Charakter einer industriellen Retortenstadt hat er nie verloren. Der Direktor der Gesellschaft war bis zum Anfang dieses Jahrhunderts gleichzeitig auch der Bürgermeister des Ortes. Heute ist die Bevölkerung stark zurückgegangen: seit 1960 hat sie sich halbiert.

Das Stadtbild von Alès entspricht – leider – der Vorstellung, die man von einer etwas heruntergekommenen Stadt hat. Alès wurde mit einer Reihe gesichtsloser Vorstädte umgeben, und das nicht zufällig, sondern geplant. In gleichem Stil hat man die Innenstadt modernisiert: die Altstadt wurde fast ganz abgerissen – der Respekt vor Staat und Kirche hat nur die Kathedrale, den Bischofspalast, die Zitadelle und das Rathaus verschont – und mit dem so schönen, malerischen Beton der 60er Jahre wieder aufgebaut. Ein ungebrochener Glaube an Fortschritt und Technik beherrschten den damaligen Bürgermeister Paul Béchard. Trotzdem ist Alès eine muntere Provinzstadt, in der man nach der Einsamkeit der Cevennen wieder Stadtluft schnuppern kann.

Typische Schornsteinplatten

Die Kastanie – Brotbaum der Cevennen

Bei einer Reise durch die Cevennen begegnet uns ein Baum immer wieder: die Kastanie. Heute werden diese Bäume kaum noch gepflegt, sie sind vernachlässigt, verwildern, erkranken und spielen für das Leben keine Rolle mehr. Aber das war einmal anders: die Kastanie war das wesentlichste Lebensmittel der Bevölkerung der Cevennen. Sie wurde als der ›Nährbaum‹, als der Brotbaum des Landes gepriesen.

Eingeführt wurde der Brotbaum von Mönchen im Mittelalter. Eine Hochphase erlebte er im 16. Jh. mit der starken Expansion der Bevölkerung. »Die Menschen des Languedoc im 16. Jahrhundert, sogar in den großen Städten, sind keine besonders starken Weintrinker. Sie sind aber Kastanienliebhaber. Den ganzen Winter über stopfen sich die Mädchen am warmen Herd mit gebratenen Kastanien voll, bis ihnen übel wird« (Emmanuel Le Roy Ladurie). Die Abhängigkeit des Menschen vom Kastanienbaum war bis zum Beginn dieses Jahrhunderts eine harte Realität. Man war auf die Kastanie angewiesen, weil die Böden nicht viel anderes in ausreichenden Mengen hergaben. Die Kastanie wächst besonders gut auf den sauren und armen Böden der Cevennen, Kalkböden kann sie nicht vertragen.

Im 18. Jh. wird die Kastanie ein Wirtschaftsfaktor ersten Ranges. Teilweise wird sie in das Languedoc exportiert, sogar bis in die Städte Italiens. In der Hauptsache aber dient sie der Ernährung der eigenen Bevölkerung. Schätzungen besagen, daß 80% oder sogar mehr der täglichen Nahrung aus Kastanien bestand. Man aß sie in den unterschiedlichsten Zubereitungsformen: roh, gekocht, gebraten oder getrocknet. Aus getrockneten Kastanien wurde die tägliche Suppe hergestellt, die morgens, mittags und abends auf den Tisch kam. Der größte Teil der geernteten Kastanien wurde getrocknet und so für den Winter haltbar gemacht. Man vermahlte sie auch zu Mehl und buk daraus Brot, schwarz wie Kohle. Überall verbreitet, wurde sie auch als Zahlungsmittel benutzt.

Der Preis für diese mangelhafte und einseitige Ernährung: große Kröpfe, mit denen die Menschen behaftet waren; viele waren skrofulös, so daß sie untereinander heiraten mußten.

Die Kastanie ist ein Baum, den man dauernd pflegen, vor allem veredeln muß, wenn er gesund bleiben und einen entsprechenden Ertrag bringen soll. Sie erreicht ihre Reife etwa mit 35 Jahren und trägt dann gut für weitere 35 Jahre. Aus der züchterischen Tätigkeit der Bauern und Pflanzer ist im Laufe der Jahrhunderte eine Vielzahl von Kastanienarten hervorgegangen. Als man zu Beginn des Jahrhunderts eine Bestandsaufnahme durchführte, zählte man über 50 verschiedene Arten.

Vor der Ernte, Ende September, wird der Untergrund unter dem Baum gesäubert. Die Ernte findet dann von Mitte Oktober bis Ende Dezember statt, je nach Jahr. Auf allen Hängen wird dann ›kastaniert‹. Die Familien ziehen aus, um die Früchte zu sammeln und nach Hause zu bringen. Die größeren Eigentümer stellen Saisonarbeiter ein, aus der Lozère oder von den Causses, die bei Kost und Logis bis zum Ende der Ernte bleiben, von der sie einen Anteil erhalten.

Ihrer großen Bedeutung entsprechen die hochdifferenzierten Werkzeuge. Eine Reihe von ihnen dient der Lese. Nach der Lese beginnt die Weiterverarbeitung. Der größte Teil wird zur Konservierung getrocknet. Dazu stehen die *Cledas* bereit, kleine Steinhäuschen in zwei Etagen. Oben werden die geernteten Kastanien ausgebreitet, unten ein Holzfeuer unterhalten, das erst nach Abschluß des Prozesses erlöschen darf, der gut 2 Wochen dauern kann. Danach werden die getrockneten Kastanien geschält. Auch zum Brechen der getrockneten Schale gibt es eine ganze Reihe von Werkzeugen. Die älteste Methode bestand darin, mit einem Spezialschuh *(Solas)* auf den ausgebreiteten Kastanien zu laufen. Diese Schuhe hatten Holzsohlen, auf die große, breite, geriffelte Eisenspitzen von einigen Zentimetern Länge aufgebracht waren. Die gebräuchlichste Methode war aber die, die Kastanie in einen längeren Leinensack zu füllen

Solas

(sac pizzadou). Diesen schlugen dann zwei Personen 30 mal auf einen Holzklotz, wobei die Schalen zerbrachen. Im 19. Jh. wurden dann Maschinen konstruiert, die diese Arbeit verrichten konnten. Sie funktionierten nach dem Prinzip der Solas. Die so behandelten Früchte konnte man das ganze Jahr über aufheben. Die besonders großen und dicken Kastanien wurden verkauft, diejenigen, die bei den Trennungsverfahren kaputtgegangen waren, wurden entweder dem Vieh verfüttert oder zu Mehl vermahlen.

Damit aber nicht genug: Der ganze Kastanienbaum und alles, was er lieferte, wurde verwendet. Aus den Zweigen flocht man Körbe, Siebe, Kinderwiegen, Transportbehälter (z. B. für Kohlen). Die Blätter wurden als Futter, Streu oder Dung eingesetzt. Kastanienholz war sehr wertvoll und fand breite Verwendung beim Hausbau, bei der Herstellung von Möbeln und Werkzeugen, Brettern, Kisten und Bienenstöcken. Diese kann man auch heute noch manchmal sehen. Sie sind Teile von ausgehöhlten Baumstämmen, in die Löcher gebohrt wurden.

Die Kastanie steht also im Zentrum eines fast autarken wirtschaftlichen Systems, das ohne sie nicht denkbar ist. Lebensgrundlage und Zahlungsmittel, Grundnahrungsmittel und Werkstoff, Exportartikel und Möbel: Hier steht eine kleine Kastanien-Zivilisation vor uns.

Wegbeschreibung

Auf dem Paß biegen, von Süden kommend, also nach Osten, nach rechts zwei Wege ab. Wir nehmen den unteren. Er verläuft zunächst eben, die Straße ist noch in Sichtweite. Rechts lassen wir zwei Häuser liegen und steigen auf dem Hauptweg allmählich ab, bis wir die Straße erreichen (0:20 Std.). Wir folgen ihr bis in den Ort hinein. Vor der Telephonzelle geht es links ab (0:30 Std.). Kurz darauf ein langgezogenes Gebäude, dort biegen wir rechts ab, unter einem Hausbogen hindurch und am Haus entlang.

Ab hier ist die Strecke rot-weiß markiert (GR 67). Wir folgen dem Weg zunächst noch durch Häuser, bis wir zu einer Straßenbrücke kommen. Davor gehen wir rechts hoch zur Straße, überqueren die Brücke, biegen dann sofort wieder nach rechts ein und gehen nach wenigen Metern links aufwärts (0:40 Std.). Wir steigen über Felsen auf, dem GR folgend.

Oberhalb stoßen wir auf einen breiten Weg, dem wir nach rechts folgen (0:50 Std.). Nach gut 5 Minuten biegen wir bei einer Gabelung links ab. Wir folgen dem breiten Waldweg mit schönen Ausblicken eine Weile. In einer Rechtskurve gehen wir auf einem schmalen Pfad aufwärts (1:15 Std.) und verlassen den breiten Forstweg. Der Weg verliert sich etwas. Wir steigen über Felsen auf und orientieren uns an den immer wieder erscheinenden GR-Markierungen.

Es ist eine ziemliche Kletterei, da wir hier fast nur über den blanken Felsen laufen. Es geht steil aufwärts. Wir treffen dann wieder auf einen schmalen Pfad (1:40 Std.). Den breiter gewordenen Weg verlassen wir kurz darauf nach rechts ins Gebüsch und erreichen den höchsten Punkt. Es geht wieder etwas abwärts. Über einen recht wilden Weg kommen wir auf eine Fahrstraße (2:05 Std.). Wir halten uns rechts, bis wir den Col d'Uglas wieder erreichen (2:30 Std.).

5 Von Anduze nach St-Jean-du-Gard

Dieser Weg führt uns im Tal des Gardon von Mialet an dem großen Museum des hugenottischen Widerstandes vorbei, dem Mas Soubeyran.

Wichtige Hinweise

Ausgangspunkt: Anduze (Bahnhof des Petit Train oder Place de la Mairie).

Dauer: 4:30 Std.

Art: Streckenwanderung mit Verbindungsmöglichkeit des Ausgangs- und Endpunktes.

Schwierigkeitsgrad: Leicht.

Orientierung: Leicht. Durchgängig GR-Markierung.

Wegbeschaffenheit: Zu Beginn und zwischendurch immer wieder Asphaltstraße. Fahrwege, manchmal schmale Pfade.

Höhenunterschied: 80 m.

Bademöglichkeit: An verschiedenen Stellen im Gardon.

Verkehrsanbindung: Von St-Jean-du-Gard kann man entweder mit dem Zug oder dem Linienbus zurückfahren, die mehrmals täglich verkehren.

Zu besichtigen: Anduze – Bambouseraie – Mas Soubeyran – Grotte de Trabuc – St-Jean-du-Gard.

Kartenmaterial: Die IGN-Karten 1:25 000 und 1:50 000 sind hier nicht sinnvoll, da der Weg leicht zu finden ist und man mehrere bräuchte.

Anduze, mit knapp 3000 Einwohnern etwa so groß wie St-Jean-du-Gard, ist ein typisches hübsches Örtchen der Cevennen. Es beherrscht das Tal, in

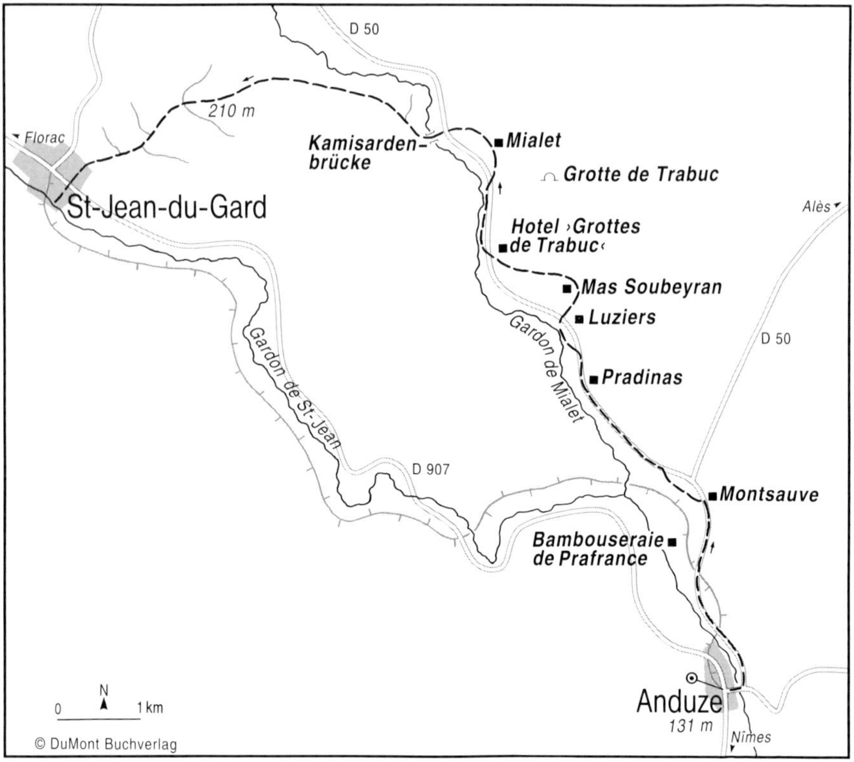

Wanderung 5

dem der Gardon von Mialet und der Gardon von St-Jean-du-Gard zusammenfließen. Schon von weitem, aus der Ebene, wirkt es wie eine uneinnehmbare Festung. Hoch über dem Ort erheben sich die Ruinen des alten Schlosses der Herren von Anduze, die im 12. Jh. weite Teile des Landes beherrschten. Die Felsen, die so eng zusammentreten, daß das Ganze wie ein Tor der Natur wirkt, haben der Stadt einen weiteren Namen gegeben: *la porte des Cévennes*, das Tor der Cevennen.

Als sich die Reformation in ihrer calvinistischen Gestalt in Frankreich auszubreiten begann, fand sie in den Cevennen und vor allem in den kleinen Städten Gehör. Die neuen Gedanken faßten sehr schnell Fuß, und bald war praktisch die ganze Bevölkerung calvinistisch. So entwickelte sich das Städtchen zu einer calvinistischen Hochburg, genau wie St-Jean-du-Gard. Dieser Tatsache verdankt es einen weiteren Namen: das Genf der Cevennen.

In den großen religiösen Auseinandersetzungen in der ersten Hälfte des 17. Jh. spielte es eine große Rolle. Der Duc von Rohan, einer der großen Protestantenführer, hatte die Stadt stark

Der Glockenturm von Anduze, ein Rest der mittelalterlichen Stadtmauer

befestigen lassen und benutzte sie als Hauptquartier. Nach dem Frieden von Alès (1629) wurden allerdings alle Befestigungsanlagen zerstört. Es ist deshalb nur natürlich, daß Anduze dann auch im Kamisardenkrieg nicht auf der Seite der Katholiken stand. Immer wieder aber nutzte es seine Lage als Schaltstelle zwischen der Ebene des Languedoc und dem Gebirge der Cevennen und blieb so während seiner ganzen Geschichte ein bedeutender Handelspunkt.

Von den alten Anlagen steht nur noch der Glockenturm. Die hohe Kaimauer zum Gardon ist später wieder errichtet worden. Als Teil der Befestigungsanlagen war sie mit den anderen Bauwerken zerstört worden. Sie schützt den Ort vor den wilden und in ihrer Gewalt kaum vorstellbaren Wasserströmen, die den Gardon in einen reißenden und riesigen Fluß verwandeln können, der immer wieder Brücken zum Einsturz bringt.

Es ist reizvoll, die alten Gäßchen zu durchstreifen, die direkt hinter der Hauptstraße beginnen. Hier ein eigenwilliger kleiner Pagodenbrunnen, den einst ein reicher Fernhändler der Stadt als Erinnerung an China errichten ließ; dort ein stiller Platz oder eine gemütliche kleine Ecke, von der aus man die Häuser den Berg hinaufklettern sieht.

Von hier startet auch der kleine Dampfzug, der *Petit Train,* der nach St-Jean-du-Gard fährt, eine touristische Wiederaufnahme der alten Cevennen-Linie, die 1960 eingestellt worden war.

Die **Bambouseraie de Prafrance** ist ein einzigartiger exotischer Park, der vor allem dem Bambus gewidmet ist. Über 100 Bambusarten stehen hier, daneben eine Fülle anderer exotischer Pflanzen. Wir finden ein fernöstliches Dorf aus Bambus, einen Wassergarten, eine große Sequoien-Allee, und überall eine wunderbare Blumenpracht.

Bambus ist botanisch gesehen ein Gras, allerdings ein Riesengras mit einer sehr großen Anzahl von Arten. Charakteristisch ist sein ungeheuer schnelles Wachstum. Manchmal reichen zwei Monate, bis er ausgewachsen ist. Bei manchen Arten hat man hier in der Bambouseraie ein Wachstum von 1 Meter in 24 Stunden beobachtet. Nachdem er seine Größe erreicht hat, die ganz von der Art abhängt, wächst er nicht mehr weiter, nur sein Holz wird härter. Nach vier Jahren hat es dann eine solche Härte erreicht, daß der Baum geschlagen werden kann. Er kann aber auch noch lange stehen bleiben.

Die Anlage ist aus einem Traum von E. Mazel entstanden, einem reichen Gewürzhändler, der vielfach in China gewesen war und große Freude am Asiatischen gewonnen hatte. Er brachte einige Bambuspflanzen mit, kaufte das Gelände am Gardon, 35 ha, und 1856 wurde der Traum Wirklichkeit. Mazel hat sich aber zuviel zugemutet. Sein Park wird 1902 von der Familie Nègre erworben, die ihn heute noch bewirtschaftet. Das Gebiet, durch die Überschwemmungen des Gardon fruchtbares Land mit günstigem Mikroklima, wird heute von einem großen Kanalsystem durchzogen, das sich aus dem Gardon speist.

Die **Grotte de Trabuc** erhielt ihren Namen von einer Räuberbande, den *Trabucaires,* die die Höhle als Quartier benutzten. Sie wurden nach ihren Pistolen genannt, den *trabucs.* Zuvor, während des Kamisardenkrieges, hatte die Höhle den Aufständischen gute Dienste geleistet, die auf versteckte Plätze außerhalb der Siedlungen angewiesen waren. Aber die Höhle war schon viel früher bewohnt, was Funde von Knochen und Werkzeugen aus vorhistorischer Zeit beweisen.

Sie ist die größte Höhle der Cevennen, aber bis heute noch nicht umfassend erforscht. Bekannt sind ihre unterirdischen Kanäle und Gänge, die in einer Länge von etwa 12 km die Erde durchziehen. Dem Publikum ist sie erst 1975 zugänglich gemacht worden. Außer den klassischen Schönheiten der Höhlen, die der Besucher hier alle antrifft, ist sie durch ihren ›Saal der 100 000 Soldaten‹ bekannt geworden. Eine riesige Anzahl von kleinen Stalagmiten, nur einige Zentimeter hoch, läßt den Eindruck eines großen Heeres von Spielzeugsoldaten entstehen. Eine ausreichende Erklärung für dieses seltsame und auf der Welt einmalige Phänomen hat man bisher noch nicht gefunden.

Das **Mas Soubeyran** beherbergt ein einzigartiges Museum, das *Musée du désert,* das Museum der Wüste, der Geschichte der Protestanten der Region gewidmet (Es gibt ein weiteres Protestantenmuseum in dem kleinen Örtchen Ferrière, etwa 15 km östlich von Castres). Beim Besuch der 12 Räume des Hauses wird deutlich, unter welch katastrophalen Umständen und in welcher Bedrängnis die Protestanten in Frankreich von der Reformation praktisch bis zu der Französischen Revolution gelebt haben. Nur die kurze Phase zwischen dem Edikt von Nantes (1598) und dem Frieden von Alès (1629) war für sie einigermaßen erträglich. Denn obwohl dieser Friedensschluß ihnen die freie Religionsausübung zusicherte, begann die französische Monarchie schon 1661 erneut, gegen die hugenottische Bewegung tätig zu werden. Propagandistisch geschickt wird die neue Bewegung, die sich als Reform versteht, offiziell nur RPR, *religion prétendu réformée,* genannt, also ›angeblich reformierte Religion‹.

Die Aufhebung des Ediktes von Nantes, in dem der allmächtige König noch einmal seine ganze Machtfülle demonstrierte, wurde in katholischen

Das Mas Soubeyran beherbergt ein Protestantenmuseum

Kreisen als ein Wunder empfunden und sollte die letzte Handvoll hartnäckiger Ketzer zur Vernunft bringen. Aber das königliche Kalkül ging nicht auf. Es handelte sich eben nicht nur um eine Handvoll, wie man den Hof glauben gemacht hatte, sondern um Hunderttausende französischer Bürger, die dem protestantischen Glauben anhingen. Augenblicklich begann der Auszug der Hugenotten aus dem Land. Trotz drakonischer Strafen, die es verboten, das Land zu verlassen, zogen, so schätzt man, 300 000 bis 500 000 Protestanten die Flucht einem Verbleib im Lande vor. In der Schweiz, in Holland und weiter im Westen wurde diese kaufmännische und handwerkliche Elite mit offenen Armen aufgenommen.

In Frankreich aber ging die Unterdrückung weiter, ja sie nahm sogar zu. So entlädt sich 1702 der ungeheure aufgestaute Zorn, die Verbitterung, die Wut, der Haß, den die ins Mark getroffenen Protestanten in sich gespeichert hatten, in dem Mord an dem Erzpriester der Cevennen. Damit beginnt der Kamisardenkrieg, der von 1702 bis 1704 bzw. 1710 dauern wird (s. S. 76).

Aber auch danach findet die Unterdrückung der Protestanten kein Ende. Erst die Französische Revolution wird die Religionsfreiheit nicht nur zusichern, sondern auch staatlich durchsetzen. Diese Zeit der Unterdrückung, von 1675 bis 1798, nennt man in Anlehnung an den 40jährigen Zug des Volkes Israel durch die Wüste des Sinai ›die Wüste‹. Danach erhielt auch das Museum seinen Namen.

Von dieser Geschichte erzählt uns das Museum. Das Mas Soubeyran liegt hier über dem Gardon. Es ist das Geburtshaus des Kamisardenführers Roland, der 1704 keinen Frieden schließen will und im selben Jahr noch fällt. Als zu Beginn des Jahrhunderts die letzten seiner Nachfahren sterben, wird das Haus 1910 in ein Museum umgewandelt. Auch architektonisch ist es bemerkenswert, verwinkelt und verschachtelt gebaut.

Durch viele Dokumente und Gegenstände wird die Vergangenheit, die massive Unterdrückung wieder lebendig: das Schlafzimmer von Roland, die Küche, in der sich das Versteck des Kamisardenführers befand, zusammenklappbare Kanzeln, Erkennungsmarken, winzige Bibeln und Psalter. Besonders bemerkenswert sind die vier Säle, die der Erinnerung an die *Martyrs du Désert* gewidmet sind. Hier werden unter Angabe genauer Lebens- und Prozeßdaten 2500 Protestanten namentlich genannt, die meist zum Tode, zu lebenslänglicher Galeerenarbeit oder zu Zuchthaus verurteilt worden waren. Eine Gruppe von Wachsfiguren stellt die typische abendliche Bibellesung in einer hugenottischen Familie dar.

Am ersten Sonntag im September eines jeden Jahres treffen sich hier Protestanten aus Frankreich und aus vielen anderen Ländern. Sie erinnern an die große Zeit der Verfolgung, der Wüste. Unter den großen Kastanienbäumen und auf den Wiesen findet eine Art religiöses Volksfest statt.

Wegbeschreibung

Vom Zentrum in Anduze gehen wir in Richtung St-Jean-du-Gard auf der Hauptstraße bis zur Gardon-Brücke. Wir überqueren sie und halten uns dann links in Richtung Générargues an der Straße D 50. Nach einer guten halben Stunde ist die **Bambouseraie** erreicht. Etwa 500 m später, in **Montsauve,** biegen wir nach einer Straßenverengung bei einem *Gîte de France* links aufwärts und dann gleich wieder rechts ein. Eine kleine Asphaltstraße führt uns wieder auf die D 50 (0:50 Std.). Hier gehen wir links und folgen jetzt der GR-Markierung (GR 61/67). Bei dem Weiler **Pradinas** verlassen wir die Straße und halten uns rechts (1:20 Std.). An einem Restaurant vorbei, zwischen einigen Häusern hindurch und geradeaus weiter, bis wir wieder auf die Straße treffen (1:40 Std.). Wir durchqueren das Örtchen

In Anduze

Luzières, hinter dem wir nach rechts Richtung Mas Soubeyran einbiegen.

Auf dem GR gelangen wir zum **Mas Soubeyran** (2:00 Std.), an dem vorbei aufwärts unser Weg weiterführt. Kurz darauf die Straße, die rechts zu der **Grotte de Trabuc** führt und der wir etwa 300 m folgen. Der GR biegt dann links ab (von hier bis zur Grotte etwa 1,5 km), führt kurz darauf vor einem Haus rechts ab und erreicht über schmale Pfade wieder die Straße (2:35 Std.). Wir halten uns rechts, nach 50 m, bei dem Hotel *Grottes de Trabuc,* wieder links, um dann sogleich rechts zu gehen.

Der Weg führt uns am Gardon entlang nach **Mialet,** durch das Zentrum des Dorfes und wieder zur Straße zurück. Kurz darauf erreichen wir die **Kamisardenbrücke,** den *Pont des Camisards,* die wir überschreiten (3:10 Std.). Hinter der Brücke steigen wir auf einer kleinen Asphaltstraße aufwärts und laufen dann auf halber Höhe über dem Tal des Gardon de Mialet.

Nach einer guten weiteren Stunde (4:15 Std.) kommt eine kleine Asphaltstraße von links. Wir halten uns rechts abwärts. Bei einer Gabelung eine Viertelstunde später halten wir uns wieder abwärts und erreichen dann bald die Straße (4:45 Std.). Wir gehen links, geradeaus über die Kreuzung und kommen zu dem Syndicat d'Initiative und der Post (4:50 Std.). Wir laufen auf dieser Straße durch St-Jean-du-Gard hindurch bis zum Bahnhof (5:00 Std.).

Versuch, den Kamisardenkrieg besser zu verstehen

1702 begann das, was man als Kamisardenkrieg (vgl. auch S. 25) bezeichnet. In diesem Krieg standen sich nicht zwei bewaffnete staatliche Mächte gegenüber, sondern es handelte sich um eine verzweifelte Erhebung gegen das ungeheure Leid und den ins Unermeßliche gewachsenen Druck, der die Protestanten nach der Aufhebung des Ediktes von Nantes in steigendem Maße zermürbte und untergehen ließ. Mitte des 16. Jh. hatte der Siegeszug der Reformation im südlichen Frankreich begonnen. Vor allem in den Cevennen fällt die neue Lehre auf fruchtbaren Boden.

Der protestantischen Bevölkerung standen außer der katholischen Bevölkerung die katholisch-königlichen Truppen gegenüber. Haß und Fanatismus waren so gewaltig, daß sie vor keiner Gewalttat zurückschreckten – auf beiden Seiten im Namen der wahren Religion. Hierbei ist aber festzuhalten: Die Gewichte und die Macht sind von Anbeginn äußerst ungleich verteilt. Die Protestanten erleiden schon lange Jahrzehnte unausgesetzt terroristische Eingriffe in ihre Religionsausübung und in ihre häusliche Sphäre. Weder sind sie militärisch gerüstet noch mit dem Lebensnotwendigsten versehen. Sie sind arm und leiden unter der extremen wirtschaftlichen Not. Hinter den Soldaten stehen Krone und katholische Kirche. Bis zu 60 000 königliche Soldaten sollen während der Zeit von 1702 bis 1704 in den Cevennen konzentriert gewesen sein. Und diese waren mit Ausrüstung, Bewaffnung und Lebensmitteln gut versorgt.

Im 17. Jh. sahen sich die Hugenotten von allen Seiten unter stärksten Druck gesetzt: von seiten der Krone, der Kirche, der örtlichen Mächte; wirtschaftlich so am Boden, daß sie im Winter 1685 Eicheln und Gras essen, nicht Kastanien und Brot. Neben diesen ökonomischen Schwierigkeiten, die alle gleich betreffen, stehen sie im Mittelpunkt der seit der Aufhebung des Ediktes von Nantes beschlossenen beispiellosen Vernichtungs- und Zerstörungsprogramme: der Calvinismus soll in Frankreich ausgerottet werden.

Diesem außergewöhnlichen Programm der Krone und der Kirche entspricht ein außergewöhnlicher Gegner. Der Calvinismus, wie er sich in den Cevennen ausgeprägt hatte, war die alles beherrschende Lebensform. Der strenge Calvinismus aber und die Entwicklung der für den Calvinismus grundlegenden Prädestinationslehre zu einem »›methodischen‹ Prinzip der Lebensführung« (Max Weber) mußte um einige weitere Elemente angereichert werden. Der wirtschaftliche Erfolg als ein Zeichen des Auserwähltseins konnte für die armen Bergbauern nicht genügen, die keine Erfolge aufzuweisen hatten. Fanatische Züge und Prophetismus mußten dazukommen, um den Zusammenhalt der Calvinisten zu sichern.

Grundlegend aber blieb die asketische und gottesfürchtige Grundhaltung der Hugenotten, die völlig in ihren Alltag eingegangen war. Man kann wohl sagen, sie wird in bestimmten Formen ihr Inhalt. Das rituelle Moment, die tägliche Bibellesung, das Singen der Psalmen, das Auswendiglernen von Katechismen, ist beherrschend. »Die religiöse Bekehrung ist so allseitig gewesen, daß sie das folkloristische Erbe völlig verdrängt hat« (Emmanuel Le Roy Ladurie). Die rituell ausgeprägte Religiosität fällt mit der Alltagskultur in eins. Der Versuch der Vernichtung ihrer Religion bedeutete deshalb für die Cevennenbewohner einen Frontalangriff auf ihre Lebenspraxis und ihre Wertvorstellungen und zielte auf die Vernichtung ihrer Kultur. Man ließ den ihrer kulturellen Identität beraubten Menschen keine lebenswerte Möglichkeit mehr: sie sollten abschwören oder wurden mit Gefängnis oder Galeere bestraft. Flucht war verboten und jeder Fluchtversuch wurde hart bestraft. Ebenso war es verboten, die Kinder nach der hugenottischen Lehre zu erziehen. So werden sie durch den Zwang abzuschwören, dem sie nicht entgehen können, genötigt, ein doppeltes Spiel zu spielen. Man besucht die Messe und versammelt sich abends im Kastanienwald zum gemeinsamen Gebet und Gesang. Damit wird ein massiver Verstoß gegen die Moral zur Grundlage des Überlebens: die dauernde Lüge und Heuchelei. Sozialpsychologisch betrachtet entsteht ein hochexplosives Gemisch. Denn der ungeheure Schock des Entzuges der eigenen Lebensgrundlagen führt zu hysterischen Reaktionen und zur Bereitschaft zu gewalttätigem Fanatismus.

In dieser Lage tritt das äußerst merkwürdige Phänomen des Prophetismus auf: Menschen, die Visionen haben und Prophezeiungen ausstoßen, auch Kinder unter ihnen. Man nimmt ihre Botschaften unmittelbar für Gottes Wort, das tröstlich ist und den rechten Weg weist. Die Priester sind längst verschwunden. Das Wort der Propheten, die überall erscheinen, tritt während des Kamisardenkrieges fast ganz an die Stelle rationaler Verfahren und textorientierter Predigt, ja die Propheten werden »zur Seele des Kamisardenaufstandes« (Emmanuel Le Roy Ladurie). So baut sich eine ganze Welt von Traum, Erleuchtung, Wahn und Mord auf, in der die Kamisarden leben. Sie vertrauen ihren Propheten blind. Diese äußern sich zu militärischen Operationen; sie erkennen Verräter durch Eingebung – Verrat war die größte Gefahr für die kleinen Truppenverbände; sie sehen in ihren Gesichten Hinterhalte und gute Gelegenheiten, sich zu verproviantieren oder Waffen und Munition zu erbeuten. Man verzichtet auf Wachtposten, wenn der Prophet einen Ort für sicher erklärt hat. Ohne sie wird nichts unternommen, und jeder Führer hat einen Propheten bei sich – manche von ihnen besitzen selbst die prophetische Gabe. In solchen Situationen geht es nicht mehr um Menschlichkeit, sondern ganz andere Werte treten in den Vordergrund, zumal in der extrem zugespitzten militärischen Situation. Wirtschaftlich ruiniert und durch die Aufhebung des Ediktes von Nantes traumatisiert, bedurfte es in dieser Gesellschaft nur wenig, um kollektive Wahnbilder aufsteigen zu lassen und zur Explosion zu bringen. Die Gesellschaft verliert in solchen Lagen leicht ihre Vernunft und läßt keine anderen Argumente mehr zu als diejenigen, die ihren Vorstellungen entsprechen.

6 Um den Mont Brion

Wir steigen bequem über einen schönen Weg auf den Brion, der weite Blicke über das Land bietet, und kommen auf einem etwas abschüssigen Weg wieder zurück.

Wichtige Hinweise

Anfahrt: Von St-Jean-du-Gard Richtung Süden auf der D 153. Nach knapp 8 km rechts GR-Markierungen.

Ausgangspunkt: Der Ausgangspunkt befindet sich kurz nach dem Anwesen La Graussille (rechts) und vor der Abzweigung nach dem Anwesen La Citadelle, die kurz darauf nach rechts abbiegt. Der GR, dem wir folgen, führt von der Straße leicht rechts aufwärts.

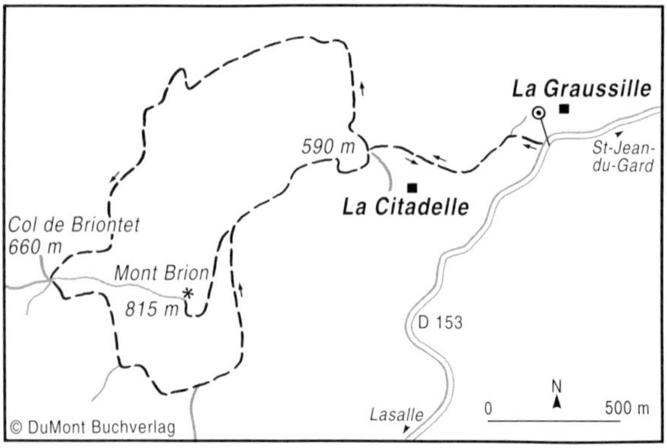

Wanderung 6

Dauer: 3:30 Std.
Art: Rundwanderweg.
Schwierigkeitsgrad: Mittel.
Orientierung: Leicht. Zu Beginn GR-Markierung (rot-weiß); ab dem Col de Briontet blau-weiß-blau oder nur blau.
Wegbeschaffenheit: Zum Teil schmale Pfade, manchmal steinig. Der Abstieg vom Mont Brion zum Teil sehr steil.
Höhenunterschied: 300 m.
Kartenmaterial: 1:25 000 IGN Nr. 2741 est.

Saint-Jean-du-Gard ist neben Anduze der größte Ort in der Umgebung, aber auch er zählt keine 3000 Einwohner. Hier, im Herzen der Cevennen, ist der Mensch klein und hat die Natur noch nicht zurückgedrängt. Saint-Jean-du-Gard befindet sich auf der Grenze zwischen den Nieder-Cevennen, den *Basses Cévennes,* und den weiter nördlich gelegenen Hochtälern, zwischen Kalk und Schiefer.

Der Ort liegt in einem kleinen Becken, an ›seinem‹ Gardon, und nimmt stolz für sich in Anspruch, die Hauptstadt des Kamisardenlandes zu sein. Tatsächlich siegte die Reformation hier in wenigen Jahren, und aus dem katholischen Ort wurde eine calvinistische Hochburg. Schon 1560 gibt es keine Katholiken mehr. Aber dieser Übertritt bleibt nicht ungestraft. Wenig später werden von der Regierung in Paris einige einfache Maßnahmen ergriffen, die die katholische und königliche Ordnung wiederherstellen sollen: man plündert die Häuser und brennt sie dann nieder, vor den Augen der ohnmächtigen Bevölkerung, die sich in die Berge zurückgezogen hatte.

Nach dem Erlaß des Ediktes von Nantes (1598) wurde Saint-Jean-du-Gard wieder eine gute calvinistische Gemeinde. Aber keine 100 Jahre nach den ersten großen Repressalien beginnt die bekannte Geschichte von neuem: die königlichen Truppen verwüsten die Nieder-Cevennen und versuchen so, den protestantischen Widerstand zu brechen. Mit der Aufhebung des Ediktes von Nantes werden die Zustände noch schlimmer. Der Druck entlädt sich im Kamisardenkrieg und den vorhergehenden Aufständen.

Heute ist Saint-Jean-du-Gard ein friedliches kleines Städtchen. Dienstag vormittags zieht sich ein Markt die Hauptstraße (Grande Rue) entlang. Hier stehen noch schöne alte Häuser aus dem 17. und 18. Jh. In der Nähe die bekannte *Maison Rouge*, die derzeit in eine Art Museum umgewandelt wird. Sie ist eine alte Spinnerei, einer von den 23 Betrieben des Ortes. Bis zum Schluß hatte sie durchgehalten und gab erst 1965 auf, trotz einer hochentwickelten Technologie. Nun soll sie eine Etappe auf dem ›Weg der Seide‹, dem *Chemin de la soie* werden. Ein schon weit gediehenes touristisches Projekt, das die Tradition der cevenolischen Seidenspinnereien an verschiedenen Orten und mit ihren verschiedenen Elementen deutlich machen soll.

Die Nr. 95 der Grande Rue beherbergt versteckt das Museum der Täler der Cevennen, das *Musée des vallées cévenoles.* Dieses mit großer Liebe hergerichtete cevenolische Heimatmuseum ist auf jeden Fall einen Besuch wert. Das harte Alltagsleben der Bergbewohner wird hier sehr anschaulich und plastisch. Die Exposition ist durchdacht und leicht zugänglich. Die Objekte sind im wesentlichen um den offenen Innenhof einer alten Kutschstation herum gruppiert. Unter Bögen, die früher Kutschen und Ställe bargen, sind jetzt landwirtschaftliche Werkzeuge und häusliche Alltagsgegenstände ausgestellt. Alles hat hier seinen ganz natürlichen Platz gefunden, nichts liegt unter Glas. Alles steht so, als wolle man gleich damit auf die Weide oder zur Kastanienernte gehen.

Im Vorraum erläutern einige Vitrinen und Schautafeln die Geschichte der Cevennen, vor allem den Kamisardenkrieg. In der Hauptsache aber sind die Objekte aus dem 18. bis 20. Jh. nach Bereichen des täglichen Lebens angeordnet. Besonders aufschlußreich die Abschnitte über die Kastanie, da hier alle Werkzeuge und Gegenstände zu finden sind, mit denen man arbeitete. Im ersten Stock wurde alles zusammengetragen, was in eine *Magnanerie* gehört. Man hat also einen Dachboden vor sich, auf dem die Seidenraupen gezüchtet wurden. Es riecht nach dem gewachsten Holz der Pfeiler und Pfosten.

Wegbeschreibung

Wir steigen durch lichten Wald leicht aufwärts und folgen den GR-Markierungen. Bei einer Weggabelung halten wir uns rechts (0:10 Std.). Gleich darauf senkt sich der Weg etwas. Bei der nächsten Gabelung wieder rechts (0:15 Std.). Wir genießen die schönen Ausblicke ins Land.

Bald darauf (0:20 Std.) halten wir uns links, leicht aufwärts. Bei der nächsten Gabelung wieder links.

Wir überqueren einen im Sommer ausgetrockneten Bach (0:40 Std.) und halten uns auf dem Querweg, der gleich darauf links kommt. Es geht über einen weiteren Bach. Der Weg steigt manchmal recht stark an, senkt sich hin und wieder. Nach einem weiteren Bachbett (1:20 Std.) erreichen wir den **Col de Briontet.**

Hier verlassen wir den GR und folgen einer blau-weiß-blauen Markierung. Auf der Paßhöhe des Briontet biegen wir in den breiten Fahrweg links ein. Ein weiter Blick nach rechts öffnet sich. Bei einem Querweg geht es links aufwärts (1:40 Std.). Kurz vor dem Gipfel beschreibt der Weg eine

Haarnadelkurve nach links – hier werden wir nach dem Gipfelsturm auf einem kleinen Pfad in den Wald verschwinden. Wir folgen dem breiten Weg bis zum Gipfel des **Mont Brion** (2:10 Std.). Von hier oben (815 m) genießen wir einen herrlichen Blick ringsum, auf die Cevennen und in die Ebenen.

Wir gehen das letzte Stück des Weges wieder zurück und verlassen den breiten Weg (2:15 Std.) in der Haarnadelkurve. Wir gehen geradeaus weiter und steigen auf einem kleinen Pfad ab. Der nun folgende Abstieg ist teilweise abschüssig und steinig. An manchen Stellen ist der Weg nicht auf den ersten Blick zu sehen. Die blau-weiß-blauen Markierungen sind jedoch immer zu finden. Bei einem Querweg (3:00 Std.) gehen wir nach rechts, unterhalb ist ein Haus zu sehen. Bald darauf ein breiter Weg, dem wir abwärts folgen, indem wir das Haus rechts liegen lassen. Wenige Meter später erreichen wir wieder den GR, den wir bis zum Ausgangspunkt zurückgehen (3:30 Std.).

Um den Mont Aigoual

Jeder Weg, der zum Mont Aigoual führt oder ihn überquert, hat seinen pittoresken Charme. Immer durchquert man junge Wälder, stößt auf kahle Flächen der durch Raubbau zerstörten Gebiete, immer wieder wird man durch die Vegetation überrascht. Im südlichen Bereich liegen schroffe Hänge und ausgewaschene Täler, zum Atlantik hin eher sanfte Hügel. Das Massiv besteht aus Granit und Schiefer, was auch eine unterschiedliche Bauweise der Häuser zur Folge hat.

Gewundene Kurven schlängeln sich hinauf zu der höchsten Erhebung der südlichen Cevennen (1567 m). Seit dem Ende des letzten Jahrhunderts ist der Gipfel die erste Natursehenswürdigkeit der Gegend geworden, damals vor allem aufgrund des neu errichteten Observatoriums. Vorher war der Mont Aigoual ausschließlich eine Domäne der Schäfer, Maultiertreiber und einiger armer Bergbauern. Die einheimische Bevölkerung sah keinen Sinn darin, dort oben hinaufzusteigen. Warum auch? Das Leben war hart genug und es gab keinen Grund, eine weitere Mühe sinnlos auf sich zu nehmen. Die heutigen Freizeitvergnügungen gab es noch nicht. Hier also, wie anderswo, ist es der romantische Städter, der die schöne Natur und das Naturerlebnis ›erfunden‹ hat.

Die geringe Höhe des Gipfels läßt die klimatischen ›Exzesse‹ nicht erwarten, denen man sich hier ausgesetzt sieht. Das beruht darauf, daß der Mont Aigoual einen Punkt darstellt, an dem sich ganz unterschiedliche Einflüsse treffen. Aus dem Süden kommen Massen warmer und feuchter Luft, durch tiefe Täler zu einem schnellen Aufstieg gezwungen. Dadurch kühlen sie plötzlich ab und entladen sich in gewaltigen Gewittern. Die feuchten Luftmassen, die schon abgekühlt vom Atlantik herkommen, steigen nur langsam auf, kühlen in der Höhe dann aber ebenfalls ab. Der Dampf kondensiert zu Wolken und dichten Nebeln, oft von einem feinen und gleichmäßigen Regen begleitet. So liegt der Berg etwa zwei Drittel des Jahres im Nebel. Die Niederschlagsmenge ist dementsprechend hoch: Im Durchschnitt fallen pro Jahr 2240 mm Niederschlag, im Rekordjahr 1913 4015 mm! Regen, nach dem man sich nur wenige Kilometer weiter im Süden oft sehnt. Dieses Phänomen gab dem Berg auch seinen Namen: der Wasserreiche. Bei klarem Wetter aber ist die Sicht phantastisch. Das ist vor allem an kalten Januartagen der Fall, oft aber auch in den Morgenstunden. Der Blick umfaßt ganz Südfrankreich. Dann sind im Osten die Alpen mit dem Mont Blanc, im Westen die Pyrenäen zu sehen. Im Süden schimmert das Meer und seine ihm vorgelagerten Seen. Aber auch wenn das Panorama nicht so grandios ist, bleibt es sehenswert. Im Osten die hintereinander gestaffelten Höhenzüge der Cevennen, über die immer einmal eine verdunkelnde Wolke treibt, im Norden das Lozère-Massiv.

Ein altes Bauernhaus in der traditionellen Steinarchitektur

7 Dörfer im Viganais

Über einen terrassierten Hang steigen wir zu dem malerischen Ort L'Esparon auf; durch einen typischen Kastanienwald kehren wir wieder zurück.

Wichtige Hinweise

Anfahrt: Von Ganges nach Le Vigan auf der D 999. Auf dieser an Le Vigan vorbei Richtung Millau. Etwa 1 km nach der Kreuzung, von der die D 48 Richtung Espérou/Mont Aigoual nach rechts abzweigt, rechts in Richtung Molière-Cavaillac halten.

Ausgangspunkt: Der Kirchplatz von Molière.

Dauer: 4:00 Std.

Art: Rundwanderweg.

Schwierigkeitsgrad: Leicht.

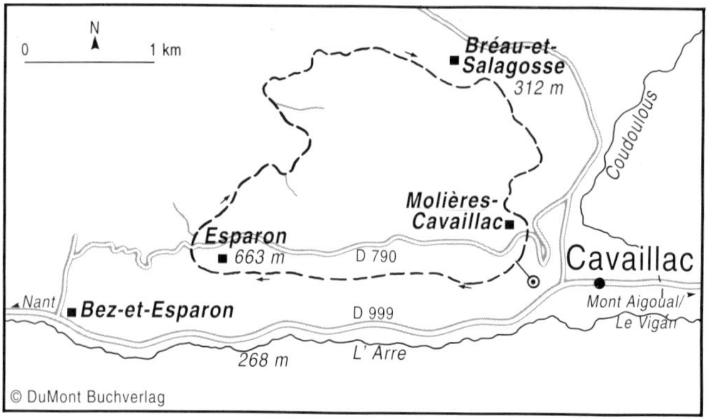

Beim Weiler ▷ Esparon

Wanderung 7

Orientierung: Leicht. Lokale Markierung: Gelber Strich.
Wegbeschaffenheit: Bis Esparon sehr schmaler, aufsteigender Weg zwischen den Terrassen. Ab Bréau-et-Salagosse asphaltiert.
Höhenunterschied: 370 m.
Kartenmaterial: 1:25 000 IGN Nr. 2641 est.

Wenn man die um sich greifenden Vororte von **Le Vigan** sieht, läßt sich abschätzen, daß es nicht mehr lange dauern wird, bis Molière-Cavaillac auch dazugehören wird. Le Vigan selbst ist mit seinen rund 4500 Einwohnern ein kleines, sympathisches Städtchen. Das Leben spielt sich auf dem langgezogenen Platz in der Stadtmitte ab, der von hohen und schmalen Häusern umrandet wird und in Wirklichkeit aus drei unterschiedlichen Plätzen besteht: von der Kirche St-Pierre aus gesehen sind es die Place de Bonald, anschließend die Place du Quai und zum Schluß die Place d'Assas. Große Linden werfen an heißen Sommertagen ihre Schatten und spenden zusammen mit den alten Brunnen, in denen Wasser plätschert, dem erschöpften Touristen Kühlung. Eine angenehme Atmosphäre. Samstag ist Markttag in dem sonst etwas verschlafenen Ort. Man trifft sich, hält einen Schwatz, verkauft seinen Käse und trinkt im Café ein Viertel Roten.

Zwei Helden hat Le Vigan hervorgebracht: Den Chevalier d'Assas, der in Bronze auf der Place d'Assas erstarrt ist. Er war als junger Kapitän eines Jägerregiments auf Patrouille gegangen und von Feinden überrascht worden. Man setzte ihm das Bajonett auf die Brust und drohte ihm mit dem Tode, wenn er seine Truppe warnte. Der Chevalier rief – und starb. Der andere ist der Sergeant Triaire, Soldat der napoleonischen Armee, der sich mehrfach durch mutige und auch tollkühne Unternehmungen ausgezeichnet hatte. Beim Ägyptenfeldzug lag er mit seinem Regiment im Fort von El-Arich, von türkischen Truppen belagert. Durch Verrat wird die Festung eingenommen. Triaire schließt sich in das Pulvermagazin ein und sprengt das Fort mitsamt den Türken in die Luft. Auch diesen Sergeant hat die Stadt durch ein Standbild gewürdigt, das den Rathausplatz ziert.

Le Vigan hatte wie alle Städte der Cevennen an der Seidenindustrie teilgehabt, konzentrierte sich dann aber auf die Strumpfwirkerei und synthetische Textilherstellung. Die kleinen Familienbetriebe konnten dabei nicht mithalten und gingen unter. Große ortsfremde Unternehmen machten sich ansässig, hielten aber nicht durch. Die Zukunft sah schwarz aus. Inzwischen ist es gelungen, einen großen Strumpfhosenproduzenten zur Ansiedlung zu bewegen. Dieser französische Marktführer beschäftigt gut 800 Personen, die wirtschaftliche Zukunft von Le Vigan hängt von ihm ab.

Wegbeschreibung

Vor der Kirche von **Molière** gehen wir links, eine kleine Straße leicht abwärts. Nach 5 m halten wir uns links und verlassen den Ort durch einen alten Überbau (Tor), hinter dem wir uns rechts halten. Bei einem Kreuz verlassen wir die Straße nach rechts (0:05 Std.). Bei der nächsten Gabelung geht es rechts aufwärts, zwischen den Terrassen des Hanges empor. Manchmal zwischen Steinmäuerchen, manchmal auf fast verschwundenem Pfad, manchmal sehr schmal, immer aufwärts. Wir schauen in das Tal des Arre zu unserer Linken. Gegenüber liegt der Causse du Blandas.

Unterhalb eines steil aufragenden Felsens erreichen wir den kleinen Weiler **Esparon** durch ein enges Gäßchen. Wir durchqueren den Ort bis zu einem Platz mit einer Telephonzelle (1:25 Std.) und steigen dann die kleine Asphaltstraße (D 790) nach links abwärts. Bei der Gabelung halten wir uns wieder links, Richtung Bez. Gleich darauf rechts und wieder rechts. Ein breiter Fahrweg führt uns an einem Haus vorbei. Die Landschaft hat sich gewandelt: Statt des Kalkstein und der Eiche, die uns zunächst begleiteten, jetzt die Kastanie und der Schiefer.

Bei der nächsten Gabelung links (1:30 Std.). Die gelbe Markierung wird hier durch eine rot-gelbe Markierung verdoppelt. Wir laufen durch einen großen Kastanienwald. Bei einer Gabelung (1:55 Std.) halten wir uns links, etwa auf gleicher Höhe. Kurz darauf, etwa 50 m nach einer scharfen Linkskurve, rechts in eine Schonung abwärts (Achtung! Leicht zu übersehen!).

Wir verlassen die Schonung, gehen einige Meter nach links und auf dem breiten Fahrweg, den wir treffen, leicht abwärts. Der Hauptweg beschreibt eine Spitzkehre nach rechts. Wir gehen geradeaus weiter (2:30 Std.). Bei einer Gabelung biegt unser Weg rechts (2:55 Std.) aus dem Wald heraus. Er führt jetzt abwärts und an den ersten Häusern von **Bréau-et-Salagosse** vorbei. Bei einer Gabelung weiter rechts abwärts. Bei einer weiteren Gabelung (3:05 Std.) gehen wir rechts (die Markierung rot-gelb geht hier nach links!) und weiter geradeaus abwärts.

Kurz darauf stoßen wir auf eine Fahrstraße, der wir kurz nach links folgen, um dann wieder nach rechts in einen Weg einzubiegen. Wir stoßen auf eine weitere Asphaltstraße und gehen rechts über die Brücke.

Wir treffen auf die D 190 (3:35 Std.) und halten uns rechts. Bei der nächsten Abzweigung geradeaus nach Molière. Wenige Minuten später über eine kleine Brücke nach Cavaillac und rechts aufwärts. Wir verlassen die Straße und gehen geradeaus hoch (3:45 Std.). Nach 150 Metern auf einem kleinen Weg rechts ab, dem wir bei einem Querweg rechts aufwärts folgen. Wir überqueren die Asphaltstraße, gehen durch den Ort und erreichen den Ausgangspunkt (4:00 Std.).

8 Kühlende Wälder – um den Col du Minier

Durch die kühlen, teilweise wieder aufgeforsteten Wälder des Mont Aigoual kommen wir an manch romantischem Platz vorbei.

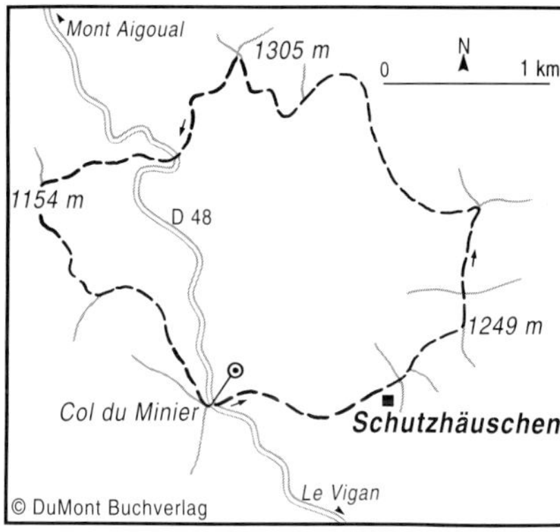

Wanderung 8

Wichtige Hinweise
Anfahrt: Auf der D 48 von Le Vigan im Süden der Cevennen Richtung Mont Aigoual erreicht man nach ca. 18 km den Col du Minier.
Ausgangspunkt: Auf dem Paß. Gute Parkmöglichkeit.
Dauer: 3:00 Std.
Art: Rundwanderweg.
Schwierigkeitsgrad: Leicht.
Orientierung: Leicht, z. T. GR-Markierungen.
Wegbeschaffenheit: Breite Wege, manchmal schmale Pfade.
Höhenunterschied: 100 m.
Kartenmaterial: 1:50 000 IGN 2641.

Der **Col du Minier** liegt mitten im südlichen Aigoual-Gebiet. Die Straße, die von Le Vigan über den Col du Minier zum Mont Aigoual führt, die D 48, ist erst im Jahre 1852 geschlagen worden. Hier spielt der Roman ›Les hommes de la route‹ von André Chamson. Die Bewaldung um den Paß herum gehört zu den alten Restbeständen, die 1875 noch auf dem Mont Aigoual zu finden waren (s. S. 91f.).

Die D 48 muß mächtig steigen, um den Col du Minier zu erreichen. Le Vigan liegt auf einer Höhe von gut 200 Metern, der Paß aber auf 1264 Meter. Die Straße steigt an den Hängen des schmalen Tals des Coudoulous hinauf. Zunächst ist der mediterrane Charakter noch ausgeprägt: Obstgärten, Wein und Zypressen. In großen Kurven geht es weiter aufwärts. Der Blick zurück und hinab zeigt die roten Dächer von Aulas und Arphy. Nun bedecken Kastanien die Abhänge. Die Straße klettert weiter, der Granit des großen Massivs erscheint. Es lohnt sich, am Aussichtspunkt La Cravate zu verweilen. In der Ferne erhebt sich

Der ›Goldbaum‹ – Seidenraupenzucht in den Cevennen

Der Winter 1708/9 ist außergewöhnlich hart, auch für die Cevennen. Die Folge: die Mehrzahl der Kastanienbäume geht an dem starken Frost zugrunde. Dieser Niedergang ist wahrscheinlich der Beginn des Aufstiegs des Maulbeerbaumes und mit ihm der Seidenraupenzucht. Der Maulbeerbaum ist deshalb so wichtig, weil die Seidenraupen mit seinen Blättern gefüttert werden müssen – alles andere verschmähen sie. Im 18. Jh. also geht das Zeitalter des ›Brotbaumes‹ zu Ende (s. S. 67), das des ›Goldbaumes‹ beginnt: In die Cevennen zieht ein gewisser Wohlstand ein.

Eine erste urkundliche Erwähnung findet sich in einem Dokument aus dem Jahr 1234. Ihm zufolge wird in den Cevennen produzierte Seide nach Marseille ausgeführt. Bis zum 14. Jh. hat sich die Zucht in den Cevennen, vor allem um Anduze, fest etabliert. Nach einem starken Rückgang im 15. Jh. blüht das Gewerbe im 16. Jh. wieder auf. Auf fruchtbaren Boden fällt die Neuerung vor allem im protestantischen Milieu. Gefördert wird sie durch den vorausschauenden König Henri IV., der Maulbeerpflanzen und Zuchteier kostenlos an die Züchter abgeben läßt. Erst ein halbes Jahrhundert später, im Merkantilismus, versucht der Wirtschaftsminister Ludwigs XIV., Colbert, den Maulbeerbaum in ganz Frankreich zu verbreiten. In den Cevennen scheitert diese Wirtschaftspolitik am Kamisardenkrieg und dem Exodus der eifrigsten Züchter, der Protestanten.

Erst als sich nach 1709 die allgemeine Lage beruhigt, werden die Cevennen im 18. Jh. zu dem bedeutendsten Zentrum der französischen Seidenproduktion.

Ihren Höhepunkt erreicht die Seidenraupenzucht aber erst im 19. Jh., ungefähr in den Jahren 1820 bis 1850. Sie nimmt Züge einer »spekulativen Landwirtschaft« (Emmanuel Le Roy Ladurie) an. Die Anpflanzungen von Maulbeerbäumen breiten sich in alle Richtungen sogar zu Lasten der traditionellen Kulturen aus. So standen in St. Étienne den 42 ha, die in hergebrachter Weise bewirtschaftet wurden (Getreide, Kastanien usw.), 186 ha (!) Maulbeerbäume gegenüber. In nur 15 Jahren verdreifacht sich die Produktion: 1820 werden 950 Tonnen Kokons erzeugt, 1835 sind es bereits 2700 Tonnen – und wenige Jahre später wird der Höhepunkt mit einer Jahresproduktion von 26 000 Tonnen erreicht. Kleine Spinnereien schießen aus dem Boden, die in der Regel nur die wenigen Saisonmonate im Jahr arbeiten. Die meisten werden aber nach wenigen Jahren wieder aufgegeben, da sie mit den großen Fabriken nicht konkurrieren können.

Das Jahr 1847 markiert den Beginn des großen Untergangs. Erstmals wird eine Fleckkrankheit der Seidenraupen bekannt, die bald epidemische Ausmaße annimmt. Die Gründe dafür dürften in den mangelhaften Zuchtbedingungen zu suchen sein, insbesondere in den teilweise äußerst schlechten hygienischen Verhältnissen und den völlig unkontrollierten Brutbedingungen. 1865 hört Louis Pasteur den Hilferuf der Seidenraupenzüchter und bleibt vier Jahre in Alès. 1867 findet er ein Mittel, kranke Eier auszusondern. Bald darauf ist die endgültige Lösung gefunden.

Aber es ist zu spät. Die Industrie ist dazu übergegangen, die benötigte Seide billiger in China und Japan einzukaufen. Binnen 20 Jahren sind die meisten Dörfer und Orte der Cevennen, die sich ganz der Seidenraupe verschrieben hatten, ruiniert. Damit geht eine Phase zu Ende, die in der Geschichte der Cevennen einmalig ist: man hatte wenigstens für einige Jahrzehnte einmal ein gesichertes und beständiges Einkommen

Die verpuppte Raupe wird abgetötet

Das Aufwickeln des Fadens

gefunden, das oft sogar zu einem gewissen Wohlstand und Reichtum führte. Deshalb ist diese Zeit so bedeutsam. Sie hat der Cevenne gezeigt, daß es trotz allem möglich ist, auch in diesen einsamen und von der Natur nicht gut ausgestatteten Landstrichen einen gewissen Lebensstandard zu erreichen.

Einige Züchter haben auch weiterhin dem Schicksal die Stirn geboten, sie fuhren mit der traditionellen Seidenraupenzucht fort. 1965 mußte die letzte Spinnerei in St-Jean-du-Gard endgültig ihre Pforten schließen. Aber 1972 gründete ein junger Lehrer eine kleine Zucht zu schulischen Zwecken. Daraus entwickelte sich eine ganze Bewegung, die die alten Traditionen und mit ihnen die Erinnerung an die wirtschaftliche Hochzeit der Cevennen nicht untergehen lassen mochte. Sie hat dazu geführt, daß inzwischen eine wenn auch bescheidene Seidenraupenzucht wiedererstanden ist, die auch touristischen Zwecken dient. Man kann sich vor Ort anschauen, wie Seide gewonnen wird. So etwa in der Zucht in Molière-Cavaillac (✆ 67 81 05 06).

Der Kreislauf der Produktion beginnt im April. Die Eier, aus denen der Kokon werden soll, werden in den folgenden sechs Wochen gehegt und gepflegt. Sie müssen bei möglichst gleichbleibender Temperatur ausgebrütet werden. Das dauert etwa zwei Wochen.

Dazu wurden sie früher in Säckchen gefüllt, die die Frauen an ihrem Busen trugen, um sie warm zu halten. Im 19. Jh. entwickelte man dann kleine Apparate, die kollektiv genutzt wurden. Die Eier wurden in einer Art kleiner Schubladen ausgebreitet und bei einer konstanten Temperatur von etwa 20 °C ausgebrütet.

Sind sie dann geschlüpft, beginnt die Hauptarbeit: sie zu nähren. Dazu werden die Würmer auf großen Regalen untergebracht, denn sie brauchen viel Platz. Deshalb kommen sie in den Wohnhäusern in die sog. *Magnanerie,* zu der das oberste Stockwerk ausgebaut wurde und wo sie während der Zeit ihres Wachstums gefüttert werden. Denn der Wurm ist außerordentlich gefräßig und muß mehrfach am Tage zu Fressen bekommen. Für den Gewinn von 25 Gramm Kokon rechnet man etwa eine Tonne Blätter. Dabei nimmt er unglaublich zu. Sein Gewicht ist am Schluß 10 000 mal größer als zu Beginn und er hat sich um das 80fache vergrößert. Dazu muß er sich insgesamt viermal häuten.

Kurz bevor er beginnt, sich zu verpuppen und in seinen Kokon einzuspinnen, werden auf das Regalbrett Heidekrautzweige gesteckt. Diese klettert der Wurm dann hinauf und spinnt sich ein, was 48 Stunden dauert. Dabei wurde damals mit höchster Achtsamkeit dafür gesorgt, daß nicht laute Geräusche die ganze Arbeit zunichte machten. So verzichtete man 1714 beim Einzug des neuen Gouverneurs auf die üblichen Böllerschüsse.

Der fertige Kokon wird dann abgenommen und zur Spinnerei gebracht. Dort wird die verpuppte Raupe getötet. Denn wenn sie beginnt, den Kokon zu durchbrechen, ist alle Arbeit umsonst gewesen, der Faden ist dann zerstört. So aber wird der Faden von dem Kokon abgenommen und aufgewickelt. Er ist zwischen 800 und 1200 Metern lang. Damit endet seine Geschichte in den Cevennen. Denn gewebt wird die Seide in anderen Orten, vor allem in der Ebene, wie Uzès oder Nîmes und hauptsächlich in Lyon, dem großen französischen Seidenzentrum.

der Pic St-Loup aus den Garrigues. Weiter im Westen schiebt sich der lange Buckel der Montagne de la Serrane in die Höhe, und fast gegenüber zeichnen sich die Causses ab.

Der Paß selbst ist eine Wasserscheide. Bisher wandten sich alle Wasserläufe dem Mittelmeer zu. Die Bäche, die nun entspringen, fließen in Richtung Atlantik. So etwa die Dourbie, die hier entspringt und bei Millau in den Tarn mündet. Im Westen liegt der große Granitschild der Montagne du Lingas.

Wegbeschreibung

Aus Richtung Le Vigan kommend, gehen wir ab dem Col du Minier auf einem Waldweg rechts leicht aufwärts. Zunächst sehen wir unterhalb noch die Straße liegen. Bei einer Wegkreuzung nach einigen Minuten gehen wir rechts. Auf unserem breiten und bequemen Waldweg treffen wir dann (knapp 0:20 Std.) von links auf zwei Wege. Wir gehen noch 50 Meter geradeaus weiter bis zu einer Kreuzung, vor der rechts ein kleines Steinhäuschen steht. Auch hier: geradeaus. Nach etwa 150 Metern biegt der Hauptweg rechts ein. Wir gehen wieder geradeaus weiter (0:30 Std.).

Wir stoßen auf einen breiten Waldweg, dem wir nach links folgen. Hier beginnt die rot-weiße GR-Markierung. Bei der nächsten Weggabelung halten wir uns rechts. Bei einem Querweg (0:45 Std.) folgen wir dem GR geradeaus leicht aufwärts in den Wald, über den Weg hinüber. Nach einer Weile (0:55 Std.) stoßen wir auf einen breiteren Forstweg. Hier treffen der GR 60 und der GR 7 aufeinander und verlaufen ein Stück zusammen.

Wir folgen dem doppelten GR nach links und bleiben ihm auch bei einem Weg treu, der von rechts kommt (1:20 Std.), also geradeaus weiter. Bei einem weiteren Forstweg (1:30 Std.) halten wir uns rechts. Unser Weg führt uns auf den beiden GR 66 und 71 bei einer großen Wegkreuzung (1:45 Std.) links ab.

Bald erreicht der Weg die Straße (2:00 Std.). Wir gehen links über die Brücke und steigen 50 Meter später nach rechts in ein Bachtal hinunter. Hier geht es auf dem GR weiter, links an dem Bach entlang. Der Pfad trifft auf einen weiteren Weg (2:10 Std.), dem wir rechts abwärts folgen. Es ist ein romantischer Waldweg, der uns über eine Lichtung führt.

Wir kommen dann wieder in den Wald hinein (2:20 Std.) und kurz darauf zu einem weiteren Forstweg, dem wir nach rechts folgen. Bei einer Abzweigung (2:25 Std.) bleiben wir auf dem Hauptweg, der eine Rechtskurve beschreibt. Wenig später verlassen wir diesen und steigen auf einem Pfad aufwärts. Wir treffen einen weiteren Forstweg und folgen ihm (GR) nach links (2:35 Std.).

Bald darauf biegt unser Weg rechts aufwärts und verläßt den Forstweg. Nach 50 Metern stoßen wir auf einen breiten Fahrweg. Hier verlassen wir den GR, der nach rechts abbiegt, und halten uns links. Wir bleiben auf diesem Forstweg bis zum Col du Minier (3:00 Std.).

9 Der Gipfel des Mont Aigoual

Dieser Weg vermittelt ein gutes Bild von der Gipfelregion des Mont Aigoual, seinem Charakter und den ausgedehnten Buchenwäldern.

Wichtige Hinweise

Anfahrt: Der Mont Aigoual ist gut von Norden und von Süden anzufahren. Von Florac aus auf der D 907 bis Les Vanel. Dort hält man sich rechts auf der D 996 Richtung Meyrueis bis zum Col de Perjuret. Auf dem Col links die D 18 bis zum Gipfel des Mont Aigoual nehmen. Von Meyrueis führt die nördliche Route über die D 996 bis zum Col de Perjuret, dort nach rechts bis zum Gipfel. Die südliche Route von Meyrueis führt über die D 986; kurz hinter Campieu links auf der D 269 über den Col de Serreyrade zum Gipfel. Von Le Vigan die D 48 bis l'Espérou, dort links zum Gipfel.

Ausgangspunkt: Parkplatz des Mont Aigoual (Gipfel), meteorologische Station.

Dauer: 5:00 Std.

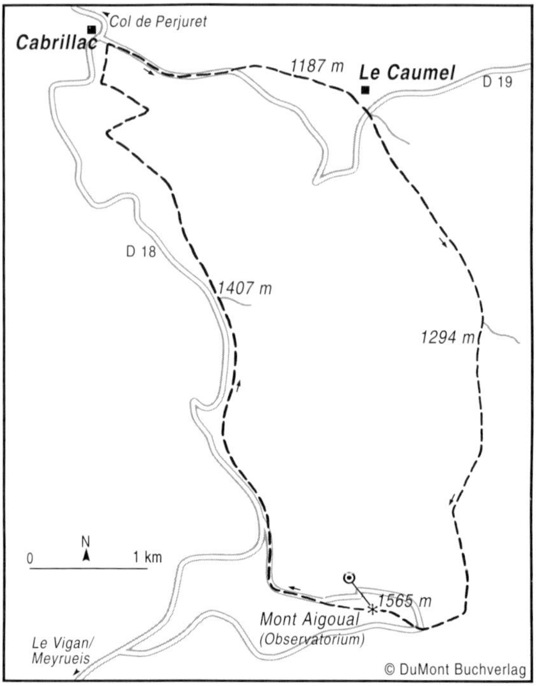

Am Mont Aigoual ▷

Wanderung 9

Art: Rundwanderweg.
Schwierigkeitsgrad: Mittel.
Orientierung: Einfach: Teilweise GR-Markierung (GR 6 und 66).
Wegbeschaffenheit: Gut begehbare Weide- und Waldpfade. Abstieg nach Cabrillac steil. Aufstieg hinter dem Weiler Caumel steinig.
Höhenunterschied: 450 m.
Kleidung: Auf dem Gipfel pfeift meist ein kalter Wind. Außer gegen Wind sollte man sich auch gegen Regen schützen, der hier häufig niedergeht.
Hinweis: Bei klarem Wetter kann man weit ins Land sehen. Man muß aber immer damit rechnen, daß es bewölkt ist. Zwei Drittel des Jahres liegt der Mont Aigoual im Nebel. In der jeweiligen Saison kann man an vielen Stellen des Aigoualgebietes Waldfrüchte finden, insbesondere Himbeeren und Pilze. Sammler und Genießer sollten sich entsprechend darauf einstellen!
Kartenmaterial: IGN 1:50 000 Nr. 2640.

Seine Lage macht den **Mont Aigoual** für ein Observatorium so geeignet. Das heutige Gebäude wurde in den Jahren 1887–1894 gebaut. Die Verhältnisse erlaubten es nicht, länger als 70 Tage im Jahr zu bauen. Kurioserweise war es von Anbeginn ein (kleiner) Zankapfel zwischen zwei Départements, deren Grenze genau über den Gipfel des Mont Aigoual verläuft, nämlich zwischen den Départements Gard und Lozère. Nun liegt der Bau ganz im Département Gard,

unmittelbar an der Grenze. Auf seinem Turm befindet sich eine Orientierungstafel, mit deren Hilfe man sich das ganze Umland bis in weite Ferne erschließen kann.

Es war Georges Fabre, der auf den Bau des Observatoriums gedrängt und einen eigenen Plan dafür vorgelegt hatte. Er wollte sich dessen bedienen, um für seine großen Aufforstungsarbeiten eine bessere Kenntnis der Wetterlagen zu bekommen. Denn Fabre verdankt der Mont Aigoual ganz wesentlich seine heutige Gestalt. Er setzte sich sein Leben lang für die Wiederaufforstung des Mont Aigoual ein, der fast nur noch eine große erodierte Fläche war.

Die Wälder waren bis in das 18. Jh. unversehrt geblieben und befanden sich in einem ökologischen Gleichgewicht. Das änderte sich allmählich, als im Jahre 1725 ein königlicher Erlaß erging, der Folgen haben sollte: Die Glashütten des Languedoc wurden eingeladen, sich am Fuße des Mont Aigoual niederzulassen, »wo die Buchenwälder ausreichen, um die Feuerstellen auf unbegrenzte Zeit zu beliefern, wenn Sorge getragen wird, die Wälder mit Methode zu schlagen«. Die damit programmierte radikale Ausbeutung des Waldbestandes, die natürlich auch mit einer verstärkten Holzwirtschaft einherging, machte sich aber erst gegen Ende des Jahrhunderts bemerkbar. Der Raubbau verstärkte sich noch dadurch, daß die Schäfer rigoros und unbekümmert um die möglichen Folgen ihre Weideflächen durch Brandrodungen vergrößerten, um ihre immer größer werdenden Herden weiden zu können.

Kurz darauf zeigte die Natur dem Menschen seine Grenzen. Die entblößten Böden waren einer außerordentlich starken Erosion ausgesetzt, vor allem durch die wilden Winde und die äußerst heftigen Niederschläge. Ab 1856 werden dadurch Schäden verursacht, wie sie die Gegend noch nie gesehen hatte. Flüsse und auch Bäche verwandeln sich bei starken Niederschlägen in kraftvolle Ströme. Sie reißen alles mit sich fort, stürzen abwärts und zerstören Mühlen, Spinnereien und Häuser. Die Wege sind langfristig unpassierbar. Das Wasser steigt in manchen Orten bis an die Dachfirste.

Gegen diese Erosion, die sich für den Menschen als so schädlich erweist und die er selbst verursacht hat, beginnt nun der große Kampf. Nur eine umfangreiche Bepflanzung kann ihr Einhalt gebieten. Von 1875 bis in die 30er Jahre dieses Jahrhunderts wird eine ungeheure Arbeit bewältigt. Insgesamt werden 68 Millionen Bäume gepflanzt. Auf Anregung von Fabre wird 1882 ein Gesetz erlassen, das die Aufforstung zum Gegenstand hat und den Erwerb von Grund und Boden erleichtert. Das verlangt aber auch, ein Minimum an Infrastruktur zu schaffen, z. B. müssen Wege gebaut und Baumschulen eingerichtet werden.

Zuvor aber muß Grund und Boden erworben werden, damit das Programm überhaupt durchgeführt werden kann. Nur kleine Bereiche sind im Besitz der öffentlichen Hand. Die meisten Bauern sind froh, ihr Land verkaufen zu können. Die landwirtschaftlichen Erträge sind so stark zurückgegangen, daß Ackerbau nicht mehr lohnt. Zugleich hat die Aufforstung für die Bauern noch andere positive Folgen.

Denn als Arbeiter an dem riesigen Waldwerk werden zunächst die Bauern eingesetzt, die vor Ort und in der Nähe der Baustellen und Anpflanzungen wohnen. Es kommt Geld ins Haus, und sie brauchen sich nicht mehr um ihre Erträge zu sorgen. Sie bleiben aber nicht lange unter sich. Schon bald müssen weitere Arbeitskräfte herangezogen werden, sie kommen aus Nîmes, Montpellier, ja sogar aus Marseille. In Arbeitskolonnen legen sie die Pflanzungen an; ein Trupp bohrt die Löcher, ein anderer setzt die Bäume. In den Baumschulen arbeiten meist Frauen, auch Kinder. In den 30er Jahren sind die Arbeiten im wesentlichen abgeschlossen. Außer den normalen Forst- und Erhaltungsarbeiten gibt es nichts mehr zu tun, die Arbeitsplätze verschwinden.

Aber daneben hat die Durchführung des Programms auch andere, negative Seiten. Denn zwar war es für die Bauern anfangs verführerisch und schien auch vernünftig, den Boden zu verkaufen und sich als Arbeiter von der Forstverwaltung anstellen zu lassen. Aber das barg nicht nur die Gefahr der Arbeitslosigkeit in sich. Denn das Interesse an dem eigenen Land und an dem Land überhaupt schwand damit allmählich. Der Wald gewann, und die Einwohner wurden langsam verdrängt. Das hat bis heute eine gewisse Bitterkeit hinterlassen, die auch dazu beiträgt, daß der *Parc National des Cévennes* auf so große

Widerstände stößt und bei der Bevölkerung relativ wenig akzeptiert wurde.

Zur Erleichterung der Aufforstungsarbeiten wurden auch botanische Experimentalstationen eingerichtet. Vor allem sollte dort erprobt werden, inwieweit sich Pflanzenarten aus Amerika und Afrika hier bewähren. Dabei war es besonders wichtig, schnell wachsende und genügsame Arten herauszufinden. Von diesen *Arboreta* wurden 5 im südlichen Bereich angelegt, 5 im westlichen, Richtung Atlantik. Heute sind sie fast alle aufgegeben und verwildert.

Allerdings wird in der Nähe des Gipfels des Mont Aigoual noch einer dieser exotischen Gärten gepflegt. Man kann ihn sich gemütlich auf einem kleinen Rundgang von etwa 1 km Länge anschauen. Der Weg ist von der Parkverwaltung angelegt und wird von ihr unterhalten. Die Markierungen weisen ein Blatt als Symbol auf. Man findet den Ausgangspunkt, wenn man von dem großen Parkplatz des Mont Aigoual aus an dem Observatorium vorbeigeht, abwärts über den Hangrücken bis zu der Straße hinunter und dem Punkt 1503.

An diesem Punkt kommt man aber auch vorbei, wenn man die Straße aus südlicher Richtung nimmt. Man kann den Wagen dann hier stehen lassen. Hier auf dem Paß beginnt der Weg. Er führt nach Süden in ein kleines Wäldchen. Nach einigen Metern läßt man einen Weg rechts liegen, der nach Valleraugue hinabführt. Nach etwa 300 Metern ist der Garten in den steilen und steinigen Abhang geschlagen. Im Bogen um den kleinen Gipfel des Trépaloup erreicht man wieder den Ausgangspunkt.

Wegbeschreibung

Wir laufen den Parkplatz entlang in Richtung der beiden Sendetürme (GR-Markierung), an diesen vorbei und biegen kurz darauf in den Pfad nach rechts in die Wiesen ein. Nachdem wir eine ›Weideneintrittspforte‹ durchstiegen haben (0:15 Std.), folgen wir dem kleinen Pfad. Die Straße verläuft links unterhalb. Dann wieder durch ein entsprechendes Zaungitter (0:40 Std.).

Bei der kurz darauf kommenden GR-Gabelung halten wir uns rechts Richtung Cabrillac (GR 60). Wir laufen noch immer auf der kahlen Höhe des Aigoual-Gipfels mit Blick auf die unterhalb liegenden Wälder. Kurz vor dem Waldrand geht es bei einer Weggabelung leicht links abwärts (0:55 Std.). Wir laufen durch eine Art Lichtung am unteren Waldrand entlang. Der Weg kommt am **Plo du Four** (1407 m) dicht an die Straße (1:05 Std.), um dann gleich wieder in den Wald aufzusteigen.

Wir folgen weiterhin am Waldrand einer großen Draille. Der Weg senkt sich und gibt den Blick frei auf den gegenüberliegenden Causse Méjean (1:35 Std.). Wir verlassen den Wald und gehen bei einer Weggabelung rechts abwärts. Erika, Ginster und Wacholder säumen den Weg. Er wird schmal und steiler, dann sogar etwas abschüssig. Unten kommen wir bei Cabrillac auf die Straße (2:00 Std.). Auf der D 119 einige hundert Meter nach rechts und dann nach links in einen Feldweg. An vielen Himbeerbüschen entlang lassen wir die Gîte d'Étape von Cabrillac links liegen.

Wir überqueren einen Bach, durchschreiten ein Gatter und kommen über eine kleine Steinbrücke (2:40

Std.), hinter der wir rechts gehen. Wenige Minuten später erreichen wir die Straße, links das **Anwesen Caumel.** Wir überqueren die Straße nach links, um nach 20 Metern rechts aufwärts der Markierung weiter durch ein Gatter zu folgen. Der steinige Weg steigt steil an.

Die große Steigung ist bewältigt (3:05 Std.), unter uns liegt das Tal. Rechts oberhalb sind die beiden Sendetürme des Aigoual zu sehen. Wir laufen auf dem GR an einem Zaun entlang durch Buchenwälder. Bei einem Zaundurchtritt biegt der GR links ab. Wir halten uns Richtung Süden geradeaus (3:30 Std.). Oft bieten sich weite und offene Blicke auf den Mont Aigoual oder die Cevennen. Größtenteils verläuft der Weg aber durch Buchenwälder, meist an einem Zaun entlang. Ab und zu eine Lichtung.

Bei einem weiteren Durchtritt durch den Zaun nach links treffen wir den GR wieder (4:05 Std.), dem wir jetzt aufwärts folgen. Ein Stück geht es auf breitem Weg aufwärts.

Dann nehmen wir einen kleinen Pfad rechts am Stacheldraht entlang. Wir kommen aus dem Wald heraus und genießen einen herrlichen Blick über das Hügelland der Cevennen. Wenig später folgen wir einer breiten Fahrstraße nach rechts, die nach einigen Minuten auf die Straße stößt. Diese überqueren wir leicht nach rechts und steigen sogleich links den Weg aufwärts zum Gipfel, wo das Observatorium schon zu sehen ist. (5:00 Std.).

10 Zum Château de Roquedol

Von Meyrueis aus führt dieser Weg durch Schiefer und Granit zum Château de Roquedol, das ein Büro des Nationalparks beherbergt.

Wichtige Hinweise

Ausgangspunkt: Die Place d'Orléans, der Hauptplatz von Meyrueis mit dem Kriegerdenkmal, rechts neben dem Grand Hôtel de l'Europe.

Dauer: 2:45 Std.

Art: Rundwanderweg.

Schwierigkeitsgrad: Mittel.

Orientierung: Mittel. Im ersten und im letzten Teil GR-Markierungen. Z. T. schlechte lokale Markierungen, und zwar unter Nummern: Nr. 2 bis zum Château de Roquedol; dann Nr. 3 a bis nach Meyrueis.

Wegbeschaffenheit: Zu Beginn ein schmaler, etwas steiniger Weg, der dann breiter und bequemer wird. Am Ende im Ort asphaltiert.

Höhenunterschied: 300 m.

Kartenmaterial: 1:25 000 IGN Nr. 2640 est.

Meyrueis ist eine kleine Ortschaft von gut 1000 Einwohnern. Normalerweise. In der touristischen Saison allerdings schwillt diese Zahl leicht auf über 7000 an, wenn man die Bewohner der Hotels, Zeltplätze und Feriensiedlungen mitzählt. Es ist vor allem die Lage des Ortes, die ihn so anziehend macht. Hier, in einer Höhe von gut 700 Metern, fließen Jonte, Bétuzon und Brèze zusammen. Der Ort liegt im Tal genau auf der Grenze zwischen dem Causse Noir im Süden und im Westen, dem Causse Méjean im Norden und dem Mont Aigoual im Osten, nimmt also eine Grenzstellung zwischen den Causses und den Cevennen ein.

Aufgrund dieser geographischen Lage war die Gegend vermutlich schon seit vorgallischer Zeit besiedelt und hat dann für die Römer eine handelspolitische Rolle gespielt. Im Mittelalter waren die Messen von Meyrueis berühmt, wieder diente der Ort als Verbindung zwischen den Landesteilen. Seine Lage machte ihn auch in den Religionskriegen zu einem strategisch wichtigen Punkt. Als traditioneller Handelsplatz mit bevorzugter Lage stand Meyrueis den reformatorischen Ideen aufgeschlossen gegenüber. Das königliche Schloß und die Zitadelle wurden von den Protestanten 1629 zerstört.

Gute 50 Jahre später wird Meyrueis Opfer einer sogenannten *Dragonnade.* 1500 Dragoner, also Soldaten, werden in Meyrueis einquartiert. Die Bevölkerung muß sie und ihre Tiere verpflegen und für sie sorgen. Praktisch heißt das, daß die Bewohner nicht mehr die Herren ihrer Häuser sind. Die einquartierten Dragoner bestimmen das Leben mit großer Ausschließlichkeit. Sie befehlen, drangsalieren die Familien, bemächtigen sich der Frauen,

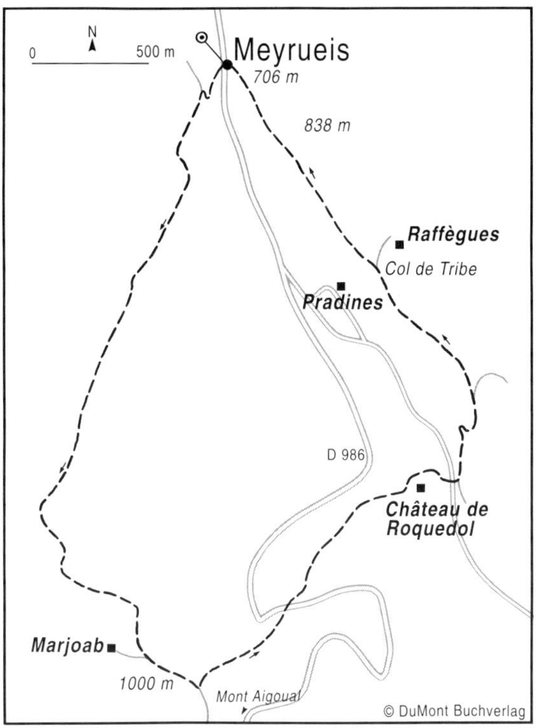

Wanderung 10

Das einsame Château de Roquedol

quälen die Männer. Die protestantische Kirche wird zerstört. Damit sollen die Protestanten genötigt werden, ihrem Glauben abzuschwören und sich der (Über-)Macht ergeben. »Aber keine Erniedrigung kann die Seele bezähmen« (Michelet): Die geheimen Gottesdienste vervielfachen sich. Trotzdem zeigt das bewährte Mittel der katholischen Krone auch hier seine Wirkungen.

Merkwürdigerweise scheinen diese grausamen religionspolitischen Auseinandersetzungen dem Handel wenig abträglich gewesen zu sein. Weiterhin wurden die Hölzer des Aigoual nach Sète oder Marseille transportiert, wo man sie ironischerweise in Galeeren verwandelte, auf denen dann viele der zum Galeerendienst verurteilten Protestanten ihre Sklavenarbeit verrichten mußten. Man produzierte in der Folgezeit auch weiterhin das vielgesuchte Leinen, vor allem die berühmten Filzhüte aus Meyrueis, die schon im 15. Jh. hergestellt worden waren. Noch im 19. Jh. war die Filzhutproduktion ein florierender Wirtschaftszweig in dem Ort.

Trotzdem bleibt auch Meyrueis im 18. Jh. nicht von der wirtschaftlichen Krise verschont. Innerhalb von 50 Jahren reduziert sich die Bevölkerung

Im Schatten der Schloßmauer

auf die Hälfte. Die Straßen sind nicht mehr befahrbar, die Fabriken schließen. Viele Protestanten verlassen den Ort. So kommt es, daß die katholischen Bewohner der Causses diese langsam verlassen, sich der verlassenen Häuser bemächtigen und allmählich die Mehrheit der Protestanten ins Wanken bringen.

Einen kleinen Aufschwung nimmt der Ort erst wieder Ende des 19. Jh. Ein gewisser Reiz des Kuriosen hatte reiche Küstenbewohner schon manches Mal hierher gelockt. Vor allem waren es reiche Kaufmannsfrauen aus Marseille, die von hier junge Frauen als Hausmädchen mitnahmen, die sich so ihre Aussteuer verdienen konnten. Aber erst die Entdeckung der Höhlen durch E. A. Martel und die wachsende Bekanntheit der Gorges du Tarn – von dem Observatorium auf dem Mont Aigoual war schon die Rede (s. S. 90) – beginnen die Touristen in größerer Zahl anzulocken. Eine touristische Infrastruktur entsteht. 1883 wird in Meyrueis der Touring Club der Cevennen gegründet; 1894 der Club der Cevennen in Florac. 1895 wird die Grotte von Dargilan der Öffentlichkeit zugänglich gemacht. Für Meyrueis beginnt eine touristische Karriere.

Etwa 2 km südlich von Meyrueis liegt das **Château de Roquedol,** das am Ende des 15. oder zu Beginn des 16. Jh. gebaut worden ist. Es gehört zu den besterhaltenen Schlössern der Cevennen. Lange Jahrhunderte in den Händen einer adeligen Familie, auch über die Wirren der Revolution hinweg, werden die ganze Baronnie und das Schloß 1885 verkauft und eine starke holzwirtschaftliche Nutzung setzt ein. Während des Zweiten Weltkrieges ist das Schloß Zufluchtsort für die Forstverwaltung von Ostfrankreich, zugleich dient es als Depot für aus verschiedenen Museen ausgelagerte Kunstwerke.

Der imposante, rechteckige Bau wird an seinen vier Ecken von Türmen flankiert. Im Inneren kann man den Ehrenhof, die Renaissancetreppe, den großen Salon und die Bibliothek besichtigen. Außerdem ist eine große Reliefkarte des Mont Aigoual im Maßstab 1:5000 ausgestellt. Seit 1973 beherbergt das Schloß eine Informationsstelle des Parc National des Cévennes, wo Besucher auch Material über den Nationalpark und die Gegend erwerben können. Am Parkplatz beginnt ein kleiner ›botanischer Waldweg‹ mit erläuternden Tafeln, die auf eine Reihe von Pflanzen aufmerksam machen. Er führt bis zur Eingangstreppe des Schlosses.

Wegbeschreibung

Wir steigen den kleinen Weg rechts des Grand Hôtel de l'Europe, der zwischen dem Hotel und dem Geschäft Bazar Meyrueisien verläuft und zur Kirche Notre-Dame aufsteigt, in Richtung Nordosten auf (GR-Markierung). Nach kurzem Aufstieg stoßen wir auf eine schmale betonierte Straße, bei der unser Weg scharf links abbiegt. Kurz darauf überqueren wir die Asphaltstraße, die zur Grotte Dargilan führt, und steigen auf der gegenüberliegenden Seite eine kleine Treppe empor (0:10 Std.).

Der Weg steigt nun durch Schiefer immer weiter auf. Nach einer Weile sehen wir links die Hochebene des Causse Méjean. Bald sind wir fast auf der Höhe angelangt (0:45 Std.). An einem Kreuzweg (rechts geht es nach Masjoab; dort gibt es eine Imbißmöglichkeit) folgen wir dem GR nach links leicht abwärts. Der breite Weg ist rechts und links von Äckern und Weiden gesäumt.

Nach einer auffälligen Rechtskurve des Weges biegen wir vor einem Gatter in einen kleinen schmalen Weg links abwärts (1:00 Std.; hier aufpassen! GR 6-66). Wir durchschreiten einen Taleinschnitt und stoßen auf der anderen Seite in einer Serpentine auf einen breiten Waldweg (1:10 Std.). Hier trennt sich unser Weg von dem GR und führt links abwärts durch den Wald von Roquedol. Bei einer Weggabelung gehen wir links abwärts (1:20 Std.). Kurz darauf erscheint die D 986 (1:30 Std.). Wir überqueren sie, halten uns rechts und gehen nach etwa 100 Metern links abwärts. Hier ist der Weg als Reiterweg gekennzeichnet (oranges Schild mit Hufeisen).

Auf dem breiten Fahrweg, auf den wir bald stoßen (1:40 Std.), halten wir uns rechts, um sogleich wieder nach links abzusteigen. Nach einer Weile taucht links eine kleine Holzbrücke auf, die wir überqueren, um anschließend rechts durch ein verfallenes kleines Tor (1:55 Std.) in den **Schloßpark von Roquedol** einzutreten. Überall sind Namensschilder an den Pflanzen angebracht. Wir nehmen den oberen Weg und kommen bald darauf zum Schloß (2:05 Std.).

Wir verlassen das Schloß aber nicht durch das Haupttor des Parks, sondern gehen unterhalb des Schlosses über die Brücke bis zur Asphaltstraße. Wir halten uns rechts und biegen dann sogleich nach links in einen breiten Weg ein. Hier steht ein Erinnerungsstein an die *Chantiers de la Jeunesse* (1940–1944). Vor diesem Stein steigen wir spitzwinklig nach links auf, zunächst noch parallel zur Straße. Bei der nächsten Gabelung geht es rechts aufwärts.

Wir überqueren einen breiten Forstweg und steigen nochmals einige Meter querfeldein hinauf. Dort erreichen wir einen sehr breiten Weg, dem wir nach links folgen. In einer großen Linkskurve halten wir uns auf einem kleinen Weg geradeaus (2:15 Std.), der wieder rot-weiß markiert ist. Am **Col de Tribe** (2:30 Std.) biegt ein Weg rechts nach Raffègues ein. Wir bleiben am Hang und steigen weiter nach Meyrueis ab. Auf dem dann wieder asphaltierten Weg geht es in den Ort hinein, bis die Place d'Orléans wieder in Sicht ist. Wir halten uns links und sind wieder am Ausgangspunkt (2:45 Std.).

Die Grands Causses

Die tiefen Einschnitte der Schluchten und Täler, die die Causses umgrenzen, kontrastieren gewaltig mit ihren sich endlos in eine grau-braune steinige Einsamkeit verlierenden Hochebenen. Ohne Wasserläufe, da der Kalkstein jeden Niederschlag sofort aufsaugt, und äußerst dünn besiedelt, hat die Monotonie dieser ausgedehnten Höhen doch nichts Drückendes an sich. Sie spricht von Weite, Härte und Freiheit, vom unendlichen Flug der Vögel und Gedanken. Nur dem Menschen wird es hier sehr schwer, das Leben zu verdienen.

Immer wieder fallen kleine, bewirtschaftete Flecken Erde auf, oft kreisrund, die sich stark von ihrer kargen Umgebung unterscheiden. Vor allem bilden sie sehr schöne Farbtupfer in der Landschaft. Sie liegen in Vertiefungen, heißen *Dolinen* oder *Scotchs* und sind aus sogenannten *Cloups* hervorgegangen. Durch chemische Reaktionen des Regenwassers mit dem Kalkboden bilden sich fruchtbare Erden, die den Anbau lohnen. Gleichwohl sind ihre Durchmesser sehr bescheiden und kommen über 20 bis 30 Meter selten hinaus. Es ist immer wieder erstaunlich, mit welcher Intensität diese fruchtbaren ›Kreise‹ bebaut werden, ist ihre Oberfläche doch verschwindend klein und sind doch die Anfahrtswege oft sehr weit. Aber die Natur zwingt den Menschen hier dazu, sie mit aller erdenklichen Mühe so gut es geht auszunutzen, will er überleben.

Über der Tarnschlucht bei La Malène

11 Das Château d'Ayres und die Corniches du Causse Méjean

Ein Spaziergang durch die Wälder des Mont Aigoual und auf den Causse Méjean hinauf – wir begegnen zwei ganz unterschiedlichen Landschaften.

Wichtige Hinweise
Ausgangspunkt: In Meyrueis am alten Uhrenturm (Bétuzonbrücke).
Dauer: 3:30 Std.
Art: Rundwanderweg.
Schwierigkeitsgrad: Leicht bis mittel.
Orientierung: Leicht. Zwei Abschnitte GR-Markierung. Eine etwas undeutliche lokale Markierung: zunächst Nr. 4, dann Nr. 1.
Wegbeschaffenheit: Breite Wald- und Landwirtschaftswege. Schmal und geröllig bei den Anstiegen. Kurze Stücke kaum befahrener Asphaltstraße in Meyrueis und bei Pauparelle.
Höhenunterschied: Bei Meyrueis 100 m; nach Salvinsac 400 m.
Ausrüstung: Man sollte etwas gegen Wind und Sonne mitnehmen; vor allem auf dem Causse kann der Wind pfeifen und gegen die Sonne gibt es keinen Schutz.
Variante: Abkürzungsmöglichkeit ab Salvinsac.
Kartenmaterial: 1:25 000 IGN Nr. 2640 est.

Diese Wanderung beginnt, wie auch die vorhergehende, in **Meyrueis.** Und doch hat sie einen anderen Charakter, da ihr Schwerpunkt auf dem Causse Méjean liegt – auch wenn wir am Anfang wie zum Abschied noch einmal die Ausläufer des Mont Aigoual durchqueren. In Meyrueis als ›Grenzstadt der Landschaften‹ können zwei ganz unterschiedliche Wanderungen beginnen, was der ›geopolitischen‹ Lage des Ortes entspricht. Verwaltungsmäßig ist Meyrueis nach der Revolution dem Département Lozère zugeschlagen worden, obwohl es zu diesem Gebiet sonst gar keine Beziehungen hatte. Es gab keine Straße nach Florac, und um nach Mende zu kommen, dem Sitz der Präfektur, war man von Meyrueis aus drei Tage unterwegs und mußte sich über den Mont Aigoual bemühen. Traditionell war Meyrueis immer nach Süden orientiert, zur Ebene des Languedoc mit seinen Städten wie Nîmes oder Montpellier.

Das Örtchen **Ayres** entstand im 7. Jh. um die benachbarte Benediktinerabtei herum. Hier leben heute noch 20 Einwohner, ähnlich wie im kleinen Weiler **Salvinsac,** der nur noch 15 Einwohner zählt. Das **Château d'Ayres,** an dem wir vorbeikommen, ist aus einer alten Benediktinerabtei des 12. Jh. hervorgegangen. Es wurde dann im 16. Jh. in den Sitz einer adeligen Familie umgewandelt und in der Folgezeit ausgebaut. Nachdem es im Kamisardenkrieg 1703 zerstört worden war, erfolgte der Wiederaufbau gegen 1710. Charles de Gaulle und Konrad Adenauer haben sich hier einmal getroffen. Heute beherbergen die Gemäuer ein Hotel. Die Zimmer sind restauriert und recht schön, aber sehr unterschiedlich.

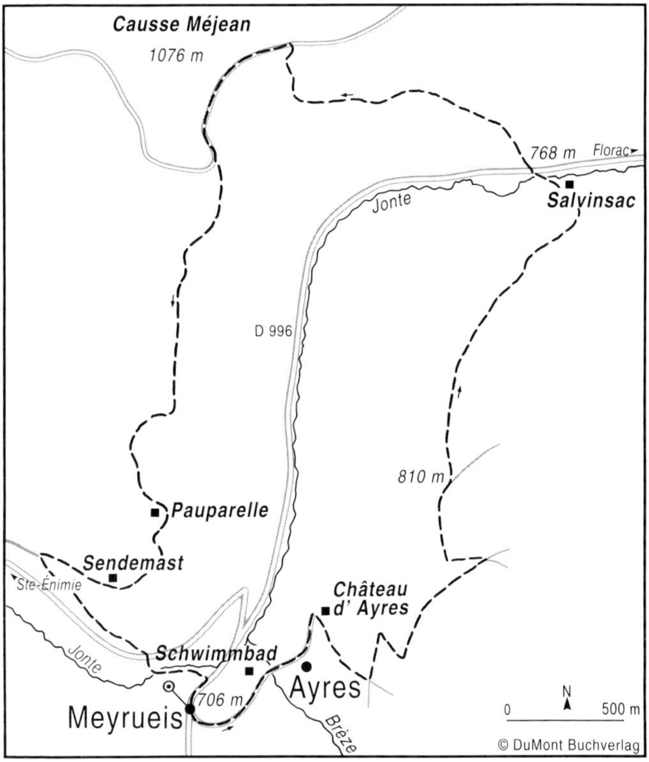

Wanderung 11

Wir kommen an mehreren Zeltplätzen vorbei – nicht den einzigen um Meyrueis herum. Manche von ihnen bieten sympathischerweise nur sehr geringen Komfort, eigentlich kann man von Komfort gar nicht sprechen. Aber man kann abends in eine Liste eintragen, wieviele Baguettes am nächsten Morgen benötigt werden – der Chef bringt sie dann vorbei. Andere Plätze sind hervorragend ausgestattet. Während der Saison ist eine Reservierung empfehlenswert, da sie oft ausgebucht sind.

Auf unserem Weg haben wir zunächst den Blick auf die steile Wand des Causse Méjean. Haben wir sie erst einmal überwunden, ist die Aussicht doppelt: nach links in das Tal der Jonte und auf das Gebirge des Aigoual, dessen Gipfel man immer an den Zwillingssendetürmen erkennen kann; auch auf das schiefergraue Meyrueis im Talkessel und den dahinterliegenden Causse Noir. Nach rechts aber blickt man über den Causse Méjean, der sich leicht wellig unendlich in die Ferne zieht. Besonders im Herbst bieten die vielen warmen Braun- und Gelbtöne ein phantastisches Panorama. Riesige Strohballen überall, das verbrannte Gras und manchmal ein Gehöft.

Die leere Weite des Causse Méjean (oben)

Wegbeschreibung
Vom Uhrenturm im Zentrum von **Meyrueis** gehen wir über die Brücke des Bétuzon einige Schritte auf der Straße in Richtung Ste-Énimie/Florac. Diese biegt sogleich links ab. Wir verlassen sie hier und folgen der Straße geradeaus in Richtung Ayres und Campingplatz. Am Schwimmbad vorbei, lassen wir den Campingplatz links liegen (Richtung ›Vacances Famille‹), um bei der nächsten Abzweigung links am Zaun des Campingplatzes in Richtung Ayres zu gehen.

Kurz nach der Abzweigung zu der Gîte d'Étape ›Les Hirondelles‹ biegt eine kleine Asphaltstraße rechts ein (0:15 Std.), der wir folgen. Zunächst an der Parkmauer des **Château d'Ayres** entlang, überqueren wir dann einen

... und des Causse Noir (unten)

Fahrweg und steigen weiter auf. Es beginnt die rot-weiße GR-Markierung des GR 66 (Tour de l'Aigoual). Von dem kleinen Plateau **Cam de Puech** – Cam bezeichnet in der Ortssprache ein kleines Kalksteinplateau – sieht man links unterhalb noch die Mauer des Schloßparkes.

Wir laufen auf einen hohen lichten Pinienwald zu. Kurz vor dem Waldrand nehmen wir den mittleren der drei Wege und steigen langsam in den Wald auf. Wir folgen dem GR bis in die Nähe des Gipfels, wo wir ihn verlassen: Bei einer Weggabelung nehmen wir den sanft nach links absteigenden Weg (0:40 Std.; Holzschranke; blaue ›4‹). Nach einigen hundert Metern verläßt der Weg den Wald. Die Landschaft öffnet sich in das

Jontetal und auf Meyrueis (0:45 Std.). Nach wenigen Minuten betreten wir den nächsten Pinienwald und gehen auf einem breiten Forstweg abwärts.

Im Tal führt er uns an einem kleinen, gemütlichen Campingplatz vorbei – La Cascade – über die Jonte nach **Salvinsac** an der Hauptstraße (1:15 Std.). Wer den kommenden Aufstieg scheut, kann auf dieser Straße links abwärts problemlos Meyrueis erreichen (ca. 3 km).

Wir überqueren die Straße, halten uns leicht links und steigen sogleich auf einem kleinen Weg wieder an. Dieses Weglein ist schmal und manchmal kaum zu sehen. Wir folgen ihm, bis wir den Rand des Causse Méjean erreicht haben. Kurz davor treffen wir auf eine elektrische Leitung, unter der der Weg serpentinenartig ansteigt. Oben stoßen wir auf eine kleine, wenig befahrene Straße (2:00 Std.). Auf einem angedeuteten Weg parallel zur Straße halten wir uns rechts.

Bald stößt dieser Weg auf die Straße, der wir noch einige Minuten folgen. Wo sie eine große, ausladende Rechtskurve beschreibt, biegt unser Weg nach links ab. Wir folgen diesem landwirtschaftlichen Weg oberhalb des Tales, durchqueren ein leicht zu öffnendes Gatter (2:20 Std.). Eine Viertelstunde später kommen wir durch das nächste Gatter.

Bald stoßen wir auf einen Querweg, dem wir nach rechts folgen. Er biegt in einer großen Rechtskurve an dem Weiler **Pauparelle** vorbei (Achtung: Privateigentum! Hier sind die Franzosen sehr empfindlich! Sehr schöne Causse-Häuser aus dem 18. und 19. Jh.). Die nun wieder asphaltierte Straße führt an einem Sendemast vorbei. Bald darauf biegen wir nach links in den GR ein, ein kleiner Erdweg, den man schon längere Zeit unterhalb gesehen hatte (3:00 Std.). Nun liegt wieder Meyrueis mit seinen grauen Schieferdächern vor uns. Der Weg überquert die Asphaltstraße (3:15 Std.) und steigt einen kleinen Pfad abwärts, der an manchen Stellen etwas zugewachsen und manchmal etwas steil ist. (Man kann statt dessen auch der Asphaltstraße nach rechts folgen, die direkt nach Meyrueis führt.) Unten halten wir uns links, bis wir kurz oberhalb der Post auf die Straße nach Florac stoßen. Wir folgen ihr abwärts bis zum Ausgangspunkt am Uhrenturm (3:30 Std.).

12 Bizarre Felsen – bei Nîmes-le-Vieux

Eine längere Wanderung über den Causse Méjean an einem verfallenen Bauernhof vorbei zur Felsenstadt Nîmes-le-Vieux.

Wichtige Hinweise

Anfahrt: Von Florac die D 907 bis Les Vanel, ab dort auf der D 996 bis zum Col de Perjuret, dort rechts abbiegen.

Von Meyrueis die D 996 bis zum Col de Perjuret, dort links abbiegen.
Ausgangspunkt: Die Weggabelung 500 m hinter dem Col de Perjuret (rechts nach Le Veygalier, links nach Ayres).
Dauer: 4:30 Std.
Art: Rundwanderweg.
Schwierigkeitsgrad: Leicht.
Orientierung: Im Mittelstück mittel, sonst einfach. Zu Beginn ein Stück GR-Markierung.
Wegbeschaffenheit: Meist breite Wege, manchmal steinig. Ein Stück querfeldein. Am Anfang und am Ende wenig befahrene Asphaltstraße.
Höhenunterschied: 100 m.
Ausrüstung: Wind und Sonne können sehr heftig sein, dagegen sollte man sich wappnen. Es empfiehlt sich, Wasser mitzunehmen, da wir unterwegs auf keine Ortschaften treffen.
Einkehrmöglichkeit: Möglichkeit zu einem kleineren oder auch größeren bäuerlichen Menu aus eigener Produktion auf dem Bauernhof in Le Veygalier (Mme. Bousquet, Le Veygalier, 48 400 Florac, ✆ 66 45 65 45). Man sollte sich vorher telephonisch anmelden.
Kartenmaterial: 1:50 000 IGN Nr. 2640.

Der Causse zieht sich gleichförmig in der Ferne, nur manchmal durch neu aufgeforstete Waldstücke unterbrochen. Vom Col de Perjuret hat man das ganze Gebiet des nördlichen Aigoual-Massivs vor Augen.

Die Felsenstadt **Nîmes-le-Vieux** hat ihren Namen der Legende nach

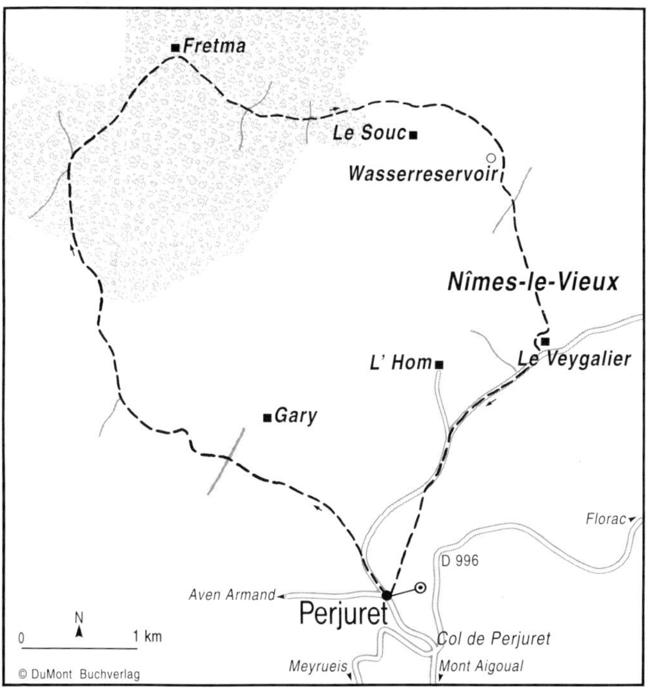

Wanderung 12

Bizarrer Basaltfelsen bei Nîmes-le-Vieux

seit den Religionskriegen: Die königlichen Truppen waren auf ihrer Jagd nach Protestanten auf dem Marsch nach Nîmes. Aus der Ferne glaubten sie, ihr Ziel endlich erreicht zu haben. Die Felsen bieten leicht, vor allem im Nebel, den Anblick eines Ortes. Aber weit gefehlt - nach Nîmes war es noch weit.

Heute ist das Gebiet fast ganz verlassen, sein Zentrum liegt bei dem Weiler **Le Veygalier.** Hier wohnt noch eine einzige Familie das ganze Jahr über. Sie hält einige Tiere, auch eine Schafherde, und bewirtschaftet einige Dolinen. Auch betreibt sie ein Café und bietet einen bäuerlichen und reichlichen Mittagstisch. Der Gang durch die Felsen ist mit einem roten Punkt markiert, beginnt bei dem Café und kostet ein paar Francs. In einem der Häuser wurde eine kleine Ausstellung untergebracht, die in rührender Weise über die Geologie des Causse informiert.

Hier wie auch in dem verlassenen und verfallenen Bauernhof **La Fretma** überkommt mich immer eine gewisse Wehmut, daß so herrlich gelegene Orte mit so schönen Häusern keine Überlebenschancen mehr haben. Andererseits gehört eine melancholische und idyllische Einsamkeit hierher. Wie könnte man solche Orte so romantisieren, wären sie nicht fast verlassen oder verfallen?

In Le Veygalier, vielleicht besser noch in La Fretma, können wir sehr gut die Bauweise der caussenardischen Häuser erkennen. Ohne Einsatz von Holz, ohne Zimmermannsarbeit wölben sich die Steinbögen, die die Etagen bilden. Stein war das einzige in ausreichendem Maße vorhandene Baumaterial. Das prägt entscheidend den Eindruck dieser hingeduckten und erdverwachsenen Naturhäuser, die so ganz aus dem Boden herauszuwachsen scheinen, mit ihren schweren Dächern und dicken Mauern.

Wegbeschreibung

Wir gehen zunächst rechts, auf dem GR, Richtung Le Veygalier. Nach 5 Minuten verlassen wir die Straße und gehen den GR geradeaus weiter. Rechts ein kleines Anwesen (0:20 Std.). Bei einer Weggabelung folgen wir weiter dem GR, bis wir zu einer kleinen Straße kommen, die wir geradeaus überqueren. Links lassen wir einen kleinen Wald liegen. Wir kommen in einen weiteren Wald (1:10 Std.).

Nach 10 Minuten überquert der Weg eine Feuersicherungschneise, die etwa 50 m breit ist. 200 Meter später erreichen wir eine große Lichtung. Wir verlassen den breiten Weg und den GR und gehen rechts am Waldrand entlang. Kurz darauf beginnt links wieder die Bewaldung. Hier halten wir uns links und gehen am oberen Rand des Feldes bzw. der Lichtung entlang. Am oberen rechten Zipfel der Lichtung treffen wir auf einen Weg (1:30 Std.), dem wir nach rechts folgen. Wir durchqueren bald darauf das alte aufgegebene Anwesen **La Fretma.**

Unser Weg läuft durch La Fretma hindurch und beschreibt oberhalb des Feldes rechts herum einen großen Halbkreis. Rechts unterhalb sieht man immer noch dann und wann den Hof liegen. Der Weg steigt dann in einigen Kurven leicht an, folgt einer Feuerschutzschneise und erreicht einen Kreuzweg (2:00 Std.). Wir gehen geradeaus in der Schneise weiter. Bald darauf erreichen wir eine große Lichtung, gehen oberhalb geradeaus wieder in den Wald (2:20 Std.), während der Hauptweg nach rechts abbiegt. Nachdem wir den Wald verlassen haben (2:30 Std.), verliert sich der Weg.

Wir gehen querfeldein ein Stück Richtung Osten, lassen ein verfallenes Haus (Le Souc) etwas unterhalb liegen und gehen querfeldein in einer großen Rechtskurve. Östlich des Hauses treffen wir wieder auf einen Weg, dem wir in süd-östlicher Richtung folgen. Wir überschreiten einen kleinen Hügelrücken (2:50 Std.). Links zwei kleine Dolinen. Vorbei an einem Wasserreservoir.

Der Weg stößt sogleich auf einen breiteren Fahrweg, dem wir nach rechts folgen. Eine Viertelstunde später (3:20 Std.) sehen wir links in einem Sattel in der Ferne merkwürdige Felsen liegen. Sie gehören zu dem Höhenzug **Nîmes-le-Vieux.**

Wir folgen dem Weg weiter, der dann bald den Weiler **Le Veygalier** erreicht (3:45 Std.). Wir stoßen auf eine kleine Straße, der wir nach rechts folgen. Rechts liegt die kleine

Ansiedlung **L'Hom.** Bald biegt ein Weg nach links ab, dem wir folgen (4:10 Std.). Wir steigen durch Felsen leicht abwärts, gehen unter einer kleinen Baumreihe oberhalb eines Feldes entlang und stoßen auf einen breiteren Weg, den wir nach rechts nehmen (4:20 Std.). Kurz darauf erreichen wir unseren Ausgangspunkt (4:30 Std.).

13 Dolmen und Tumuli auf der Hochebene – der Causse de Sauveterre

Wir lernen auf dieser Wanderung unterschiedliche Aspekte des Causse de Sauveterre kennen: aufgeforstete Wälder, kahle Höhen, vorzeitliche Gräber.

Wichtige Hinweise
Anfahrt: In Ste-Énimie nimmt man die D 986 nach Norden in Richtung Balsièges und erreicht nach 13 km den Ort Sauveterre.
Ausgangspunkt: Der Platz von Sauveterre, auf dem sich eine Telephonzelle und ein Wasserreservoir befinden.
Dauer: 4:00 Std.
Art: Rundwanderweg.
Schwierigkeitsgrad: Leicht.
Orientierung: Mittel.
Wegbeschaffenheit: Breite bequeme Wege, manchmal geht es querfeldein. Gegen Schluß sehr steinig. Ein kleines Stück kaum befahrener Asphaltstraße bei Le Bac.
Höhenunterschied: 200 m.
Ausrüstung: Man sollte sich darauf einstellen, daß es sehr sonnig und windig sein kann und auch an Wasser denken, falls es heiß ist. Auf der Wanderung sind alle Ortschaften ausgespart.
Bemerkung: Wenn im folgenden von ›Wald‹ die Rede ist, so ist immer zu bedenken, daß dieser Wald nicht der dichte und schattenspendende deutsche Wald ist. Er ist sehr licht, und die Wege liegen meist nicht im Schatten.
Varianten: Es besteht die Möglichkeit, ein Stück abzukürzen oder eine Verlängerung über Champerboux zu wählen.
Kartenmaterial: 1:50 000 IGN Nr. 2639.

Wenn auch die großen und berühmten megalithischen Bauwerke Frankreichs in der Bretagne zu sehen sind, so ist es doch immer wieder überraschend, daß die Causses eine solche Fülle an Dolmen und Menhiren aufweisen. Das gilt im übrigen auch für die kleinen Causses wie etwa den Causse de Blandas, südlich von Le Vigan, oder auch für die Cham de Bondons östlich des Col de Montmirat. So zählt man im Département Lozère und den Nachbargebieten insgesamt mehr Dolmen als in den armorikanischen Départements (in der Bretagne).

Die Megalithkultur hat hier nicht ihre Höhepunkte hervorgebracht,

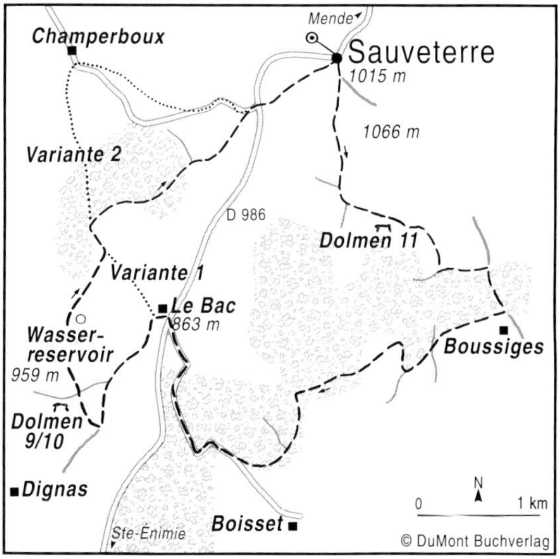

Wanderung 13

denn sie sind vor allem »in Küstengebieten und auf Inseln konzentriert«, so daß man von einer »Priorität der Grabbauten in Meeresnähe« (Sibylle von Reden) sprechen kann. Wir haben es hier mit der ›Normalität‹ der Großsteinbauten zu tun, für die Menhire und Dolmen die charakteristischsten Elemente sind. *Menhir* setzt sich zusammen aus *men*, d. h. auf bretonisch ›Stein‹, und *hir*, d. h. ›lang‹. Auch das Wort *Dolmen* stammt aus dem Bretonischen und bedeutet *dol* (Tisch) und *men* (Stein). Allein schon Dolmen und Menhire bezeugen den hohen technischen Stand, der den Transport dieser riesigen Platten und großen Steine ermöglicht hat. Etwa ab der Mitte des 3. Jahrtausends, also ab dem späten Neolithikum, datieren die Dolmen und Tumuli, die sich auf den Causses finden. Vermutlich entstanden sie unter dem kulturellen Einfluß von Ländern des östlichen Mittelmeeres.

Die Dolmen der Causses sind relativ klein und heute in schlechtem Zustand, nicht zuletzt durch die dauernden Grabräubereien oder auch privaten Grabungen. Sie dienten als Grabstätten, mögen aber auch Zeichen sozialer Macht gewesen sein, vor allem wenn sie an herausragenden geographischen Punkten errichtet wurden. Mehrere Typen von Dolmen lassen sich auf den Causses unterscheiden: zunächst der einfache Dolmen, der über eine einfache rechteckige Grabkammer verfügt, den Eingang üblicherweise nach Osten zum Licht gerichtet. Seltener stoßen wir auf Ganggräber, bei denen die eigentliche Grabkammer nur über einen Gang erreichbar ist.

Von einem Typus, der eine weitere Vorkammer enthält, sind erst zwei Fundstellen bekannt geworden. Einer davon ist der Dolmen bei Dignas. Allein schon die Lage dieses Dolmens ist bemerkenswert. Von ihm aus kön-

nen wir einen weiten Blick ringsum genießen. Er liegt sehr exponiert, inmitten eines Tumulus, eines runden Schutzbezirkes, der vielleicht früher einmal ummauert war. Die Grabkammer selbst ist rechteckig und besitzt einen monolithischen Fußboden.

Die Tumuli, die man untersucht hat, bargen meist Reste einer größeren Anzahl von Menschen, die vermutlich gemeinsam verbrannt worden waren. Dies trifft auch für den Dolmen bei Dignas zu.

Wegbeschreibung

Von dem Platz aus durchqueren wir den Ort auf dem GR 44 (rot-weiß markiert). Kurz nach Ortsende biegt ein Weg rechts aufwärts (Schild: Dolmen 11), dem wir folgen. Hier verlassen wir den GR. Bei der kurz darauf folgenden Gabelung halten wir uns rechts. Der Weg gabelt sich wieder. Erneut folgen wir dem Schild Dolmen 11 nach links. Der Weg beschreibt eine Linkskurve. Bei der folgenden Gabelung halten wir uns rechts. Rechter Hand, in Richtung auf den Wald-

Bauernhaus auf dem Causse de Sauveterre

rand, sehen wir schon den Dolmen, den wir kurz darauf erreichen (0:20 Std.).

Wir gehen etwa 50 m zurück auf den Hauptweg, dem wir in einer Kurve halbrechts folgen. Er führt zu einer Doline, an der wir rechts vorbeigehen. Wir steigen aus der Mulde der Doline heraus und gehen auf einem landwirtschaftlichen Fahrweg weiter. Der Weg verläuft jetzt parallel zu einem Waldrand. Vor uns sehen wir halbrechts, daß der Waldrand einen rechten Winkel bildet. Wieder an einer Doline entlang, weiter Richtung Süden, stoßen wir auf den breiten Weg, der am Waldrand veräuft (0:40 Std.). Wir gehen links.

10 Minuten später treffen wir auf einen größeren Weg, an dem eine elektrische Leitung verläuft (0:50 Std.), dem wir nach rechts durch den Wald folgen. Kurz darauf verlassen wir den ›elektrifizierten Weg‹ und biegen rechts ab (0:55 Std.). Nach wenigen Metern verlassen wir den Wald – links sieht man das **Gehöft Boussiges** liegen – und laufen am Waldrand entlang. Wir durchqueren ein Gatter, nachdem wir wieder einige Minuten durch Wald gelaufen sind (1:15 Std.). Geradeaus vor uns die kleine Ansiedlung Boisset.

Wir gehen nicht Richtung Boisset, sondern halbrechts aufwärts. Nach etwa 5 Minuten macht der Weg eine Linkskurve und verläuft jetzt unterhalb des Waldes. Wir durchqueren wieder ein Gatter, wieder geht es durch Wald. Bei einer großen Gabelung halten wir uns links (1:45 Std.) und stoßen dann auf eine kleine Straße (1:55 Std.), auf der wir rechts gehen. Kurz darauf zeigt sich unterhalb der Straße im Wald eine kleine Lichtung. Wir steigen auf einem Pfad nach links abwärts und folgen einem breiten Weg nach rechts, zunächst meist parallel zur Straße. Wir verlassen den Wald und stoßen wieder auf die Straße (2:15 Std.), der wir bis zur D 986 folgen. Diese überqueren wir, um uns sofort wieder nach rechts nach der kleinen Ansiedlung **Le Bac** zu halten (2:30 Std.). (Hier Abkürzungsmöglichkeit: Variante 1.)

Bei Champerboux

Wir folgen jetzt der kleinen Asphaltstraße nach links, die in Richtung Dignas zunächst in Serpentinen ansteigt. Oben kommt links der Straße eine Waldecke. Hier verlassen wir die Straße (2:50 Std.) und biegen nach rechts in einen Feldweg ein (Schild: Dolmen 9/10). Nach einer kurzen Strecke (kleines Schild: Dolmen 9/10) gehen wir querfeldein bis zu einer Hügelkuppe. Hier liegt der Dolmen in einem von Steinen umkränzten Tumulus. Wir gehen wieder zu unserem Weg zurück, dem wir weiter folgen.

Bei einem Querweg (3:05 Std.) gehen wir rechts, kommen dann an einem Wasserreservoir vorbei. Bald sehen wir den Ort **Champerboux** vor uns liegen. Wir treffen auf einen von rechts aufsteigenden Weg (3:15 Std.), der von Le Bac kommt (Hier trifft unser Weg wieder auf den GR). Wir halten uns links. Kurz darauf eine Weggabelung, an der wir uns rechts am Waldrand entlang halten und den GR wieder verlassen (Hier ist eine Route über Champerboux möglich – Variante 2). Bei einem Querweg halten wir uns rechts (3:25 Std.). Wir sehen dann und wann Sauveterre vor uns liegen.

Der Weg führt aus dem Wald heraus und beschreibt eine scharfe Linkskurve. Wir verlassen ihn hier und gehen etwa 200 Meter rechts abwärts. Dort treffen wir auf einen sehr steinigen Weg, dem wir nach links an einem Zaun entlang folgen. Wir erreichen die von Champerboux kommende kleine Straße (3:45 Std.), die nach 150 Metern auf die D 986 trifft, die wir überqueren. Wir folgen der orangen Markierung auf einem steinigen Weg bis nach Sauveterre (4:00 Std.).

Variante 1 (Abkürzung): Wer den jetzt kommenden Abschnitt über ca. 1 km Asphaltstraße, der uns aber an zwei Dolmen vorbeiführt, vermeiden will, kann eine Abkürzung wählen und durch die wenigen Häuser von Le Bac hindurch dem GR 60 in nord-östlicher Richtung folgen. An einer Waldecke wird der Weg wieder auf den GR treffen.

Variante 2 (Abstecher nach Champerboux): Wer hier noch den kleinen Abstecher nach Champerboux machen will, geht geradeaus und folgt der orangen Markierung, die dann nach Sauveterre führt. Westlich von Champerboux noch ein weiterer sehenswerter Dolmen.

1 Blick in das Tal der Jonte

2 Weite Hochflächen auf dem Causse Méjean

3 Blick vom Mont Aigoual über die Höhen der Cevennen

4 Weite Sicht über die Corniche des Cévennes

5 Wildwasser in den Gorges du Tarn

6 Der fast verlassene Ort Castelbouc in den Gorges du Tarn

7 Dorfszene in St-Guilhem-le-Désert

8 Ein typisches Bauernhaus (Ferme) auf dem Causse de Sauveterre

9 Alte Häuser in La Retournade

10 Steingepflasterter Hof in Champerboux

11 Vergangene Pracht: La Malène in der Tarn-Schlucht

12 Auf dem Causse Noir

3 Die alte Brücke in Le Pont de Montvert

4 Küstenstädtchen Gruissan bei Narbonne

15 Olargues am Jaur, überragt vom Donjon aus dem 11. Jh.

16 L'Abîme du Bramabiau, der Abgrund am Rand des Causse Noir

Frühgeschichte auf den Causses

Die frühesten Nachweise menschlichen Lebens auf den Causses sind für das Paläolithikum (Altsteinzeit) belegt. Zwar konnten nur wenige Zeugnisse gefunden werden, sie verraten aber, daß schon Großwild gejagt wurde, vornehmlich vermutlich durch Fallen. In Ascheresten fand man Knochen von Bären, Auerochsen, dem Rhinozeros, aber auch von Pferden und Hirschen sowie erste Waffen und Werkzeuge. Im Hochpaläolithikum scheint der Mensch die Gegend verlassen zu haben, aber vielleicht werden uns weitere Funde eines Besseren belehren.

Auch aus dem Mesolithikum (Mittelsteinzeit) stammen nur wenige Fundstücke. In dieser Epoche geht die Zeit der Jäger zu Ende. Eine klimatische Verschiebung sorgt für eine Erwärmung und damit z. B. für den Rückzug des Rentieres zugunsten der uns vertrauteren Arten wie Hirsch, Reh, Wildschwein oder Hase. Damit Hand in Hand gehende Veränderungen des Baumbestandes (Ausbreitung der Rotfichte und der Eiche) erlauben verstärkt eine pflanzliche Nahrungsaufnahme (Sammeln etwa von Eicheln, Nüssen, auch Beeren). Gräber aber, die informativsten Auskunftsstätten, sind für diese Phase bisher nicht gefunden worden.

Das Neolithikum stellt eine entscheidende Phase in der Frühgeschichte der Menschheit dar. Es ist die Jungsteinzeit, in der der Mensch entscheidende Dinge gelernt hat. War er bis dahin gänzlich von den vorfindlichen Ressourcen abhängig, der Jagd, dem Fischfang und dem Fruchtsammeln, beginnt er nun, seine Nahrung auch selbst zu produzieren. Er entwickelt sich allmählich zum Bauern und Schäfer, kurz gesagt, wird seßhaft. Auf Dauer angelegte Siedlungen werden errichtet, auch eine Art Arbeitsteilung entsteht: Töpfern, Herstellung von Stoffen, Handel ... Parallel dazu ist ein Wachstum der Bevölkerung zu beobachten.

Aus der Zeit des Neolithikums sind Funde in der Ebene des Languedoc reichlich. Einige wenige keramische Fundstücke sind auch auf dem Causse du Larzac und dem Causse Noir gefunden worden. Erste Zeichen für eine Besiedlung des Causse Méjean aber verweisen auf den Beginn des 3. Jahrtausends. Jetzt lassen sich hier Menschen des sog. Chasséen nieder. Dieser Kulturkreis, der fast ganz Südfrankreich erfaßte, wird gekennzeichnet durch einen Typ mediterraner Keramik, die fein, glänzend und gut gebrannt ist. Die Vasen sind mit geometrischen Motiven verziert, die sehr fein eingeritzt sind, was meist erst nach dem Brennen erfolgte. In der Mehrzahl weisen sie auch horizontale Henkel auf. Außerdem läßt sich für diese Zeit eine ausgeprägte Verwendung von Steinwerkzeugen nachweisen, ja geradezu eine Feuersteinindustrie. Weizen, Gerste und einige Gemüsearten wachsen auf den Causses. Ochse, Schaf, Ziege und Schwein bilden die Grundlage der tierischen Nahrung. Die Herden werden von Hunden bewacht. Man kann fast sagen, daß sich dieser sehr frühe Typus des Wirtschaftens auf den Causses bis zum Aufstieg der industriellen Zivilisation erhalten hat.

Mit der Ausbreitung der Chassey-Kultur, »bei der die grazile mediterrane Rasse dominierte« (Sybille von Reden), hat es etwa ab Mitte des 3. Jahrtausends, vermutet man, eine Bevölkerungsexplosion auf den Causses gegeben. Die Steintechnik machte weitere Fortschritte. Neue Metalle tauchen auf: Kupfer, Blei und Gold. Die erhaltenen Grabstätten des ausgehenden Neolithikums sind grandios und sehr gepflegt. Sie zeugen davon, welche Bedeutung man der Totenehrung beimaß. Vermutlich lagen dem magisch-religiöse Vorstellungen zugrunde. Im Umkreis der Gräber wurden Sym-

Menhir auf dem Causse de Sauveterre

bole oder schematische Götterfiguren entdeckt. Auf den Causses war das kollektive Grab in Grotten oder auch unter Dolmen üblich, ein Zeichen der Endphase des Chasséen. In großräumigen Grotten hat man, sorgfältig Seite an Seite gelegt, etwa 300 Skelette gefunden. Die schmalen Steinhöhlen und Dolmenkammern boten nicht so viel Platz, die Verstorbenen mußten also manchmal zusammengeschoben werden. Auch in solchen Kammern wurden bis zu über 300 Menschen gefunden.

In der Nähe dieser Riesengrabstätten gibt es oft eine Vielzahl von kleinen Aushöhlungen, zu denen der Zugang schwierig war und deren Eingang man leicht verstecken konnte. Hier wurden offenkundig immer nur sehr wenige Tote auf einmal beigesetzt, darunter aber ein hoher Anteil an Kindern. Bei den Erwachsenen liegen Männer und Frauen gemischt.

In dieser Zeit wurden viele Dolmen gebaut. Diese Grabstellen – allein auf dem Causse Méjean gibt es über 70 – dienten gut ein Jahrtausend als Gräber. Dazu kommen noch die Menhire auf den Causses – etwa 80 auf dem Causse Méjean –, den Spezialisten immer noch ein Rätsel, weil sie deren Funktion und Bedeutung nicht kennen und Schwierigkeiten haben, sie zu datieren. Neben der Erdbestattung konnte jedoch in einer ganzen Reihe von Fällen Feuerbestattung festgestellt werden.

Über die religiösen und magischen Vorstellungen der damaligen Zeit kann man nur Vermutungen anstellen. Ein merkwürdiges Phänomen ist die Trepanation; dabei wurden menschliche Schädel angebohrt und kleine kreisförmige Knochenstücke herausgesägt. Diese Operation geschah vielfach an lebenden Menschen, wie sich an Schädeldecken zeigt, die gut verheilt sind. Die herausoperierten Knochenteile wurden als Anhänger getragen. Über Zweck und eventuelle religiöse oder magische Ziele dieser überaus kühnen Operation ist nichts bekannt. Vielleicht dienten sie zur Heilung von Kopfkrankheiten oder Verletzungen. »Möglicherweise handelt es sich auch um eine rituelle Verstümmelung, wie sie noch bei Naturvölkern vorkommt« (Sybille von Reden).

14 Schroffe Schluchten – in den Gorges du Tarn

Auf dieser Wanderung durchqueren wir zwei charakteristische Landschaftsformen: die tiefe Schlucht und die kahle Hochebene.

Wichtige Hinweise

Anfahrt: St-Chély-du-Tarn liegt direkt in den Gorges du Tarn am Fluß, allerdings nicht an der Hauptstraße, sondern auf der anderen Seite des Tarn. Man fährt die D 907 (bzw. D 907 bis) bis zu der Brücke nach St-Chély-du-Tarn. Von Ste-Énimie sind es etwa 6 km; von Le Rozier etwa 30 km.

Ausgangspunkt: Parkplatz in St-Chély-du-Tarn.

Dauer: 4:30 Std.

Art: Rundwanderung.

Schwierigkeitsgrad: Mittel.

Orientierung: Einfach.

Wegbeschaffenheit: Teilweise schmale, manchmal auch abschüssige und geröllige Pfade. Ein kurzes Stück Straße.

Höhenunterschied: 530 m.

Bademöglichkeit: Im Tarn bei St-Chély-du-Tarn.

Einkehrmöglichkeit: In St-Chély-du-Tarn.

Kartenmaterial: 1:25 000 IGN Nr. 2639 ouest.

Die **Gorges du Tarn** bilden die große touristische Attraktion der Causses –

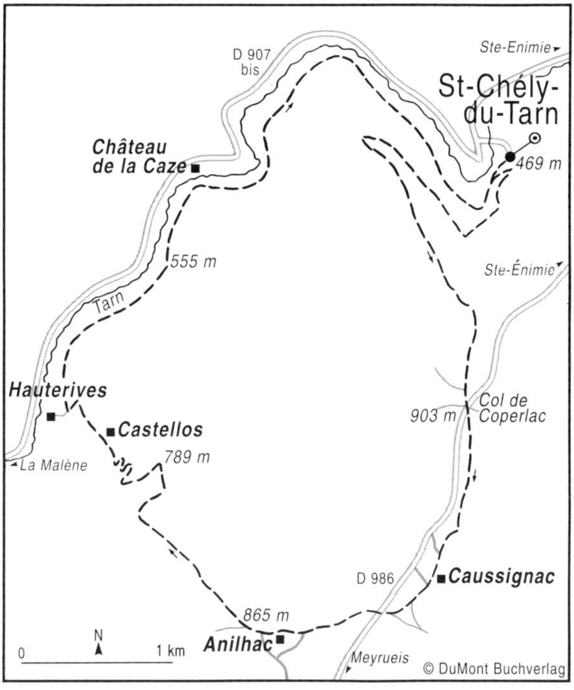

Wanderung 14

weniger die Causses selbst. Auf etwa 50 Kilometern bieten sich in dieser Schlucht immer wieder phantastische Perspektiven und herrliche Aussichtspunkte. Die Gorges du Tarn sind durchaus der rechte Ort für Sommerurlauber und Wasserfreunde. Der Tarn selbst ist in den Sommermonaten ein breiter, langsamer Fluß, der sich aber bei Schneeschmelze oder starken Regenfällen in einen reißenden Strom verwandelt. Fast überall kann man Kajaks oder Kanus mieten, der Rücktransport ist inbegriffen. Auf Gesellschaft im Wasser muß man gefaßt sein, das wird aber dem Vergnügen keinen Abbruch tun. Auch Rafting wird angeboten, eine Flußtour im Schlauchboot. Zu sehen gibt es – außer den Causses natürlich – einige kleine Kirchen, etwa in **Ispagnac** oder **Quérac,** einige nette Orte wie **Ste-Énimie** oder **Malène,** das ich persönlich vorziehe. Einen großen Genuß bietet auch eine Fahrt durch das Flußtal mit einigen atemberaubenden Stellen.

Hinter dem **Col de Coperlac,** auf dem unsere Wanderung die Höhe erreicht, beginnt für Autofahrer eine der beeindruckendsten Panoramafahrten, die die Causses zu bieten haben. Über eine Vielzahl von Serpentinen zieht sich die Straße abwärts nach Ste-Énimie. Immer wieder öffnen sich weite Blicke. Von Ste-Énimie aus kann die Fahrt durch die Gorges du Tarn in Richtung Millau oder in Richtung Florac fortgesetzt werden.

Das Château de la Caze in den Gorges du Tarn

Wir beginnen unsere Wanderung im Tarntal, in dem wir am Schluß der Wanderung noch eine Weile laufen werden, immer am Tarn entlang. Sie verbindet die beiden typischen Formen und Formationen der Gegend; denn eigentlich gibt es nur tief eingeschnittene Täler und kahle Hochebenen. Wir laufen so aus dem Flußtal des Tarn hinauf, bis wir das **Plateau des Causses** erreicht haben. Wir überqueren ihn ein Stück und steigen wieder ins Tal hinab. Die Unterschiede sind mächtig. Unten das rauschende Wasser, rufende und spielende Kajakfahrer, ein belebter Fluß mit grünen Ufern. Die beiden Flußufer bilden einen Kontrast: das Leben spielt sich auf der Seite der Straße ab, ein Stück auch auf dem Fluß. Die Seite zum Causse hin ist ruhig. Hier gibt es keine Straße, und wer die Gorges du Tarn von hier betrachten will, muß fast überall einen großen Umweg fahren.

Kaum hat man die Gorges du Tarn verlassen, kehrt also Stille ein, außer auf den ganz wenigen Durchgangsstraßen. Die Einsamkeit hat uns wieder, das Karge und der Causse Méjean. Vor unserem Abstieg vom Rande des Causse, bei **Anilhac,** liegen überall Steinhaufen, die man in unendlicher Arbeit aus dem Boden liest. Sie zeugen davon, unter welchen Mühen die Äcker bestellt werden. Hier wirken sie fast ›dekorativ‹, da sie sehr hell sind und gut in diese steinige Landschaft passen.

Der Abstieg führt uns steil abwärts durch das Örtchen Castellos und unten am Fluß an den Rand des Weilers **Hauterives.** Der kleine Abstecher lohnt. Das Dorf mit seinen schön restaurierten Häusern ist auch heute noch nur zu Fuß zu erreichen. Und damit der Tourist auch von seinem Auto aus etwas davon hat, wird der Weiler des Nachts angestrahlt.

Wegbeschreibung

Wir durchqueren das Örtchen **St-Chély-du-Tarn** aufwärts auf der Straße. Am Ortsausgang hört die Asphaltierung auf. Nach einer Kehrtwende gleich eine Weggabelung. Wir gehen hier links. Auf dem Weg rechts werden wir am Ende zurückkehren. Der Weg macht eine weitere Spitzkehre und steigt stetig an. Man hat schöne Blicke auf St-Chély und in die Gorges du Tarn. Eine weitere Kehre. Bald erscheint die Straße, die wir am **Col de Coperlac** überschreiten (1:30 Std.). Wir haben jetzt den Causse Méjean an seiner Nordseite erobert.

Wir biegen in die kleine Straße nach Mas St-Chély ein – hier steht in der Nähe ein Dolmen – die wir nach etwa 100 Metern wieder Richtung Caussignac nach rechts verlassen (ein kleiner Weg, schlecht zu sehen). Rechts verläuft die D 986. Wir folgen dem von Hecken gesäumten Weg, manchmal ober- und manchmal unterhalb der Hecken auf **Caussignac** zu, dessen Häuser schon zu sehen sind. Wir treffen auf eine kleine Asphaltstraße (1:45 Std.), auf der wir den Ort durchqueren.

Am Ortsausgang (1:55 Std.) verlassen wir die Straße, die rechts abbiegt, und gehen auf einem Feldweg geradeaus weiter. Wir biegen dann rechts in einen weiteren Feldweg ein, der zur Straße führt (2:05 Std.). Über die Straße gehen wir geradeaus nach Anilhac, das wir schon vor uns liegen sehen. Wir durchqueren **Anilhac** (2:15 Std.). Bei einem kleinen Platz (Kreuz) gehen wir rechts. Der Asphalt hört auf. Bei der nächsten Gabelung wieder rechts (2:20 Std.).

Wir bleiben auf dem Hauptweg und laufen auf die Gorges du Tarn zu. Bald stehen wir an einem Waldrand, zugleich dem Rand des Causse (2:40 Std.). Wir steigen scharf rechts ab. Ein teilweise sehr schmaler und steiniger Pfad führt uns abwärts über den Weiler **Castellos** (3:00 Std.), den sehr schöne Häuser schmücken und der von einer Burgruine gekrönt ist, bis zu einem Querweg (3:10 Std.), der links nach wenigen Metern nach **Hauterives** führt. Wir halten uns rechts, immer am Tarn entlang.

Der Weg ist manchmal frei, mit schönen Blicken auf den Tarn, manchmal bewaldet und schilfig, manchmal hoch über dem Tarn, manchmal am Flußufer. So steigt er auf und ab. Wir kommen wieder an die vom Aufstieg bekannte Gabelung, halten uns links und sind kurz darauf wieder unten in St-Chély-du-Tarn (4:30 Std.).

15 Felsvasen auf dem Causse Méjean

Oberhalb des Tarn und der Jonte kommen wir an den berühmten Felsvasen vorbei.

Wichtige Hinweise

Anfahrt: Von Meyrueis durch das Tal der Jonte Richtung Westen über die D 996 bis Le Rozier. Von Millau durch das Tarntal über die N 9 bis Aguessac, dann über die D 907 bis Le Rozier. Von Ste-Énimie durch die Gorges du Tarn über die D 907 bis Le Rozier.

Ausgangspunkt: Von der Tarnbrücke kommend, teilt sich die Straße in Le Rozier sogleich. Hier Parkmöglichkeiten. Bei dieser Gabelung, direkt vor einer kleinen Neubausiedlung, beginnt der GR 6 A, dem wir zunächst folgen.

Dauer: 4:50 Std.; in der Variante etwa 5:30 Std.

Art: Rundwanderweg.

Schwierigkeitsgrad: Mittel; in der Variante schwer.

Orientierung: Leicht, z. T. GR-Markierungen.

Wegbeschaffenheit: Z. T. bequeme breite Wege, z. T. schmal und etwas geröllig. Vor allem an den Gorges de la Jonte entlang ist der Weg teilweise sehr schmal, der Abhang ins Tal manchmal lotrecht abfallend.

Anmerkung: Die Wanderung ist ungefährlich und beliebt. Aber sie enthält einige schmale und ›luftige‹ Abschnitte über den Kletterwänden der Jonte.

Variante: Beim Abstieg (ggf. auch beim Aufstieg) kann man statt des bequemeren Weges den *Sentier Jean Brunet* wählen. Er ist wesentlich schwieriger und nur dem wirklich geübten schwindelfreien Wanderer zu empfehlen, der auch etwas klettern möchte.

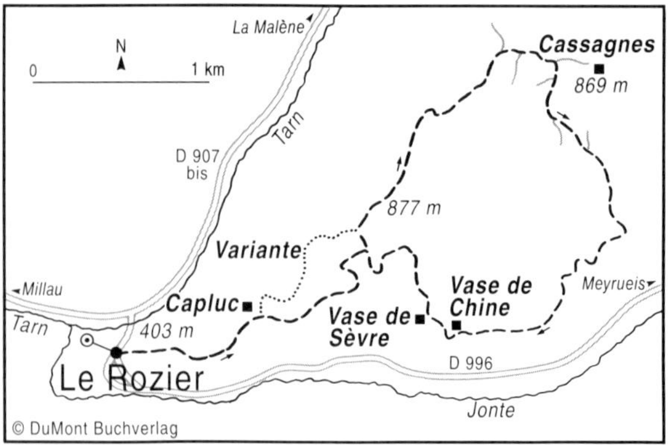

Wanderung 15

Hinweis: Die Wanderung kann mit einem Teil der Wanderung Nr. 16 zu einer Streckenwanderung von St-Pierre-de-Tripier nach Le Rozier verknüpft werden. Das nicht beschriebene Zwischenstück: Ab dem Punkt, an dem man zur Beobachtung der Geier einbiegt, folgt man dem GR weiter bis nach Cassagnes. Kurz hinter Cassagnes stößt man auf den hier beschriebenen Weg, der dann über dem Jontetal nach Le Rozier führt.
Kartenmaterial: 1:25 000 IGN Nr. 2540 est.

Le Rozier liegt am Zusammenfluß von Jonte und Tarn, als Ausgangspunkt für Exkursionen in die Gorges du Tarn oder auf einen der Grands Causses bestens geeignet. Auf drei Seiten erheben sich der Causse Méjean, der Causse Noir und der Causse de Sauveterre.

Wir beginnen unsere Wanderung im Tal und steigen auf den Causse Méjean hinauf, den ich als den attraktivsten und abwechslungsreichsten der Causses empfinde. Er ist sehr klar geschnitten: Im Norden und Westen wird er durch die Gorges du Tarn begrenzt, im Süden durch das Tal der Jonte und im Osten durch den Tarnon. Erstaunlicherweise fehlen vom Plateau Zuflüsse zu den Begrenzungsflüssen des Tarn und der Jonte. Das Regenwasser wird zu schnell von den Böden und unterirdischen Höhlen und Wasserläufen aufgenommen. So entspringen hier auch nur wenige Quellen, die sich bald wieder verlieren und an anderer Stelle in den Tälern wieder auftauchen. Das gilt auch für die größeren Flüsse: die Jonte verschwindet an einer Stelle im Boden und erscheint später wieder.

Die unendlich lange Arbeit der Flüsse, die sich in Jahrmillionen in den Boden eingefressen haben, hat dazu geführt, daß der Causse Méjean fast überall von Steilhängen begrenzt wird, die oft lotrecht zu den Flüssen abfallen. Deshalb ist auch der Zugang über die Straßen so schwierig. Seinen höchsten Punkt erreicht der Causse Méjean im Osten mit 1278 Metern, um im Westen auf um die 800 Meter abzufallen. Hier wächst nur wenig, einige Fichten und Eichen, etwas Getreide. Demgegenüber gedeihen im Tal der Jonte Wein und Mandelbäume.

Wie auch in den Tälern und auf den Höhen der Cevennen war der Widerstand gegen die deutsche Besatzungsmacht während des Zweiten Weltkrieges hier sehr stark. Man wehrte sich, verborgen auf unzugänglichen Höhen und in abgelegenen Bauernhäusern. Vor allem deutsche Antifaschisten, in der Mehrzahl Kommunisten, aber auch Jugoslawen und vor allem Spanier, die hier mit der einheimischen Bevölkerung zusammen kämpften, hatten es sehr schwer. Denn sie waren und blieben Deutsche, die man zunächst mit Mißtrauen betrachtete. Außerdem haftete ihnen der Geruch von Vaterlandsverrätern an, da sie sich am Partisanenkrieg gegen die deutschen Truppen beteiligten. Aber im Lauf der harten Kämpfe legten sich diese Bedenken. Die gemeinsamen Ziele und die gemeinsam durchlittenen Gefahren waren stärker. Nach dem Kriege sind viele der Überlebenden hier geblieben.

Der Tarn bei St-Chély-du-Tarn

1991 kündigte ein deutscher Fernsehsender an, er wolle einen Film über die Jahre des Widerstands in den Cevennen drehen. Der Verband der alten Widerstandskämpfer forderte deshalb alle *Anciens Résistants* auf, dem Kamerateam den Aufenthalt und die Dreharbeiten zu erleichtern. Dieser Verband, die *Association Départementale des Anciens de la Résistance,* lud in dem gleichen Brief ein, zahlreich zu der jährlichen Zeremonie zu erscheinen. Es heißt dort weiter: »Von dem ersten Maquis, der im April 1943 in Bonnecombe von Otto Kühne und seinen Genossen organisiert worden war, bis zur Bildung der 104. Kompanie M. O. I. in den Cevennen Anfang April 1944 war unser Weg von sehr schmerzhaften Ereignissen gekennzeichnet, aber auch von unvergeßlichen Umständen brüderlicher Solidarität angesichts der Gefahren. Wir wünschen uns, daß es das Fernsehen durch die Bilder und die Zeugnisse, die heute noch möglich sind, der Nachkriegsgeneration erlauben möge, sich ein Bild von der harten Wirklichkeit des Kampfes dieser Ausnahmefrauen und -männer zu machen«.

In La Parade auf dem Causse Méjean war es der Gestapo gelungen, gegen die Widerstandskämpfer einen harten Schlag zu führen. Verrat war im Spiel, vielleicht auch nur die Folter. Hier findet die jährliche Zeremonie des Widerstandskämpferbundes statt.

Wegbeschreibung
Wir gehen das Treppchen aufwärts (GR) bis zu einem breiteren Weg, dem wir halblinks aufwärts folgen. Er führt dann, breiter werdend, hinter einer Ansiedlung vorbei bergauf

(0:25 Std.). Wir folgen dem GR weiter durch ein altes verlassenes Dorf (0:45 Std.). Das Niveau bleibt eine Weile gleich. Zwischendurch andere Markierungen, die wir nicht beachten. Unterhalb des **Rocher de Capluc,** dessen Gipfelkreuz schon von weitem zu sehen ist – man kann den Gipfel auch besteigen –, steigt der Weg in Serpentinen wieder an (1:10 Std.) und windet sich allmählich zum Gipfel hinauf. Bei einer Abzweigung (1:40 Std.) gehen wir links. An dieser Stelle mündet der Rundweg später wieder auf den Aufstiegspfad – es ist auch möglich, den Bogen in entgegengesetzte Richtung zu schlagen.

Bald haben wir den höchsten Punkt (Gedenktafel) erreicht (1:50 Std.). Wir

St. Chély im Tal des Tarn

folgen dem GR weiter (Wenige Meter später biegt ein kleiner Weg links ab. Hier beginnt der Alternativ-Abstieg für den Rückweg, mündet also der Sentier Jean Brunet wiedcr auf den GR). Bei der nächsten Gabelung gehen wir oberhalb (2:10 Std.). 10 Minuten später eine weitere Gabelung mit einem weißen Wegstein: hier rechts. Kurz darauf geht es geradeaus weiter. Auf einem breiten Weg, noch immer dem GR, treffen wir wenig später einen Weg, dem wir links aufwärts folgen (2:25 Std.). Kurz darauf ein Kreuzweg mit einem weißen Wegstein.

Hier verlassen wir den GR und halten uns rechts Richtung *Corniches de la Jonte* und *Vase de Sèvres*. Auf einem breiten Forstweg durch Kiefernwald erreichen wir bald den Felsabhang über dem Tal der Jonte (2:40 Std.). Wir laufen immer am Abhang entlang, es gibt keinen anderen Weg. Er verläuft manchmal näher am Rand, manchmal weiter von ihm entfernt. Der Weg ist an manchen Stellen sehr eng, ab und zu steil. Ein steiniger Abstieg zwischendurch ist etwas anstrengend (3:25 Std.). Wir passieren ein eisernes Törchen und kommen zu einem Felsen, dem man nach seiner Form den Namen *Vase de Chine* (chinesische Vase) gegeben hat. Teilweise fällt der Hang steil zur Jonte ab. Kurz darauf der zweite vasenförmige Felsen, die *Vase de Sèvres* (3:35 Std.). Wir folgen dem Weg, bis wir wieder den Aufstiegspfad treffen, den GR (3:50 Std.) (Variante!). Hier fällt der Weg wieder ab bis Le Rozier (4:50 Std.).

Variante: Abstieg über den Sentier Jean Brunet.

Warnung: Dieser Abstieg ist schwierig, wenn auch sehr reizvoll. Er ist aber kein Wanderweg, sondern eher ein Kletterpfad, der dann wieder auf den GR trifft.

Wegbeschreibung: Wir steigen von dem Kreuzungspunkt, an dem wir wieder auf den GR treffen, wieder bis zu dem Kamm mit der Gedenktafel auf. Dort folgen wir dem GR noch wenige Schritte in Richtung auf das Tarntal und biegen dann links ab (Markierung: rote Striche). Auf sehr schmalen Pfaden steigen wir steil durch Felsen ab. Wir kommen zu einer sehr großen Felsvase, bei der wir uns der Markierung folgend nach rechts aufwärts halten.

Der nächste Abschnitt ist recht schwierig. Meist gibt es keinen Weg mehr, sondern nur noch Felsen, in denen man sich seine Route selbst suchen muß. Anhaltspunkte sind immer die roten Markierungen, rote Punkte und Striche. Wir klettern abwärts, immer wieder öffnet sich der Blick in die Tiefe und Weite. Wir laufen ein Stück über einen Felsgrat. Dann geht es wieder steil abwärts (0:30 Std. des Abstiegs).

Bald darauf wird es wieder schwierig. Es geht fast lotrecht durch die Felsen. Wir kommen an einem Aussichtspunkt vorbei (0:45 Std. des Abstiegs). Dann führt der Weg steil abwärts und erreicht über ein Treppchen den GR (1:00 Std. des Abstiegs). Von hier noch etwa 0:40 Std. bis zum Ausgangspunkt in Le Rozier.

16 Geierflug um die Arcs de St-Pierre

Dieser Spaziergang führt uns durch eine charakteristische Causse-Landschaft, vorbei am prähistorischen Dorf und den Naturbögen Arcs de St-Pierre zu den wilden Geiern.

Wichtige Hinweise

Anfahrt: Der kürzeste Weg führt von Millau oder Meyrueis durch das Jontetal über die D 996 bis nach Le Truel. Von dort steigt eine kleine, sehr kurvige Straße (Achtung auf Gegenverkehr!) bis nach St-Pierre-des-Tripiers auf. Diese kleine Straße ist nicht jedermanns Sache. Weniger abenteuerlich, dafür länger: etwa 2 km östlich von Le Truel führt eine kleine Straße auf den Causse hinauf. Man folgt ihr einige Kilometer bis zu einer Gabelung, an der man links Richtung La Volpilière und St-Pierre-des-Tripiers abbiegt. Von Ste-Énimie fährt man über den Tarn und auf der D 986 bis nach La Parade. Dort rechts ab, drei Kilometer über die D 63, dann nach rechts über La Volpilière nach St-Pierre-des-Tripiers.

Ausgangspunkt: Die Kirche von St-Pierre-des-Tripiers.

Dauer: 2:30 bis 3:00 Std.

Art: Rundwanderweg.

Einsames Gehöft in den Gorges du Tarn ▷

Wanderung 16

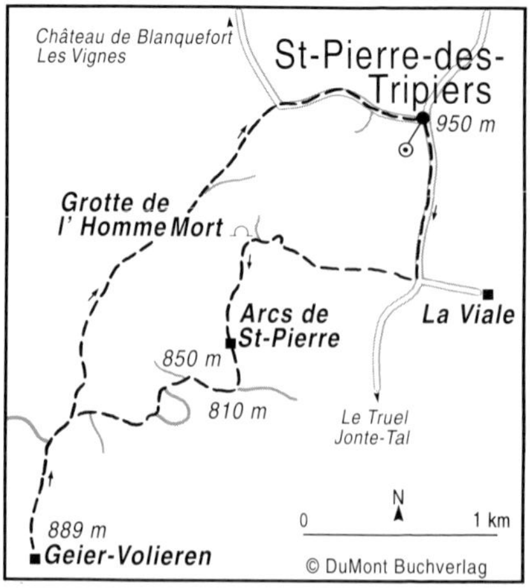

Schwierigkeitsgrad: Leicht.
Orientierung: Einfach. Im ersten Teil durch kleine rote Punkte markiert (nicht sehr häufig). Im zweiten Teil rot-weiße GR-Markierung.
Wegbeschaffenheit: Zu Beginn und am Ende wenig befahrene Asphaltstraße. Weg meist breit, größtenteils sandig, ein kurzes Stück schmal und steinig.
Höhenunterschied: 160 m.
Hinweis: St-Pierre-des-Tripiers ist ein einsames, sehenswertes typisches Causse-Dörfchen. Man kann guten Käse kaufen (Chèvre).
Kartenmaterial: 1:25 000 IGN 2640 ouest.

Sollten Sie nicht den steilen Weg über Le Truel gewählt haben, sondern über **La Volpilière** nach St-Pierre-des-Tripiers fahren, so müssen Sie diesem kleinen Dörfchen wenigstens etwas Aufmerksamkeit schenken.

Wunderschöne alte Causse-Häuser, sich gegen Wind und Wetter abschirmende, hinduckende kleine Bauten, ein alter Backofen, zerfallende Zäune – und ringsum nur die Weite. Typisch für die alten Häuser auf dem Causse Méjean sind ihre dicken und schier undurchdringlichen Mauern. Sie sind aus dem Stein des Landes gebaut, und die Wohnungen sind meist nur durch eine äußere Treppe zugänglich. Der Kalkstein wird nicht nur für die Mauern benutzt, sondern auch für die Dächer. Die Fenster sind klein, und die Häuser wirken trotz ihrer manchmal beachtlichen Größe schwer und massig. Oft liegt eine Platte auf dem Schornstein, fast das einzige dekorative Element. Jedes Haus verfügt über eine Zisterne in der Nähe der Küche, in die das Wasser mit raffinierten Vorrichtungen und von möglichst jeder Stelle geleitet wurde.

Auch **St-Pierre-des-Tripiers** ist solch ein typischer Causse-Ort. Er liegt etwa 950 Meter hoch, so daß der erste Abschnitt unserer Wanderung schöne Blicke über die wellige Hochebene bietet. Auffallend viele Bäume sind hier recht stark in Mitleidenschaft gezogen.

Die Bezeichnung **Grotte de l'Homme mort,** die Grotte des Toten Mannes, ist kein Phantasiename. Im letzten Jahrhundert wurden in ihr über 50 menschliche Skelette gefunden. Ein großer Teil der aufgefundenen Schädel war mit einer Trepanation versehen worden (s. S. 130).

Anders **Le Village préhistorique,** das prähistorische Dorf, das von Frühhistorikern nicht für prähistorisch gehalten wird. Der Ort allerdings ist hinreißend schön. Eine helle Lichtung, Felsen und Mauern oder Mauerreste, Licht überall, trotz der Bäume, die auf der Fläche stehen, höhlenartige Formationen in den Felsen: was liegt näher, als anzunehmen, daß der Ort schon in Vorzeiten besiedelt war.

Daß uns die Natur hier verwöhnt, zeigt sich wenige Schritte später wieder: Wir stehen vor den **Arcs de St-Pierre.** Diese Kalksteinbögen hat die Natur im Laufe von Jahrmillionen gebildet. Aufgrund einer unterschiedlichen Zusammensetzung des Gesteins – es ist an manchen Stellen härter, an anderen weicher –, wird der weichere Stein im Lauf der Zeit herausgespült. Die härteren Teile widerstehen Wind, Sonne und Regen besser und bilden so die unterschiedlichsten Formen.

Die Wiedereinführung des Geiers auf dem Causse Méjean

Im Lauf der letzten Jahrhunderte sind durch den Menschen in den Cevennen und auf den Causses eine große Zahl von Tierarten ausgerottet worden; so etwa das Reh im 15. Jh., der Bär im 16. Jh., der Hirsch im 18. Jh., der Wolf und der wilde Geier im 20. Jh. Aber nachdem der Mensch mehr und mehr Anbauflächen aufgegeben hat und sich aus diesen Gebieten weiter zurückzieht, die Wälder sich wieder weiter ausdehnen können, ist eine Regeneration mancher dieser Arten möglich geworden. Im Nationalpark wurden der Hirsch, das Reh, der Auerhahn und der Biber wieder eingeführt. Und auch der Geier ist mit Erfolg wieder heimisch gemacht worden.

Bis 1940 lebte der große Aasvogel mit einer Spannweite von etwa 2,80 m noch im Gebiet der Täler von Tarn und Jonte. Aber aus mehreren Gründen war er dann ganz verschwunden. Die Züchter achteten aus hygienischen Gründen stärker darauf, tote Tiere zu entfernen; dieses Aas stellte aber die Hauptnahrung der Geier dar. Dann war es in Mode gekommen, den spektakulären Vogel einfach abzuschießen. Außerdem legte man immer mehr Gift aus, vor allem gegen Füchse, an dem dann auch die Geier verendeten.

Seit den 60er Jahren hegten dann einige Ornithologen die Idee, den Geier wieder einzuführen. Der Plan konnte ab 1970 in Zusammenarbeit mit dem Nationalpark verwirklicht werden. Bis 1986 wurden 76 Geier geborgen. In Zusammenarbeit mit Spanien – in den Pyrenäen gibt es noch beachtliche Geierpopulationen – bargen die Naturschützer verletzte, vergiftete, behinderte Geier und brachten sie hierher. Unterstützung kam sogar von manchem Zoo. Die Tiere wurden in die Volièren gebracht, die man am Rande des Causse Méjean – oberhalb von Le Truel im Tal der Jonte – eingerichtet hatte.

1981 wurden die ersten Vögel freigelassen. Schon 1985 zählte man 52 wilde Geier, darunter 12 Paare, unterschiedlichen Alters. Inzwischen hat auch eine ganze Reihe von jungen Geiern das Licht der Welt in Freiheit erblickt. Die Fläche, in der die Geier sich bewegen, dehnt sich etwa über 100 km^2 aus. Dabei bilden die Volièren, die sie auch heute noch nutzen, den Mittelpunkt. Hier finden sie nach wie vor ihre hauptsächlichen Ruhe-, Schlaf- und Nistplätze. Auf Nahrungssuche gehen sie im großen und ganzen in der Nähe. Denn man hat nicht weit entfernt einen ›Aasplatz‹ eingerichtet, den sie auch aufsuchen. Normalerweise fliegen sie in den Tälern der Jonte und des Tarn im Umkreis von 10 bis 30 km. Es kommt aber auch vor, daß sich die Tiere sehr weit entfernen und in anderen Regionen bleiben. Aber auch heute noch sind sie gefährdet, vor allem durch elektrische Leitungen und den Straßenverkehr.

Täler eignen sich sehr gut als Lebensraum für Geier. Sie bevorzugen große Räume mit weiten Blicken, Schluchten, Abhänge, Wind und Sonne. Letzteres ist besonders wichtig. Denn der Geier fliegt weniger aus eigener Kraft durch seinen Flügelschlag, vielmehr nutzt er wie ein Segelflugzeug Luftströme aus, um zu schweben. Bei Sonneneinstrahlung entsteht durch die Täler ein Temperaturunterschied zwischen den Luftschichten, der Aufstiegsströmungen erzeugt, die sich die Geier zunutze machen.

Der Abstecher zu den Geiern (s. »Die Wiedereinführung des Geiers«, S. 143) ist sehr zu empfehlen. Mit etwas Glück kann man sie ganz aus der Nähe sehen. Am besten ist es wohl, den Ort morgens aufzusuchen, aber manchmal ist auch der morgendliche Besuch vergeblich. Ein besonderes Erlebnis ist es für mich immer, wenn die Geier in großer Anzahl auf mich zufliegen und dann über meinen Kopf hinweggleiten. Mit ihren riesigen Schwingen wirken sie furchterregend. Unwillkürlich verspüre ich den Impuls, in Verteidigungsstellung zu gehen. Aber dieses Gefühl vergeht schnell, und die Faszination siegt. Die Vögel aber ziehen majestätisch weiter.

Einer der Arcs de St-Pierre

Wegbeschreibung

Wir verlassen **St-Pierre-des-Tripiers** auf der kleinen Straße in Richtung Le Truel, also nach Süden. Nach etwa 1 km erreichen wir die Abzweigung nach La Viale. An dieser Stelle verlassen wir die Straße und biegen rechts in einen Fahrweg ein. Wir folgen dem Hauptweg, bis er eine große Linkskurve beschreibt. Hier steigen wir auf einem kleinen Pfad halbrechts leicht abwärts (0:25 Std.). Der Weg führt nun in die Felslandschaft um die Arcs de St-Pierre.

Wenig später beschreibt er eine Rechtskurve in einer Mulde, um sodann gleich wieder nach links leicht anzusteigen. Rechts die sog. **›Grotte des toten Menschen‹** (0:35 Std.). Wir folgen dem Weg weiter über den höchsten Punkt und steigen in einen kleinen Taleinschnitt ab. Kurz darauf stehen wir auf einer herrlichen Lichtung mit Felsen und einzelnen Mauerstücken. Man nennt den Platz **Village Préhistorique,** das vorgeschichtliche Dorf. Wir lassen ihn rechts liegen und gelangen sogleich zu den **Arcs de St-Pierre,** durch Erosion aus dem Kalkstein gewaschene Naturbögen.

Wir gehen an ihnen vorbei bzw. unter ihnen hindurch und steigen auf einem schmalen und steinigen Pfad ab, bis wir auf einen breiteren Fahrweg treffen (1:00 Std.). Wir verlassen ihn wieder, wo er in einer Linkskurve leicht ansteigt. Hier gehen wir auf einem kleinen Weg geradeaus weiter, stoßen kurz darauf wieder auf den Fahrweg, dem wir nach rechts folgen. Wir bleiben auf ihm, bis wir auf einen breiten, von rechts kommenden Querweg stoßen (1:20 Std.).

Hier machen wir einen interessanten Abstecher zu dem Punkt, an dem zu Beginn der 80er Jahre wilde Geier wieder eingeführt wurden. Um zu ihnen zu gelangen, folgen wir dem Fahrweg (GR 6A) noch einige hundert Meter weiter. Unübersehbar biegt dann ein Weg nach links ab (davor befindet sich ein kleiner Parkplatz), der direkt zu den Geiervolièren führt (1:35 Std.).

Wir gehen nun den gleichen Weg (GR 6A) wieder zurück bis zu dem Punkt, wo wir auf die breite Fahrstraße gestoßen waren (1:45 Std.). Wir bleiben auf dieser, halten uns also links. Wir folgen ihr weiter und erreichen dann die Asphaltstraße (2:15 Std.), die rechts nach St-Pierre führt (2:30 Std.).

17 Tiefe Höhlen – beim Aven Armand

Wir laufen von der Höhle des Aven Armand, die auf jeden Fall einen Besuch lohnt, über breite Wege bis Hyelzas (Bauernmuseum); von da ab geht es über kleinere romantische Wald- und Wiesenwege wieder zurück.

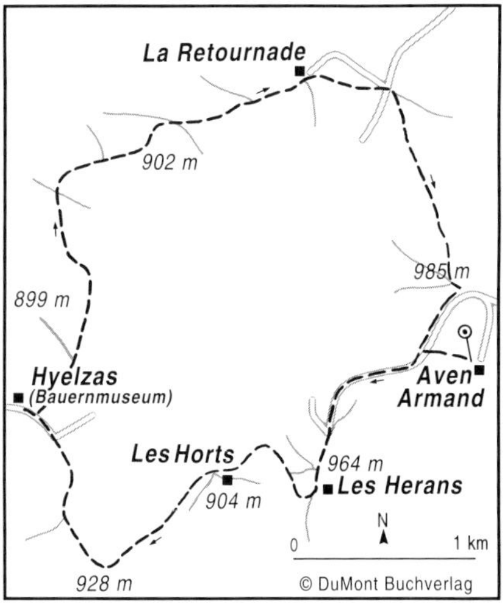

Wanderung 17

Wichtige Hinweise
Anfahrt: Von Meyrueis aus etwa 10 km über die D 986 in Richtung Ste-Énimie. Dann nach links zum Aven Armand (ausgeschildert). Von Ste-Énimie fährt man auf den Causse Méjean hinauf und dann rechts ab (ausgeschildert).
Ausgangspunkt: Parkplatz der Höhle Aven Armand.
Dauer: 3:00 Std.
Art: Rundwanderweg.
Schwierigkeitsgrad: Leicht.
Orientierung: Leicht. Bis Hyelzas rotweiße GR-Markierung.
Wegbeschaffenheit: Zu Beginn und am Ende Asphaltstraße. Breite Fahr- und Forstwege. Ein Stück zugewachsen.
Höhenunterschied: 90 m.
Ausrüstung: Die Wanderung bietet sehr wenig Schatten. Gegebenenfalls sollte man sich gegen die Sonne schützen.
Am Weg: Die Grotte Aven Armand und das Bauernmuseum von Hyelzas.
Kartenmaterial: 1:25 000 IGN Nr. 2640 ouest.

Ein Besuch der **Höhle Aven Armand** ist empfehlenswert (s. S. 147). Das Gleiche kann von einer anderen Sehenswürdigkeit gesagt werden, die an unserem Weg liegt, dem **Bauernmuseum in Hyelzas,** dem *Musée de la vie rurale,* der *Ferme d'autrefois.* Seine Besonderheit besteht darin, daß es nicht in einem alten Bauernhof untergebracht ist, sondern daß dieser selbst das Museum ausmacht.

Besonders interessant sein Inneres, die Küche, die Stube und die Schlafzimmer. Hier gewinnt der Besucher einen sehr guten Eindruck von dem damaligen Leben. Die vielen Zuleitungen zur Zisterne des Hauses, die neben der Küche liegt, machen auf das Problem der Wasserversorgung in dieser wasserarmen Gegend aufmerksam. In den Ställen befindet sich noch das Werkzeug von damals, Zaumzeug, Körbe und Rechen. Die anderen Nebengebäude sind ebenfalls gut ausgestattet und sorgfältig beschildert. Gelungen ist auch die Photoausstellung in einer Scheune, die das Leben auf den Causses zu Beginn des Jahrhunderts ins Bild setzt.

Dieser typische Bauernhof des Causse ist im Stil der Gegend erbaut. Er setzt sich aus verschiedenen Gebäuden zusammen, die durch äußere Treppen verbunden sind. Gut ist noch zu erkennen, daß die Hauptwärmequelle, also die Heizung des Hauses, der Kuhstall war, über dem sich die Wohnräume befanden.

Die kleinen Orte, von denen wir auf der Wanderung mehrere durchqueren, sind nur spärlich bewohnte, charakteristische Weiler. In einigen sind inzwischen ›Sommerfrischler‹ am Werk, was am deutlichsten vielleicht in **La Retournade** zu sehen ist. Hier erkennt man aber auch, wie es eigentlich nur dauernder Arbeit und Mühe zu verdanken ist, wenn die Orte bewohnbar und zugänglich bleiben.

Wegbeschreibung

Am nordwestlichen Ende des langgestreckten Parkplatzes der **Höhle Aven Armand** führt ein kleiner Weg längs alter Leitungen bis zur Asphaltstraße, der man nach links folgt (rot-weiße GR-Markierungen). Die Straße biegt rechts nach Hyelzas ab, wir gehen

Der ›Dolmen des Riesen‹ beim Aven Armand

Die Höhle Aven Armand

Die Grotte Aven Armand wird von vielen als die schönste auf dem Causse angesehen – und das bei einer großen Konkurrenz. Wer sie besucht hat, wird dem zustimmen. Mit einer Zahnradbahn geht es abwärts in eine Höhle von ungeheuren Ausmaßen. Ein phantastischer Raum mit eigenartigen Gebilden, ganzen Wäldern von Stalagmiten. Manche erreichen nie gesehene Höhen. In dieser Höhle hätte die Kirche Notre-Dame von Paris leicht Platz. In der Nähe der Mitte des Raumes, unter dem Loch, durch das die ersten Forscher hier eindrangen, sind alle Stalagmiten zerschlagen. Die Höhle diente früher als Abfallgrube der Bauern, die durch das Loch alles hinunterwarfen.

Der große Höhlenforscher der Causses war Edouard-Alfred Martel (1859–1938). Zugelassen am Handelsgericht in Paris, suchte er in ausgedehnten geologischen Studien Entspannung von seiner Arbeit. Er war fast in ganz Europa unterwegs und kannte alle berühmten Grotten und Höhlen. Ab 1889 unternahm er eine systematische Erfassung der Causses, die weithin ganz unbekannt waren. Immer wieder aufs neue erforschte er unter Einsatz seines Lebens unterirdische Höhlen. Die technische Ausrüstung war im Vergleich zu den heutigen Möglichkeiten sehr dürftig: einige Seile, Strickleitern und Karbidlampen. Die Seile waren außerordentlich schwer und in ihrer Reißfestigkeit manchmal nicht ganz zuverlässig. Doch seine Unternehmungen waren erfolgsgekrönt. Er entdeckte eine große Anzahl bis dahin unbekannter unterirdischer Naturschönheiten, die sich niemand hatte vorstellen können.

Martel war aber nicht nur ein Abenteurer, wie seine große Anzahl von Veröffentlichungen über die Ergebnisse seiner Forschungen verdeutlichen. Für die Causses waren seine Erkenntnisse über die unterirdischen Wasserläufe besonders wichtig.

Seine Exkursionen in die Höhlen der Causses unternahm er nicht alleine, sondern in Begleitung des Schlossers Louis Armand aus Le Rozier. Dieser entdeckte 1897 das große, den Bauern seit altersher bekannte Bodenloch, das ihm sehr vielversprechend zu sein schien. Kurz darauf begann die Erforschung der Höhle. Armand stieg als erster hinunter, nachdem eine Überprüfung eine Tiefe von 75 m ergeben hatte. Er war völlig begeistert und fand sie schöner als die Grotte von Dargilan. Die Höhle nannte Martel nach seinem Mitarbeiter ›Armand‹, der bald auch Eigentümer der Grotte werden sollte. Aber erst nach Überwindung einer Reihe von Hindernissen wurde die Grotte 1927 der Öffentlichkeit zugänglich gemacht. Grotten gehören in Frankreich normalerweise Privatpersonen. Es ist ganz in ihr Belieben gestellt, ob sie die Grotte öffnen wollen oder nicht. Für Publikumsverkehr müssen aber eine Reihe von Voraussetzungen erfüllt sein, vor allem was die Sicherheit betrifft.

Auf den Causses und auch an den Rändern der Cevennen ist die Anzahl der Höhlen groß, alle das Werk des Wassers. Die Entstehung der Höhle Aven Armand kann man sich etwa folgendermaßen vorstellen: Zunächst dringt Wasser durch kleine Risse und Spalten in den Kalkboden ein und führt allmählich zu Korrosionen. Die Risse werden im Lauf der Zeit größer. Durch Erosion und Ablösungen des Wassers dehnen sich auch die unterirdischen Räume immer mehr aus. Diese Zerstörungsarbeit führt dazu, daß sich herausgewaschene Steine und Erden ablösen und den Abfluß der Höhle allmählich versperren. Das Wasser zersetzt im Lauf der Zeit diese Materialien immer weiter. Zugleich bilden sich durch kalkgeladene Wassertropfen langsam Ablagerungen, die der Höhle in Jahrmillionen ihre heutige Gestalt geben.

La Retournade

geradeaus weiter (0:15 Std.), durch das Dörfchen **Les Herans** hindurch (Gleich rechts das erste Haus bietet einen sehr guten bäuerlichen Mittagstisch. Voranmeldung empfohlen). Die Asphaltierung hört auf. Hinter dem Ort halten wir uns rechts. Man sieht hier schon den weiteren Weg, der etwa auf gleicher Höhe an **Les Horts** vorbei auf das Jontetal zuläuft. Wir folgen ihm und erreichen das Dorf **Hyelzas** mit dem Bauernmuseum (1:00 Std.).

Nach dessen Besuch gehen wir wieder zurück bis zum Ortsausgang und biegen vor einem Steinkreuz links in eine breite Fahrstraße. Wenige Minuten später biegen wir nach rechts in einen steinigen, von Hecken gesäumten Weg ab, der das Tälchen durchquert und uns in einen kleinen Wald führt. Auf dem Kamm (1:25 Std.) gehen wir geradeaus weiter. Wir folgen dem Weg, der am Rande eines Feldes leicht ansteigt, bis zu einem breiteren Weg, dem wir nach rechts folgen (1:35 Std.). Wenig später, bei einer Weggabelung nach links, ist der Weg nur noch angedeutet. Er führt über Wiesen und Felder und an wunderschönen Plätzen vorbei, die zum Verweilen einladen. 10 Minuten später treffen wir auf einen Weg, dem wir nach rechts folgen.

Nach weiteren 5 Minuten haben wir das kleine verwilderte **La Retournade** erreicht (1:55 Std.). Wir durchqueren den kleinen Weiler und biegen kurz hinter einem Kreuz rechts ab. Der Weg ist stark zugewachsen, läuft zwischen zwei Steinmauern aufwärts und ist manchmal etwas schwierig zu sehen und zu begehen. Wir gehen immer geradeaus aufwärts und treffen oben wieder auf eine Asphaltstraße (2:20 Std.). (Wer diesen etwas wilden und zeitintensiven Teil vermeiden will, folgt der Straße aus dem Ort heraus, bis er weiter oben auf die Straße trifft.) Hier steht ein kleines Steinkreuz.

Wir überqueren diese Asphaltstraße und schlagen einen breiteren Weg ein, den wir sogleich wieder nach rechts gegen einen Schotterweg eintauschen. Nachdem wir einen Wald durchquert haben, biegen wir kurz vor einer sich öffnenden Lichtung, die schon zu sehen ist, in einen schönen Waldweg

rechts aufwärts (2:45 Std.). Ein Stück weiter oben folgen wir einem breiten Fahrweg nach links. Dieser trifft auf die Asphaltstraße, auf der wir bis zum Parkplatz der Höhle Aven Armand absteigen (3:00 Std.).

18 Der Fuchs am Rande des Causse Noir

Durch eine der typischen Causse-Landschaften steigen wir ab in die Gorges du Trévezel, um dann über eine alte Draille Lanuéjols wieder zu erreichen.

Wichtige Hinweise

Anfahrt: Von Meyrueis in Richtung Süden auf der D 986. Nach ca. 6 km rechts in die D 47 einbiegen, der man bis nach Lanuéjols folgt.

Ausgangspunkt: Der große Platz in Lanuéjols.
Dauer: 2:30 Std.
Art: Rundwanderweg.
Schwierigkeitsgrad: Leicht bis mittel.
Orientierung: Leicht. Durchgängige Markierung des *Parc National des Cévennes:* schwarzer Fuchs auf grünweißem Schild.
Wegbeschaffenheit: Bequeme, breite Wege. Zwischendurch schmale Waldwege. Ein Stück Asphaltstraße am Schluß.
Höhenunterschied: 270 m.
Picknick- und Badegelegenheit: Bei der alten Mühle von Randavel im Tal des Trévezel.
Kartenmaterial: 1:50 000 IGN Nr. 2640.

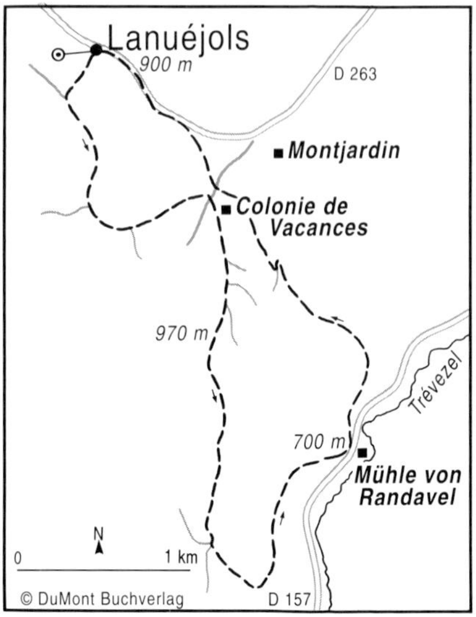

Wanderung 18

Lanuéjols ist ein kleines, verlassenes Dorf auf dem Causse Noir, aber trotzdem dessen größter Ort. Hier finden wir die einzige noch arbeitende Lavendeldestillation der Gegend. Manchmal steht die Maschine auch in Meyrueis auf dem Markt, dann duftet alles nach Lavendel. Früher erstreckten sich in dieser Region ausgedehnte Lavendelfelder, aber die starke Konkurrenz, vor allem aus der Provence, hat den Lavendelanbau fast zum Erliegen gebracht. Die Lavendelessenz ist nicht nur Grundsubstanz für die meisten Eau de toilette, weshalb sie in der Parfumindustrie eine große Rolle spielt. Sie ist auch hilfreich gegen Verbrennungen, Rheumatismus, Erkältungen .... An der Straße, die uns wieder nach Lanuéjols hineinführt, kommen wir an einigen Lavendelfeldern vorbei.

Der Causse Noir, vermutlich der unbekannteste der an sich schon wenig bekannten Causses, grenzt im Osten an den Mont Aigoual. Aber wie anders sieht er aus: kurzes Gras; Buchsbaum; Steinformationen, die da und dort unerwartet aus dem Boden auftauchen; kleine und große Dolinen, meistens bewirtschaftet; im Westen mehr Fichtenbestand, im Osten die kahle Ebene um Lanuéjols herum. Herrliche kleine Weiler, von denen manchmal nur ein Schornstein zu sehen ist, so sind sie in den Hügeln verborgen und eingegraben.

Zwei Sehenswürdigkeiten ziehen die Aufmerksamkeit an: zunächst die **Grotte von Dargilan,** die rosa Grotte in der Nähe von Meyrueis mit ihren vielfältigen Farben, einzigartigen Tropfsteinfiguren und Wasserfällen aus Stein. Und dann das Steinchaos von **Montpellier-le-Vieux,** ausgewaschene Felsen, die aus der Ferne den Eindruck einer Stadt vermitteln können. Inzwischen ist das Stück Natur eingegrenzt, und alle Felsen haben einen Namen erhalten, vom Kopf der Königin Victoria bis zur Sphinx. Die Wege sind markiert, und wer seinen Obulus entrichtet hat, erhält einen Plan, auf dem sie eingezeichnet und die Felsnamen notiert sind.

Unsere Route führt uns zunächst über den kahlen Causse bei Lanuéjols, um dann in das Tal des Trévezel abzusteigen, wo es immer kühl und frisch ist. Der Aufstieg führt uns durch Wald auf einer alten Draille des Causse Noir. Wieder auf der Höhe, kommen wir an einem Bauernhof vorbei, der als Milchsammelstelle für Schafsmilch dient, die dann nach Roquefort gebracht wird.

Das ›Mykenische Tor‹ von Montpellier-le-Vieux

Wegbeschreibung

Vom Hauptplatz aus gehen wir Richtung Campingplatz La Lavande und nehmen das ausgetrocknete Bachbett, das links neben dem Campingplatz verläuft. Wir folgen dem Bachbett bis zu einer kleinen Brücke (Asphaltstraße) und biegen hier links ab (0:10 Std.). Der Sportplatz bleibt rechts liegen. Nach wenigen Metern verlassen wir die Straße, die rechts abbiegt, und gehen geradeaus weiter an Äckern und Weiden vorbei. Von rechts ein Weg, wir halten uns links (0:25 Std.).

Der Weg führt uns nun zu einer kleinen Asphaltstraße (0:35 Std.). Das Dorf **Montjardin** kommt in Sicht. Wir biegen nach rechts auf die Colonie de Vacances (Kinderferiensiedlung) und den Wald zu. An der Waldecke verlassen wir die Straße und gehen am Waldrand geradeaus. Der Blick öffnet sich (1:00 Std.). Wir sehen links das Gebiet des Trévezel, auf dreiviertel Höhe liegt Compieu. Etwas weiter rechts ragt die steilabfallende Felswand der Gorges de Trévezel auf. Darüber, deutlich sichtbar, ein kleines Plateau, auf dem Getreide angebaut wird. Direkt unterhalb des Weges eine für die Causse typische Doline.

Etwas später beschreibt der Weg einen großen Bogen. Ein Hügel liegt direkt vor uns. Wir biegen links auf einen kleinen Pfad ein. Der Weg führt zwischen zwei Dolinen entlang, rechts eine Hecke. Am Ende der oberen Doline gehen wir 30 bis 40 Meter links abwärts über eine Wiese. Wir halten uns halbrechts. Der inzwischen schmal gewordene Weg führt uns durch Kiefern- und Eichenwald abwärts. Wir stoßen auf einen Querweg, dem wir nach links folgen (1:15 Std.).

Bald erscheint rechts die Felswand der Gorges du Trévezel, die wir schon von oben gesehen hatten. Unter uns liegt die Talstraße. Wir sehen die

Typisches Steinhäuschen auf dem Causse Noir

heute nicht mehr bewirtschaftete Mühle von Randavel, in deren Nähe wir vorbeikommen (1:35 Std.). (Hier führt ein Weg zur Mühle abwärts, die man in wenigen Minuten erreichen kann: Man kommt zur Straße, hält sich rechts und folgt nach 50 Metern dem Weg, der zum Trévezel abwärts führt. Der niedrige Fluß, der bei Schneeschmelze oder großen Regenfällen gefährlich werden kann, hat ein steiniges Ufer. Oberhalb ist eine Wiese, die sich für ein Picknick eignet.) Zurück zum Hauptweg.

Der Weg steigt ab jetzt an, ein schmaler Pfad, der manchmal etwas schwierig zu begehen ist. Rechts sieht man die Straße nach Montjardin. Wir durchqueren ein Bachbett und erreichen kurz darauf die Straße (2:05 Std.). Wir folgen ihr um die nächste Linkskurve und biegen 200 Meter nach der Kurve in eine alte Draille ein, einen breiten Weg.

Wir kommen aus dem Wald heraus (2:20 Std.) und stoßen kurz darauf auf die kleine Straße, die wir vorhin schon gelaufen sind – sie führt zur *Colonie de Vacances*. Wir überqueren sie halbrechts und folgen dem landwirtschaftlichen Weg bis zur Straße Montjardin–Lanuéjols. Dieser folgen wir, an einem Lavendelfeld vorbei, bis wir Lanuéjols wieder erreichen (2:30 Std.).

19 Im Land der Templer – La Couvertoirade

Unser Weg führt quer durch den Causse du Larzac.

Wichtige Hinweise
Anfahrt: Von der großen N 9, die Montpellier und Millau verbindet, biegt man, von Süden kommend, hinter Le Caylar rechts ab.
Ausgangspunkt: Einer der beiden Parkplätze von La Couvertoirade.
Dauer: 4:10 Std.
Art: Rundwanderweg.
Schwierigkeitsgrad: Leicht.
Orientierung: Mittel. Im ersten Teil rot-weiße GR-Markierung.
Wegbeschaffenheit: Breite Wege, manchmal schmale Pfade. Bei Le Caylar ein Stück Asphaltstraße.
Höhenunterschied: 140 m.
Einkehrmöglichkeit: In Le Caylar und La Couvertoirade.
Ausrüstung: Auf unserer Strecke sind wir Sonne und Wind ausgesetzt.
Kartenmaterial: 1:25 000 IGN Nr. 2642 ouest.

La Couvertoirade, mitten auf dem Causse du Larzac gelegen, ist ein kleines befestigtes Dorf, das früher im Besitz der Templer war. Es gehörte zur Komturei Ste-Eulalie. Die Templer verfügten im Larzac aufgrund von Schenkungen über ausgedehnte Besitzungen. Zu ihrer Zeit war der Ort nicht befestigt, die Verteidigungsanlagen wurden erst im 15. Jh. errichtet. 1880 zählte der Ort noch 362 Einwohner, heute sind es knapp 150, nachdem die letzten Jahre einen kleinen Aufschwung gebracht haben. Die meisten der Einwohner sind Kunsthandwerker, die ihre Töpfer- oder Webateliers hier eingerichtet haben.

Von den noch erhaltenen mittelalterlichen Bauten hinterlassen vor allem die großen Befestigungsanlagen und ihre Wehrtürme einen starken Eindruck. Gut erhalten ist auch eine Reihe von Häusern, die allerdings z.T. erst aus dem 17. Jh. stammen. Von dem alten Schloß der Templer ist nur noch das etwas verfallene untere Geschoß erhalten. Der in der zweiten Hälfte des 12. Jh. errichtete Bau hatte früher 2 Stockwerke.

Wanderung 19

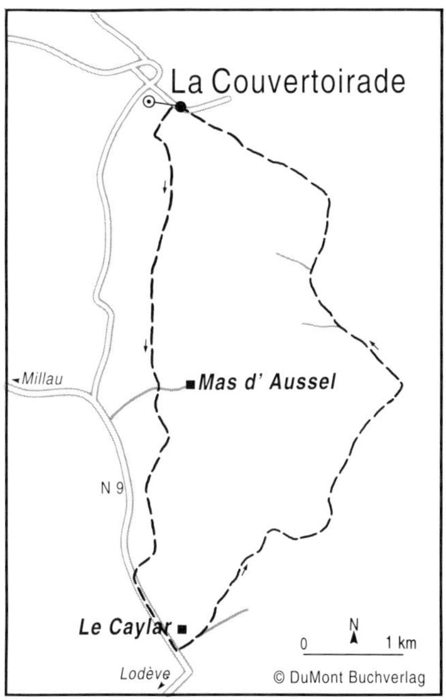

Interessant ist die alte kleine Kirche gegenüber dem Schloß auf einem Felsen. Wie man deutlich sieht, ist sie auf Verteidigung eingestellt. Der Schlußstein ihres Chores zeigt eine Blume mit 6 Blättern, die eine Lilie darstellen soll, vermutlich eine symbolische Darstellung Marias. Die Lilie als Schmuckelement soll es auch schon im Tempel des Salomon zu Jerusalem, dem ersten Sitz der Templer, gegeben haben. Rechts und links des Chores zwei Diözesan-Stelen, wie man sie auch auf dem benachbarten Friedhof entdeckt.

Ihre Besonderheit liegt darin, daß sie keine Kreuze tragen, sondern Räder oder Scheiben, die auf einem längeren Fuß stehen. In den Rädern allerdings sind Kreuze dargestellt. Man interpretiert sie als Sonnenräder, also als Symbole aus vorchristlicher Zeit. Zugleich sind sie auch Symbole des Rings als eines Kreises, der das auf ewig Zusammengebundene versinnbildlicht. Das zeigt, wie weit das Christentum hier noch alte Elemente bewahrt hat. Zugleich bezeugt sich in der Symbolik auch der Glaube des Verstorbenen an die Auferstehung, denn das christliche Sonnenrad repräsentiert auch Christus als das Licht der Erlösung.

Der Name von La Couvertoirade ist von der Wortbedeutung her nicht eindeutig. Sicher dürfte nur sein, daß etwas *couvert* ist, also bedeckt, verdeckt. Dabei kann es sich um Wald gehandelt haben, der die Gegend bedeckte, oder um Stein, der hier verborgen lag, oder auch um Wasser, also eine versteckte Quelle.

Der **Causse du Larzac** ist der größte der Causses und wirtschaftlich stark von dem in der Nähe gelegenen Roquefort abhängig, wo Schafsmilch zur Käseproduktion verwendet wird. Aber er hat seine Berühmtheit nur indirekt den vielen Schafen zu verdanken, die hier herumziehen. Vielmehr war er in den 70er Jahren das Objekt erbitterter politischer Auseinandersetzungen. Damals war aus dem Verteidigungsministerium durchgesickert, daß das auf dem Causse du Larzac gelegene Militärgelände von 3000 auf 17000

Wachtürme in La Couvertoirade

Hektar erweitert werden sollte. Hier sollte ein Teil der französischen Atomraketen stationiert werden. Von diesem Projekt waren etwa 500 Bauern und Schäfer betroffen, die in der Region ihre Tierzucht unterhielten. Sie wären enteignet und von ihrem Land vertrieben worden und begannen deshalb, Widerstand zu leisten.

Bei solchen Aktionen geht man in Frankreich oft nicht sehr zimperlich und vorsichtig vor. Die Methoden sind etwas härter, als das bei uns üblich ist. Der ›Bund der 103‹ verpflichtete sich, kein Land zu verkaufen. Die Schäfer zogen mit ihren Herden vor Präfekturen und Polizeistationen, die so völlig blockiert wurden. Man rief zum Steuerstreik auf und schickte die Wehrpässe zurück. Auf dem in Aussicht genommenen Gelände wurde ein großer Stall gebaut. Leerstehende Höfe, die die Militärverwaltung bereits gekauft hatte, wurden besetzt, Büros gestürmt und Akten verbrannt. Einige zogen mit Schafen nach Paris, um dort gegen das Projekt zu demonstrieren. Der Protest weitete sich aus und fand international Beachtung.

Der Widerstand war schließlich erfolgreich. Nicht nur juristisch wur-

den einige Erfolge verbucht, auch politisch war die Regierung in der Defensive und verpachtete einen Teil der Ländereien wieder. Und Präsident Mitterand, der im Wahlkampf versprochen hatte, das Projekt zurückzuziehen, wenn er Präsident werden sollte, hielt sein Versprechen.

Wegbeschreibung

Wir gehen von einem der Parkplätze an der alten Stadtmauer entlang bis zum Südtor der Anlage; an ihrem Nordtor befindet sich der offizielle Eingang. Dort halten wir uns rechts, leicht abwärts und folgen der rotweißen Markierung des GR 71A. Nach wenigen Minuten gehen wir bei einer Gabelung links.

Bei einem Querweg (0:10 Std.) halten wir uns links leicht aufwärts. Der Weg ist zunächst rechts und links bewachsen. Wir halten uns Richtung Süden. Die Markierungen sind oft spärlich und schlecht zu sehen. Der Weg ist manchmal nicht deutlich zu erkennen, aber immer zu finden (mitunter kleine Steinhäufchen).

Bei einer Abzweigung nach rechts gehen wir geradeaus weiter (0:30 Std.). Bei zwei bald darauf folgenden Gabelungen halten wir uns jeweils links, überqueren einen Weg und gehen geradeaus über eine Art Lichtung, etwas querbeet. Wir treffen dann wieder auf einen Pfad (0:50 Std.) und gehen geradeaus.

Bald darauf kommen wir zu einem asphaltierten Fahrweg, der zu dem Bauernhof **Mas d'Aussel** führt, der schon länger zu sehen gewesen war. Wir gehen etwa 20 m auf diesem Asphaltweg und halten uns dann rechts querfeldein, lassen das Mas links liegen. Kurz darauf stoßen wir am Rande der Weide auf einen zunächst etwas schlecht zu sehenden Weg, der rechts und links bewachsen ist. Wir befinden uns noch auf dem GR.

Bei einer Gabelung (1:15 Std.) gehen wir rechts und folgen dem Hauptweg weiter, der dann eine rechtwinklige Linkskurve beschreibt. Wir folgen ihm jetzt auf schmalen Pfaden. Einsame Plätze laden zum Verweilen ein.

Es geht durch Felsen hindurch. Wir treffen auf eine Fahrstraße (1:45 Std.), die uns nach links bis zu der N 9 bringt, der wir bis **Le Caylar** (2:10 Std.) folgen.

Wir durchqueren den Ort auf der Hauptstraße, kommen am Grand Hôtel du Larzac vorbei und biegen dahinter in die nächste kleine Straße nach links ein. (Wer Lust hat, sollte den Felsen besteigen, an dessen Fuß Le Caylar liegt. Von oben hat man einen herrlichen Blick über den Causse.)

Vor der Kirche biegen wir rechts ab (2:15 Std.). Der Weg führt aus dem Ort heraus. Wir lassen den Fußballplatz rechts liegen. Die Asphaltstraße hört auf. Wir bleiben weiter auf dem Hauptweg, bis wir zu einem Gatter kommen (3:00 Std.), an dem ein Schild hängt *Attention aux chevaux* (Achtung Pferde!). Wir gehen durch das Gatter und kommen kurz darauf zu einer Art Scheune oder Stallgebäude, an dem wir rechts vorbeigehen. (Die Pferdeherden, die uns hier gegebenenfalls begegnen, sind erfahrungsgemäß ungefährlich. Trotzdem bitte Vorsicht! Ruhig und langsam bewegen! Die Tiere nicht erschrekken.)

Wir gehen nun durch die Senke zwischen den beiden Hügeln, die wir vor uns haben. Der Weg verliert sich manchmal etwas. Wir durchschreiten ein weiteres Gatter (3:10 Std.). Der Weg hört auf. Wir sind immer noch in dem umzäunten Gelände und gehen jetzt längs des Zauns zu unserer Linken geradeaus weiter, etwa Richtung Nord-Westen.

Am Ende der Weide, wo zwei Zäune zusammenstoßen, klettern wir über den Zaun (3:20 Std.) und folgen der Andeutung von Weg geradeaus. Wir kommen an einer Doline vorbei, hinter der wir uns rechts halten, um dann bei einem weiteren Weg links zu gehen (3:25 Std.). Kurz darauf (3:30 Std.) stoßen wir auf einen größeren Weg, dem wir nach links folgen. La Couvertoirade kommt in Sicht, und wir haben den Ort bald wieder erreicht (4:10 Std.).

Glanz und Niedergang des Ordens der Templer

Der Orden der Templer, gegründet Anfang des 12. Jh. zum Schutz der Pilger und Pilgerwege im Heiligen Land, ist auch heute noch sagenumwoben, unzählige Geschichten und Legenden ranken sich um Entstehung und ›Geheimnis‹ der Templer. Doch welches es auch immer sein mag: Noch heute, so wird behauptet, bestehen Geheimbünde, die für sich reklamieren, das Geheimnis der Templer zu bewahren und fortzutragen.

Der Name dieses Ordens geht auf den Ort zurück, der ihnen durch den christlichen König von Jerusalem nach dem ersten Kreuzzug als Sitz zugewiesen worden war, den Tempel Salomons in Jerusalem. Ihre Aufgabe war die Sicherung der Pilgerpfade im Heiligen Land, sie verstanden sich als Krieger Christi im mönchischen Sinne. Das dürfte auch einer der Hauptgründe dafür sein, daß sich Bernard von Clairvaux so sehr für sie eingesetzt hat; denn die Verbindung von Kampf und mönchischer Tugend war im Zeitalter der Kreuzzüge eine überwältigende Vorstellung.

Die Idee eines solchen Ordens war etwa 1118/19 entstanden. Bereits 1129 wird die vom Heiligen Bernard für die Templer redigierte Regel auf dem Konzil von Troyes angenommen. Wenig später legt der Papst in einer Bulle den Grundstein für den späteren Erfolg und Reichtum des Ordens. Er gewährt ihm eine Reihe ungewöhnlicher Privilegien, die den Templern von Anfang an jedoch auch viele Feinde geschaffen haben. So wird der Orden von der bischöflichen Rechtsprechung ausgenommen und von der Verpflichtung zur Leistung von Steuern befreit. Er erhält das Recht, Oratorien zu bauen und Friedhöfe anzulegen. Es versteht sich, daß der Klerus von dieser massiven Einschränkung seiner Rechte wenig begeistert war.

Gleichzeitig entfalten die Templer eine rege wirtschaftliche Tätigkeit. Von Anfang an werden sie zudem mit frommen Schenkungen von Pilgern bedacht, im Heiligen Land wie in Europa. Ihr Grundbesitz wächst. Aus den ersten 30 Jahren des Bestehens des Ordens sind etwa 600 Schenkungsurkunden erhalten – die Hälfte von ihnen betrifft das Languedoc und die Provence! Das erkärt das unerwartete Auftreten der Templer in einer Gegend wie dem Causse du Larzac.

Durch diese Schenkungen wird der Orden der Tempelritter reich. Seine Ländereien sind über ganz Frankreich verteilt. Mit den Einkünften aus der feudalen Ausbeutung des Bodens, meist durch die ansässigen Bauern, finanziert der Ritter seine militärische Präsenz in Palästina. Insgesamt zählte man am Ende des 13. Jh. über 9000 Komtureien.

Ihr Reichtum beruhte auch noch auf einer anderen Tätigkeit: sie waren als Bankiers mit einem über ganz Europa gespannten Filialnetz zunächst für Pilger, dann aber auch für Fürsten und Könige tätig. Die Tempel des Ordens dienten als Depots für Pilger und Kreuzfahrer. Da der Orden überall seine Niederlassungen hatte, konnte der Pilger bei sich zu Hause eine bestimmte Summe hinterlegen. Dafür wurde ihm eine Bestätigung ausgestellt. Im Heiligen Land konnte er dann gegen diese Bestätigung wieder Bargeld erhalten. Sein Geld war damit auf den durchaus nicht ungefährlichen Pilgerfahrten oder Kreuzzügen in Sicherheit. Die Templer fungierten so als eine Art Wechselbank. Als Militärmacht verfügten sie zudem über eine eigene bewaffnete Flotte, so daß sie Geldtransporte ohne Schwierigkeiten abwickeln konnten. Bald gaben sie Darlehen, nahmen Pfänder usw. Da die Mächtigen der Zeit immer auf Geld angewiesen waren, wandten sie sich auch an den Orden. So wird in Frankreich das Haus der Templer in Paris zum Zentrum der königlichen Finanzverwaltung. Dieser enge Zusammenhang zwischen Orden und Krone wird besonders deutlich, als die Krone den Orden offiziell in das Amt des Schatzmeisters beruft.

Diese enge Zusammenarbeit mit der Krone hat aber vielleicht mit zu ihrem Untergang beigetragen. Denn am Freitag, dem 13. Oktober 1307, schlug die Stunde der Templer: auf Anordnung Philipp des Schönen wurden sie gleichzeitig in ganz Frankreich verhaftet. Die Überraschung war vollständig, nur sehr wenigen gelang die Flucht. Wenige Monate später starben Großmeister Jacques de Molay und fast alle Würdenträger auf dem Scheiterhaufen.

Bis heute sind die Gründe dieser ungeheuren Aktion des Königs gegen seine ehemaligen Schatzmeister umstritten. Die wesentlichsten Vorwürfe, die gegen die Templer erhoben wurden, waren folgende: die Leugnung Christi als des Erlösers und die Schändung des Kreuzes; die Anbetung der teuflischen Katze; obszöne sexuelle Praktiken. Wieweit diese Vorwürfe, aus Ketzerhandbüchern nur zu gut bekannt, berechtigt waren, läßt sich nicht mehr feststellen. Daß hie und da einzelnen Templern Verfehlungen anzulasten waren, ist wahrscheinlich, aber ganz und gar nichts Überraschendes, vor allem aber kein Grund für die Auflösung des Ordens. Andererseits kamen viele ›Geständnisse‹ von Templern unter der Folter oder unter Androhung der Folter zustande. Das Hauptziel des Königs scheint auf wirtschaftlichem Gebiet gelegen zu haben, denn das große Ordensvermögen war sofort von königlichen Beamten beschlagnahmt worden. Das Schicksal des Templerordens war besiegelt.

Die geschickte Politik Philipp des Schönen vernichtete den Orden. Der Papst ordnete in einer Bulle an, sie auch in anderen europäischen Ländern zu verhaften – was viele Herrscher zwar nicht befolgten. Doch die meisten Ländereien gingen an den Orden der Johanniter, die späteren Malteser, über.

Um Montpellier

Das Languedoc erstreckt sich von der Rhône bis zur Garonne. Seine beiden wesentlichen Metropolen sind Toulouse als die Hauptstadt des Haut Languedoc und Montpellier als die Hauptstadt des Bas Languedoc. Letzteres stellt sich als ein Küstenstreifen von etwa 40 Kilometern Breite dar. Der nördliche Teil dieses Streifens ist die Garrigue, die sich auf einer Höhe von etwa 200 bis 400 Metern bewegt. Der südliche Teil unter der Garrigue ist eine sandige Ebene, charakterisiert durch die vielen Étangs, die sich an der Küste dem Land vorgelagert hinziehen. Hier bedecken auch unendliche Weinberge das Land, nur wenige Erhebungen ragen aus dieser Ebene empor. Zu ihnen zählt auch das Kalksteinplateau der Gardiole, das wir uns erwandern. Zur Garrigue gehört auch das nördliche Hinterland von Montpellier vor Gignac sowie das Plateau von Puechabon.

20 Wilhelm, der Kurznasige – bei Puechabon

Auf unserem Rundweg erleben wir ein schönes Beispiel bäuerlicher Architektur in Montcalmès und sehen St-Guilhem-le-Désert aus ungewohnter Perspektive.

Wichtige Hinweise
Anfahrt: Von Montpellier nach Gignac auf der N 109; in Gignac rechts ab auf der D 32 über Aniane nach Puechabon. Im Ort auf der Höhe des Kruzifixes links abbiegen, dann sofort wieder rechts bis zur Nouvelle Bergerie (Ende der Asphaltstraße; Haus mit tief heruntergezogenem Dach). Dort ausreichend Parkmöglichkeiten.
Ausgangspunkt: Nouvelle Bergerie.
Dauer: 3:40 Std.
Art: Rundwanderweg.
Schwierigkeitsgrad: Leicht.
Orientierung: Leicht. Lokale Markierung: gelber Strich.
Wegbeschaffenheit: Meist breite Fahrwege. Ein Stück schmaler Pfad. Etwas schotterig.
Höhenunterschied: 160 m.
Kartenmaterial: 1:25 000 IGN Nr. 2643 est.

Aniane, der kleine Ort, durch den wir von Gignac aus kommen, war einst eine der bedeutendsten Abteien von Frankreich. Benedikt von Aniane, Reichsabt unter Ludwig dem Frommen und erster großer Reformabt des Benediktinerordens, hat sie hier im 9. Jh. erbauen lassen.

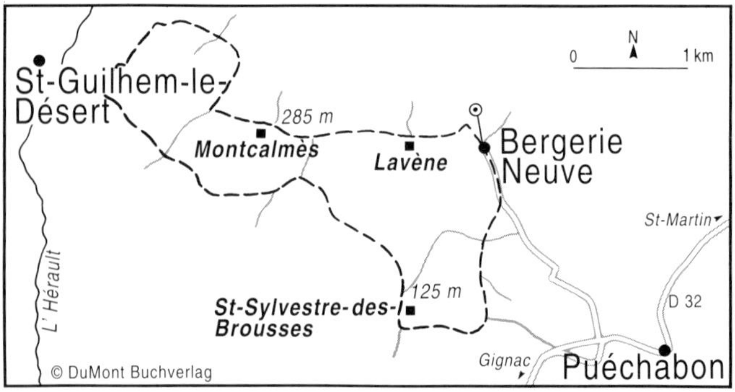

Wanderung 20

Auf unserer Wanderung machen wir zuerst mit einem typischen, wenn auch verfallenen Dorf Bekanntschaft, **Montcalmès.** Hier lebt niemand mehr. Der Ort war Benedikt von Aniane von Karl dem Großen überlassen worden. Heute sind von dem Schloß nur noch Spuren der mächtigen Mauern zu finden. Wer die Ruinen durchstreift – mit der gebotenen Vorsicht, alles ist sehr baufällig – wird fasziniert sein: Alte Torbögen, leere Fensterhöhlen, große Wände, gewölbte Zimmerdecken. Alles wurde aus Stein gearbeitet. Vergangenes Leben, das heute nicht mehr zählt und nur noch als Erlebnis Wert besitzt.

Wir kommen an zwei *Lavognes* vorbei, natürlichen Tränkstellen für die Tiere, von der Natur geschaffen. Durch Absenkungen sind diese kleinen Erdlöcher entstanden. Eine wasserundurchlässige Tonschicht hindert das Wasser hier daran, so schnell wie an anderen Stellen zu versickern.

Unser Weg am oberen Rande des Plateaus zeigt uns **St-Guilhem-le-Désert** aus einer ungewohnten Perspektive. Wir sehen den sich die Schlucht hinaufschlängelnden Ort mit den eng aneinander geduckten Häusern, der ganz eigenartig am Eingang einer wilden Schlucht liegt, um die Abtei herumgebaut.

In St-Guilhem-le-Désert

Der Dorfplatz von St-Guilhem-le-Désert

Guilhem, Wilhelm, nach dem der Ort benannt ist, war ein Frankenfürst. Genannt der Kurznasige, Enkel von Karl Martell, Kampfgefährte von Karl dem Großen, bewährte er sich in den vielen Kriegen des fränkischen Kaisers. Er erobert Aquitanien wieder und schlägt die Sarazenen bei einem ihrer Einfälle im Rhônetal. Als er nach einer gewonnenen Schlacht bei Barcelona wieder nach Hause kommt, findet er seine geliebte Frau tot vor. Er zieht sich vom Waffenhandwerk zurück und bleibt noch als Ratgeber bei Karl dem Großen. Bald darauf beschließt er, sich ganz zurückzuziehen, und gründet auf den Rat seines Freundes Benedikt von Aniane das Kloster von Gellone. Karl der Große schenkt dem Kloster die wertvolle Reliquie eines Splitters des Heiligen Kreuzes, ›drei Daumen lang‹. Guilhem führt ein heiliges Leben und stirbt 812. Nach seinem Tod wird der Ort nach ihm benannt und bald darauf zur ersten wichtigen Station auf einem der Pilgerpfade nach Santiago de Compostela, der in St-Gilles beginnt.

Wegbeschreibung

Wir gehen von der **Nouvelle Bergerie** in Fahrtrichtung auf dem Weg weiter. Er steigt leicht an. Wir kommen durch **Lavène** mit seiner alten Schäferei (0:15 Std.), die nur zum Teil bewohnbar ist – der Rest sind Ruinen. Bei einer Gabelung (0:25 Std.) gehen wir auf dem Hauptweg geradeaus weiter und bleiben ihm auch bei einer Reihe weiterer Abzweigungen treu. Kurz darauf gehen wir bei einer Gabelung rechts (0:30 Std.).

Wir sehen schon die Dächer des verlassenen Weilers **Montcalmès,** den

Puechabon

wir kurz darauf durchqueren. Der Höhenzug des romantischen St-Guilhem-le-Désert zeigt sich vor uns. Der Weg ist schon eine Weile geschottert. Wir verlassen ihn (1:10 Std.) und biegen nach rechts in einen Pfad ein, der direkt nördlich auf das Gebirge zuläuft. Wir treten bald aus dem Wald heraus und laufen oberhalb des Hérault-Tales auf einem kleinen Pfad, der am Westrand des Plateaus verläuft. Wir kommen an einer Antenne vorbei (1:30 Std.) und folgen dem breiten Weg nach links. Eine Reihe von Abzweigungen, wir bleiben auf dem Hauptweg, folgen ihm bis zu einer großen Kreuzung, bei der wir links gehen. Wieder eine Reihe von Abzweigungen. Wir überqueren eine weitere Kreuzung (2:05 Std.) und gehen geradeaus weiter.

Links sehen wir jetzt aus anderer Perspektive sehr schön Montcalmès liegen. Kurz darauf folgen wir einem

Weg nach rechts abwärts (2:10 Std.). Bei der folgenden Gabelung gehen wir links (2:20 Std.). Der Weg steigt in das Tal ab. Wir folgen ihm bis zur **Kapelle St-Sylvestre** (2:45 Std.). Dahinter halten wir uns links, steigen etwas abwärts, überqueren eine kleine Brücke und steigen geradeaus aufwärts.

Wir erreichen einen kleinen Paß (3:00 Std.) und eine Kreuzung, an der wir links gehen. Man sieht jetzt schon den Kirchturm vom Puechabon. Ab hier dient uns ein roter Strich als Markierung. Wir folgen diesem Weg, halten uns dann bei einer Gabelung rechts (3:15 Std.) und treffen wenig später auf die Asphaltstraße (3:15 Std.). Wir gehen links und erreichen wieder unseren Ausgangspunkt (3:40 Std.).

21 Blicke in die Ferne – in den Ruinen des Château d'Aumelas

Über den hügeligen Causse d'Aumelas erreichen wir die majestätischen Ruinen des Schlosses von Aumelas.

Wichtige Hinweise
Anfahrt: Von Montpellier die N 109 in Richtung Lodève. Nach St-Paul-et-Vallemalle, etwa 7 km vor Gignac, nach links einbiegen. Bei der nächsten Abzweigung wieder links (auf der D 114 Richtung Cournouteral). Etwa 4,5 km hinter der Abzweigung links ein Bauernhof (Bergerie de Clapisse). Nach knapp einem weiteren Kilometer geht rechts ein Weg ab. Hier steht ein kleiner Baum.
Ausgangspunkt: Bei dem kleinen isolierten Baum an der Abzweigung.
Dauer: 2:45 Std.
Art: Rundwanderweg.
Schwierigkeitsgrad: Einfach.
Orientierung: Leicht. Lokale Markierung: Gelbe Striche.
Wegbeschaffenheit: Bequemer Fahrweg. Ein kleines Stück steinig, teilweise schmale Pfade.

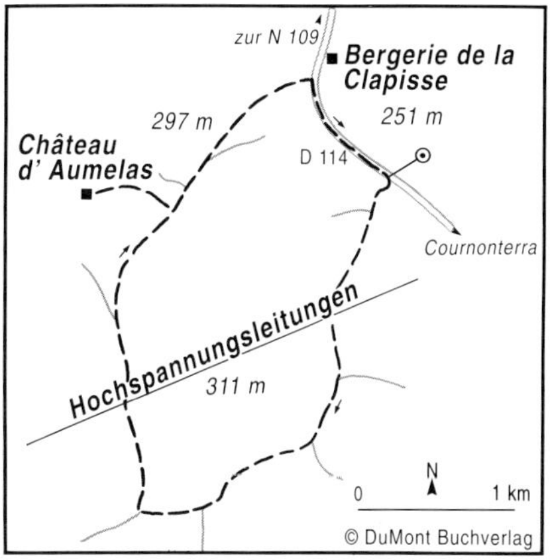

Wanderung 21

Höhenunterschied: 50 m.
Kartenmaterial: 1:25 000 IGN Nr. 2743 ouest.

Wir wandern hier in dem breiten Streifen der Garrigue, die das Languedoc von Nîmes bis weit nach Westen durchzieht. Weite, manchmal etwas hügelige Platten, die sich durch eine duftende Vegetation auszeichnen: Thymian und Lavendel wachsen hier, Rosmarin und Heidekraut, Zistrosen und Erdbeerbäume. Überall trifft man auch die stachelige Kermeseiche, die der Garrigue ihren Namen gab: *Garru* oder *Garric* heißt auf okzitanisch Kermeseiche. Hier halten sich nur anspruchslose Pflanzen, die auf Kalkböden gedeihen und die große Trockenheit im Sommer überleben können. Gleichwohl finden wir eine außerordentliche Vielfalt an Pflanzen.

Wenn wir wieder etwas Höhe gewonnen haben, reicht der Blick über die Weite des Landes bis zu den Pyrenäen. An Tagen mit weiter Sicht kann man den berühmten Canigou sehen. Vor uns liegt das **Château d'Aumelas.** Es zählte zu den Schlössern der Herren von Montpellier, den Guilhems. Sie waren große Herren im Languedoc. Guilhem V. ließ es erbauen. Zu Beginn des 13. Jh. erhielt eine Tochter Guilhem VIII. das Schloß als Mitgift. Sie heiratete König Peter II. von Aragon. Dieser war vom Papst für seine großen Erfolge im Kampf gegen die Sarazenen in Spanien ausgezeichnet worden. Im Krieg der römischen Katholiken gegen die Katharer stand er aber auf der falschen Seite und fiel in der Schlacht von Muret 1213.

Im 14. Jh. kam das Schloß an die Krone. Während der Religionskriege diente es den Protestanten als Unterschlupf und wurde deshalb von Richelieu geschleift. Ende des letzten Jahrhunderts entstand die Idee einer Restaurierung des Schlosses, die aber bisher nicht verwirklicht wurde. Seit 1969 hat sich ein Förderkreis seinen Erhalt zur Aufgabe gemacht.

Wegbeschreibung

Wir folgen dem Weg in südlicher Richtung. Bei einer Gabelung nach wenigen Metern halten wir uns links. Der Weg führt durch die Garrigue: Buschiger Bewuchs, kleine Baum- und Buschgruppen, steiniges Land. Wir kommen unter Hochspannungsleitungen durch (0:15 Std.) und folgen dem Hauptweg ohne abzubiegen. Bei einer Gabelung halten wir uns rechts (0:35 Std.). In einer Linkskurve steigt der Weg ab, wir verlassen ihn und halten uns rechts (0:50 Std.). Der Weg verliert sich dann etwas, ist nur noch andeutungsweise zu sehen (1:00 Std.).

Wir steuern den Paß an, der zwischen den beiden Hügeln liegt, die wir vor uns sehen. Der Weg ist hier sehr steinig. Nach dem Paß etwas absteigend, laufen wir ein Stück auf die Hochspannungsleitungen zu. Wir lassen einen kleinen Weg links liegen und gehen geradeaus weiter (1:20 Std.). Wir halten uns dann etwas links und stoßen wieder auf einen breiteren Weg, dem wir nach rechts aufwärts folgen (1:35 Std.). Das verfallene **Schloß von Aumelas** kommt in Sicht.

Bald darauf biegt der Weg, der zu der Ruine führt, links ab (1:50 Std.). Wir folgen ihm. Nach einem Aufenthalt auf dem alten Schloßberg gehen wir wieder zurück und folgen dem Weg weiter (2:15 Std.). Bei einer Gabelung nach etwa 200 Metern halten wir uns rechts. Der Weg führt uns bis zur Straße (2:30 Std.) und bringt uns nach rechts, der Straße folgend, wieder zum Ausgangspunkt zurück (2:45 Std.).

22 Gleißendes Mittelmeer – auf der Gardiole

Diese Wanderung – mit verschiedenen Variationsmöglichkeiten – bietet uns einzigartige Blicke über das Mittelmeer und die Ruhe der hübschen Ruine der Abtei St-Félix-de-Montceau.

Wichtige Hinweise
Anfahrt: Von Béziers oder Montpellier auf der N 113 bis Gigean. Dort biegen wir an einer kleinen Ampel im Ort nach Süd-Osten Richtung Mittelmeer ab (Hinweisschilder ›St-Félix-de-Montceau‹). Eine schmale Straße führt unter der Autobahn hindurch bis zu der Ruine der kleinen Abtei.
Ausgangspunkt: Parkplatz vor der Abtei.
Dauer: 4:00 Std.
Art: Rundwanderweg.

Wanderung 22

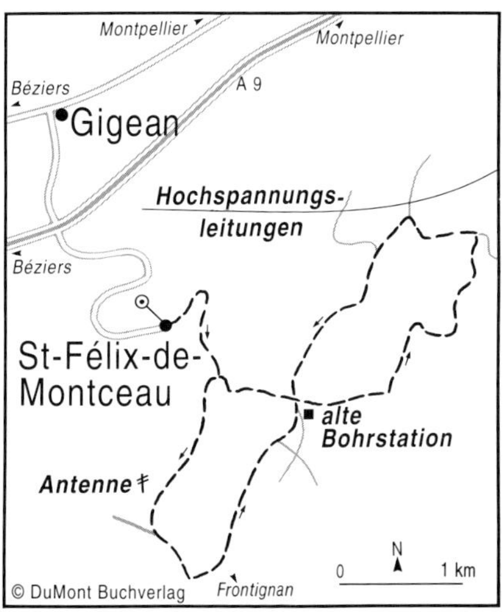

Schwierigkeitsgrad: Leicht.
Orientierung: Leicht. Lokale Markierung: Blaue Striche.
Wegbeschaffenheit: Breite Wege, ein kurzes Stück schmal und etwas abfallend.
Höhenunterschied: 100 m.
Ausrüstung: Der Weg ist sehr sonnig und windig.
Hinweis: Da die Route in Form einer Acht verläuft, kann man sich auch auf eine der beiden Schleifen beschränken. In der Beschreibung sind die jeweiligen Abzweigungspunkte genannt.
Kartenmaterial: 1:25 000 IGN Nr. 2744 ouest.

Ausgangs- und Endpunkt unserer Wanderung ist die kleine alte Abtei von **St-Félix-de-Montceau.** Herrlich auf halber Höhe des kleinen Höhenzuges der Gardiole gelegen, bietet sie einen weiten Blick ins Land und auf das Bassin von Thau. Im 11. Jh. hatte der Bischof von Béziers sie als Nonnenkloster gegründet. Mitte des 12. Jh. wurde die Klostergemeinschaft an den Orden der Zisterzienser angeschlossen. Der Versuch, deren strenge Disziplin auch hier durchzusetzen, war nicht lange von Erfolg gekrönt. Im 14. Jh. mahnte der Bischof noch einmal in aller Deutlichkeit: »Wir verbieten den Nonnen, an Feiern von Soldaten, an Gelagen oder an anderen öffentlichen Festen teilzunehmen.«

Die Abtei weist eine romanische Kapelle und eine kleine gotische Kirche auf. Vor kurzem hat ein Freundes-

Austern- und Muschelbänke am Bassin de Thau, im Hintergrund Sète

kreis begonnen, sie wieder zu restaurieren.

Unser Blick von der Höhe der Gardiole reicht von Aigues-Mortes bis nach Sète und darüber hinaus. Gut erkennen kann man die Austernbänke im **Bassin von Thau,** der größte der Seen des Languedoc mit einer Ausdehnung von etwa 8000 Hektar. Nur der schmale Isthmus von Onglous, der Strand von Sète, trennt ihn vom Meer. Eine noch nicht abgeschlossene Entwicklung ist in Gang gekommen: Im Osten des Bassin entwickelt sich ein bedeutender Industriekomplex; im Süden der Strand von Sète und im Norden widmen sich einige einstige Fischerdörfer der Zucht von Austern und Muscheln. Die Austern, die von hier kommen, heißen *Bouzigues,* nach dem kleinen Dorf, in dem die Austernzucht ihren Ausgang genommen hat.

Wegbeschreibung

Wir gehen in Fahrtrichtung auf unserem Weg weiter. Er steigt leicht an. Links sehen wir das große Küstenbecken. Bei einer Gabelung (0:25 Std.) gehen wir links und kommen kurz darauf an zwei Antennen vorbei. Nach wenigen Metern treffen wir wieder auf den breiteren Weg. Bei einer größeren Gabelung (0:30 Std.) gehen wir rechts. (Hier geht man geradeaus, wenn man nur die nordöstliche Schleife laufen will, bis man kurz darauf zu einer weiteren Kreuzung kommt. Hier stehen noch halbhohe Mauern, Reste einer alten Bohrstation. Hier geradeaus weiter. Fortsetzung des Weges ab 1:50 Std. Wir werden hier auf dem Rückweg wieder vorbeikommen.)

Nach einer Weile passieren wir eine weitere Antenne (0:40 Std.) und biegen etwa 100 m später links ab, rechtwinklig zum Weg. Rechts ein kleiner Tümpel. Bei einem Querweg gehen wir auf einem schmalen Weg rechts. Halblinks sehen wir das Meer vor uns liegen. Wir durchqueren eine Senke und erreichen auf der anderen Seite auf halber Höhe einen breiteren Weg (1:05 Std.), dem wir nach links folgen. Kurz darauf stoßen wir auf einen fahrbaren Weg, auf dem wir wieder nach links gehen.

Wir kommen jetzt in die südliche Gardiole mit Blick auf die Lagunen und das Meer mit Frontignan. Unterhalb erstrecken sich Weinfelder. Bei einer Abzweigung (1:40 Std.) gehen wir geradeaus weiter, immer oberhalb des Meeres. Dann erreichen wir eine große Kreuzung (1:50 Std.) mit alten Mauern. (Das ist der Punkt, an dem die süd-westliche und die nord-östliche Schleife zusammenstoßen. Wer jetzt zur Abtei zurückkehren will, geht hier links, bis er auf den bereits bekannten Weg trifft, und dann zurück zur Abtei.)

Wer nur die nordöstliche Schleife gehen will, folgt jetzt weiter der Beschreibung. An dieser Kreuzung halten wir uns rechts. Bald kommt von links ein Weg, wir gehen wieder nach rechts (2:10 Std.). Bei der folgenden Dreieckskreuzung halten wir uns links (2:30 Std.).

Wir bleiben auf dem breiten Fahrweg, ohne uns um weitere Abzweigungen zu kümmern. Kurz vor einer Hochspannungsleitung treffen wir auf einen Querweg und gehen links (2:40 Std.). Diesem Weg folgen wir immer geradeaus und auf gleicher Höhe, bis wir die Hauptkreuzung mit den alten Mauern wieder treffen (3:15 Std.). Wir biegen nach rechts ab und stoßen bald auf den Weg, auf dem wir aufgestiegen waren. Kurz darauf geht es wieder rechts, und wir gehen an den Antennen vorbei bis zum Ausgangspunkt (4:00 Std.).

23 Heliopolis – urbanes Zentrum des Languedoc

Stadtwanderung Montpellier

Wir werden die vier Viertel der alten Stadt durchstreifen, ohne einen Anspruch auf Vollständigkeit zu erheben. Wir wollen nur einen Gang zur ersten Orientierung unternehmen. Zunächst kommen wir durch das Quartier Aragonais, das südlichste der alten Viertel. Wir gelangen dann zum Quartier du Peyrou mit der großen Promenade du Peyrou. Anschließend

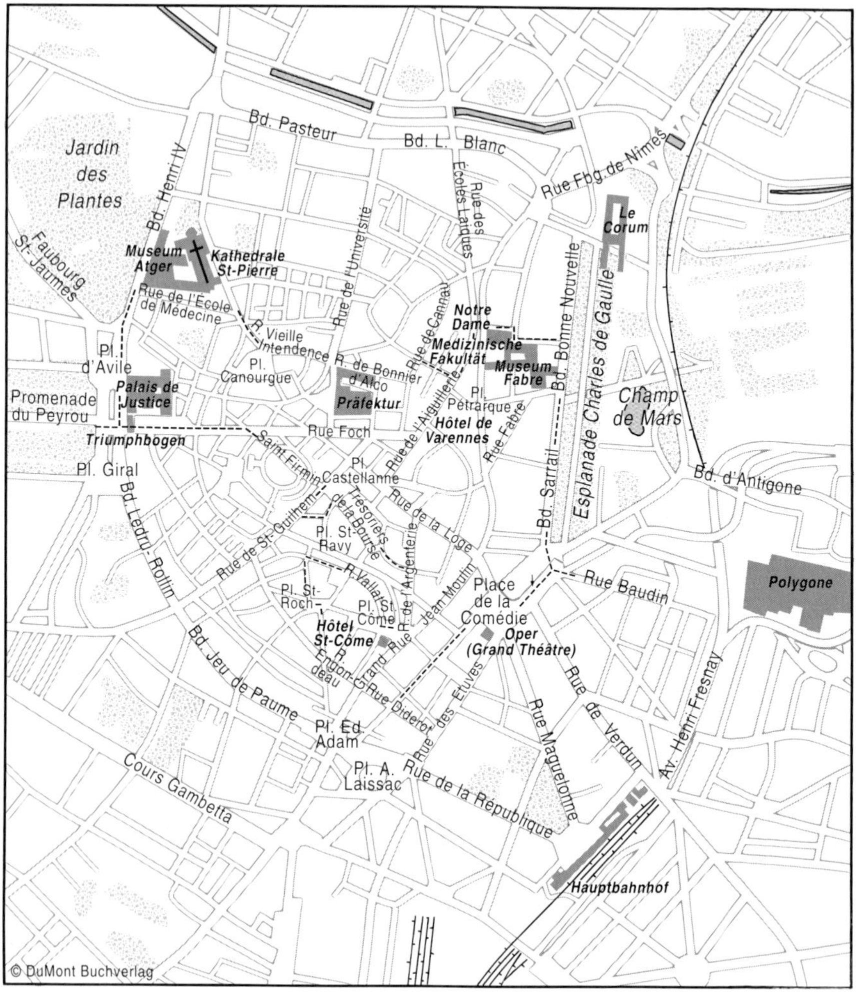

Wanderung 23

durchqueren wir das Quartier Cannau, das Universitätsviertel, in dem auch die Kathedrale liegt, um uns zuletzt dem Quartier Jacques Coeur zuzuwenden. Zum Abschluß weisen wir noch auf das neueste Viertel hin, die Antigone.

Beginnen wir unseren Bummel auf der **Place de la Comédie,** dem Mittelpunkt des städtischen Lebens. Von ihr läßt sich die Stadt in alle Richtungen erobern, sie ist das Scharnier zwischen verschiedenen Stadtteilen, so zwischen dem ältesten und dem neuesten Teil. Richtung Norden setzt sich die Place de la Comédie in der Esplanade Charles de Gaulle fort, die in dem neu erbauten Corum endet. Im

Osten erreicht man über das Triangle das Polygone (Einkaufszentrum) und dahinter, Richtung Meer sich anschließend, das Viertel Antigone. Im Süden geht es durch bürgerliche Viertel Richtung Bahnhof.

Den Platz nennen die Einheimischen das Ei, *l'Oeuf*, ein Verweis auf seine alte Form, die im Laufe der Jahrhunderte verschwunden ist. Das Ei ist deshalb heute nur noch Erinnerung, die jedoch durch eine Linie aus rotem Marmor wachgehalten wird, die man auf dem Platz entdecken kann. Während der Platz selbst eine Schöpfung des 18. Jh. ist, wurde seine heutige Form als Fußgängerzone erst 1986 realisiert. Die Stadt dehnte sich damals aus und schuf hier ihr erstes Theater (1755). Die heutige **Oper,** bei der wir beginnen wollen, imitiert die Oper von Paris und wurde erst 1888 fertiggestellt. Ihre Fassade bietet einen repräsentativen Hintergrund für die **Fontaine des trois Graces,** den Brunnen des westlichen Platzes, der hundert Jahre älter ist. Der ganze Platz ist von Häusern aus der Zeit um die Jahrhundertwende umsäumt.

Lassen wir die Oper links liegen und wenden uns abwärts, auf der Rue des Etuves, bis wir kurz darauf nach rechts in die Rue Diderot einbiegen. Nun beginnen die kleinen und winkligen Straßen der Altstadt, nur manchmal von einer größeren Straße durchbrochen. So nach wenigen Schritten die Grand Rue Jean Moulin, die wir überqueren. Sie ist eine Lebensader der Altstadt. Hier befanden sich im Mittelalter zahlreiche Hotels, Restaurants und Geschäfte. Im 18. und

L'homme du Midi

19. Jh. fast reine Wohnstraße, hat sie heute ihren kommerziellen Charakter zurückgewonnen. Ihre Häuser mit den schönen Fassaden, meist aus dem 17. und 18. Jh., sind ebenso einen Bummel wert wie die Luxusboutiquen, die sie beherbergen. Als sehenswerte Beispiele sind zu nennen: Hausnummern 8; 11 mit Hof; 14, 15 mit Hof; 21 mit Hof – hier lebte Jean Moulin, der Widerstandskämpfer gegen das Besatzungsregime während des Zweiten Weltkrieges, nach dem die Straße auch benannt ist; 27; 51.

Wir gehen geradeaus weiter. Die Straße heißt inzwischen Rue Engondeau. Nach zwei Nebenstraßen zur rechten halten wir uns halbrechts auf der Rue du Plan d'Agde und erreichen nach wenigen Schritten den stillen Winkel von **St-Roch.** Ihr Schutzpatron, der Heilige Rochus, erlebte ein Wiederaufleben seines Kultes anläßlich der Choleraepidemien von 1832 und 1849. Der Architekt der Kirche griff in Anlehnung an die Vorstellung einer Idealkirche (Viollet-le-Duc) auf die gotische Form zurück. Man kann die Kirche, in ihrem künstlichen Charakter, in die großen städtebaulichen Unternehmungen des Zweiten Kaiserreiches einordnen. Atmosphärisch ist der Platz heute gelungen. Er wirkt durch die Lage der Kirche im Mittelpunkt verblüffend.

Wir gehen links um die Kirche herum (Rue St-Paul) und folgen der Rue Vallat im Bogen bis zu der Place Côme. Das bemerkenswerteste Bauwerk steht an der Kreuzungsecke, das berühmte **Hôtel St-Côme.** Erbaut 1752/7, beherbergte es das anatomische Amphitheater. Der Leibarzt Ludwig XV. bestimmte testamentarisch

100 000 Pfund für die Chirurgen Montpelliers, damit diese ihr eigenes Amphitheater bauen konnten. Dies geschah in Anlehnung an das Pariser Amphitheater. Der Komplex besteht aus zwei Gebäuden, nämlich dem Gebäude zur Straße hin, das den ursprünglichen Versammlungssaal der Chirurgen enthält und auf Zwillingssäulen ruht, und dem Amphitheater selbst, polygonal gebaut, mit einer herrlichen Kuppel, die so viel Licht einläßt, daß der Saal hell und klar ist. Seit 1920 hat die Industrie- und Handelskammer hier ihren Sitz.

Wir biegen nach links in die schmale Gasse der **Rue de l'Argenterie,** im Mittelalter die Straße der Goldschmiede. Auch hier wieder eine Reihe von Stadtpalästen, vornehmlich aus dem 17. Jh. (Nr. 10, der sog. Palais des Rois d'Aragon mit Türe, Hof und Wendeltreppe; Hôtel Hostelier-de-St-Jean in der Sackgasse Barnabé mit Hof; Nr. 23–25).

Bei der zweiten Kreuzung biegen wir nach links ab in die Rue Cauzit und kommen nach wenigen Metern zur Place St-Ravy. An der Ecke, wo der Platz sich ansteigend weitet, sieht man links eine Reihe sehr schöner gotischer Bögen, die zum **Hôtel Jacquet** gehören und erst 1903 entdeckt worden sind. Der Platz selbst stammt aus dem vorigen Jahrhundert, als man durch Abbruch einiger alter Paläste Raum schuf.

Wir halten uns links, um dann sofort nach rechts in die Rue Trésoriers-de-la-Bourse einzubiegen, benannt nach dem **Hôtel des Trésoriers-de-la-Bourse.** Der Palast, der größte der alten Stadt, beherbergte im 18. Jh. die Finanzverwaltung der Provinz. Ein Teil des riesigen Gebäudes wird zur Zeit von der Maison d'Heidelberg genutzt. Heidelberg ist eine Partnerstadt von Montpellier.

Nach wenigen Schritten erreichen wir die Place Castellane mit den **Halles Castellane,** einer Markthalle. Wir biegen links abwärts in die Rue du Bras-de-Fer. Kurz vor der Überwölbung der Straße durch einen alten Bogen – er gehörte zum Vorgängerbau des Hôtel des Trésoriers-de-la-Bourse – biegen wir nach rechts in die Rue de la Friperie, bis wir die Rue St-Guilhem erreichen. Sie ist eine lebhafte Geschäftsstraße, die das Zentrum mit dem Boulevard verbindet (Sehenswerte Paläste: Nummer 20, 31, 35).

Wir folgen ihr nach rechts aufwärts und biegen dann in die kleine Straße Rue Firmin ein. Die Kirche **St-Firmin** ist während der Religionskriege zerstört worden, man kann aber noch gut die konzentrische Planung der ursprünglichen Anlage erkennen (Bemerkenswert Nr. 10, Hôtel Pas-de-Beaulieu).

Wir gehen durch die kleine Gasse – der geschäftige Charakter der bisherigen Viertel und der Rue St-Guilhem ist hier ganz verschwunden, nur ab und zu ein Restaurant – bis zu der großen Achse der Rue Foch. Wir steuern auf den Triumphbogen zu. Kurz davor rechts der **Palais de Justice,** das Gerichtsgebäude. Hier, am höchsten Punkt der Stadt, erhob sich Ende des 12. Jh. das Schloß der letzten Herren von Montpellier. Mitte des 19. Jh. wurde das ganze Gebäude praktisch neu gebaut. Ausgerichtet ist die große Fassade auf die künftige Triumphstraße der Stadt, sozusagen auf den erhofften Champs-Élysées, der noch heute auf seine Vollendung wartet. Eine hohe und große Treppe schwingt sich würdig auf zu den korinthischen Säulenstellungen, die die Fassade prägen. Oben ist eine Allegorie der Gerechtigkeit dargestellt, die die Unschuld schützt und dem Verbrechen den Schleier vom Gesicht zieht.

Auch dieser Bau ist nach einem Pariser Vorbild errichtet – dem Modell aller französischen Gerichtsgebäude im 19. Jahrhundert. Er will in seiner Höhe und Größe einschüchtern. Die dräuende Justiz wird damit gut getroffen. Ein Ort, den man lieber meidet. Er hat nichts gemein mit den bei uns nach dem Zweiten Weltkrieg erbauten Gerichten, die nicht nur unschön sind, sondern auch nichts von der Würde und Größe dieser französischen Bauten ausstrahlen, nichts von der Macht und der Gewalt der Justiz mitteilen.

Man stellt aber immer wieder fest, daß die Stadt keine eigenen Bautypen entwickelt hat. Vieles von dem, was vorhanden war, ist zerstört worden. Und der Wiederaufbau vollzog sich unter der Vorherrschaft von Paris. Dieser Zentralismus macht sich auch in der Baukunst bemerkbar. Es ist die königliche Kunst. Repräsentativ und herrisch verleiht sie ihren Ansprüchen Ausdruck. Wer Paris gesehen hat, hat Frankreich gesehen. Erst in jüngster Zeit ändert sich das, und zwar erheblich. Typisch dafür sind das postmoderne Corum und das Viertel Antigone.

Wir kommen zum **Triumphbogen.** Er bezeichnet das westliche Ende der Innenstadt. Hier stand das alte Stadttor von Peyrou, eines der acht Stadttore des mittelalterlichen Montpellier. Man wollte gegen Ende des 17. Jh. den westlichen Hügel der Stadt ebnen und in eine geordnete Form bringen. Um aber das, was heute die Anlage des Peyrou ausmacht, mit der Stadt in Verbindung zu bringen, brach man das alte Stadttor ab. Es sollte durch einen Bogen ersetzt werden, wie man sie in Paris findet: ein Triumphbogen wurde beschlossen, der dem Sonnenkönig gewidmet werden sollte. So zeigen die vier Medaillons des Bogens große Momente des Sieges in der Regentschaft König Ludwig XIV. Zur Stadtseite weisen: links eine Allegorie auf den königlichen Sieg über die Protestanten, nämlich die Aufhebung des Ediktes von Nantes. Rechts ist die Verbindung des Atlantik mit dem

Die Kathedrale von Montpellier ▷

Reiterstandbild von Ludwig XIV.

Mittelmeer durch den Canal du Midi dargestellt. Zur Parkseite zeigt sich Ludwig XIV. links als Herkules; bekrönt von der Siegesgöttin jagt er einen Adler, das Deutsche Reich, und erlegt den Löwen, das britische Reich. Auf der rechten Seite beugen die besiegten niederländischen Provinzen das Knie.

Nach dieser Lobeshymne auf Frankreichs größten König begegnen wir ihm höchstpersönlich zu Pferd, nachdem wir die Straße überschritten und den Park betreten haben. Ein **Reiterstandbild,** wie es sich für einen großen Krieger ziemt. Herrisch, selbstbewußt, strahlend schön, mit gestähltem Körper und in Siegerpose – die Stadt liegt ihm zu Füßen, von diesem höchsten Punkt aus, und die ganze **Promenade du Peyrou** dient ihm als Rahmen. Dieses ist der zweite, der bronzene und ewige Körper des Königs. Denn in Wirklichkeit wurde er von einem schmächtigen und kranken Körper gequält und geplagt. Eine Krankheit folgte der nächsten, die Zähne fielen ihm aus. Er war klein von Wuchs und keine Schönheit. Und außerdem zur Zeit der Errichtung des Standbildes schon tot.

An der Anlage wurde seit Mitte des 17. Jh. gebaut. Die Stadt hatte beschlossen, Quellwasser aus dem Hinterland zur höchsten Stelle der Stadt zu leiten. Die gesamte Wasserleitung ist 17,8 km lang, das Aquädukt selbst mißt bei einer Höhe von 22 m insgesamt 880 m. Es wurde 1762 nach dem Vorbild des Pont du Gard fertiggestellt. Die heutige Anlage ist parkähnlich gestaltet. Man kann von hier einen herrlichen Blick in alle Richtungen genießen.

Wenden wir uns jetzt wieder der Stadt zu und biegen vor dem Triumphbogen auf dem Boulevard links abwärts. Bald sehen wir zur Linken den Botanischen Garten, den **Jardin des Plantes.** Dieser älteste botanische Garten Frankreichs war 1592 von Henri IV. gegründet worden. Er diente der botanischen Schule und dem Studium medizinischer Heilpflanzen. Heute umfaßt er unterschiedliche Abteilungen mit Gewächshäusern (z. B. medizinische und toxische Pflanzen; regionale Pflanzenwelt; tropische Pflanzen usw.).

Nach einem Bummel durch diesen angenehmen und ruhigen Garten überqueren wir den Boulevard Henri IV. und biegen in die Rue de l'École de Médecine ein. Dabei lassen wir die alte und traditionsreiche **Medizinische Fakultät** zur Linken liegen, die in einer alten Benediktinerabtei untergebracht ist. An ihr hatte sich 1530 François Rabelais, schon gute 40 Jahre alt, eingeschrieben. Zwei Jahre später legt er seine Examen ab – gleichzeitig erscheint in Lyon sein großes Werk Pantagruel. Wenige Jahre später, Gargantua ist schon erschienen, legt er seine Doktorprüfung ab und wird in großer Zeremonie mit den Insignien seines neuen Standes bekleidet. In der Medizinischen Fakultät befindet sich auch das **Museum Atger,** das Bilder französischer, italienischer und flämischer Künstler enthält.

Auf der Place St-Pierre stehen wir dann vor der **Kathedrale St-Pierre.** Sie ist in ihrer unharmonischen, schwerfälligen und finsteren Bauweise typisch für die (Bau)Geschichte der Stadt. Ursprünglich ein Benediktinerkloster, wird sie 1536 zur

Kathedrale und während der Religionskriege teilweise zerstört – womit es ihr besser geht als anderen Kirchen! –, im 17., 18. und 19. Jh. wieder in Teilen rekonstruiert oder erneuert.

Sie wirkt wie eine Festung, massiv und abwehrend. Das um so mehr, als sich die Fassade der Medizinischen Fakultät direkt an sie anschließt. Im Inneren erinnert sie, obwohl gotisch, an eine romanische Kirche, einschiffig und dunkel. Die in der 2. Hälfte des 19. Jh. errichteten Teile von Chor und Schiff empfinde ich als wenig gelungen. Sie passen aber insofern gut, als sie ein getreues Abbild der zerstückelten Geschichte der Kirchen Montpelliers darstellen.

Wir verlassen die Kirche und steigen die Rue St-Pierre aufwärts. Etwas rechts oberhalb lassen wir die öde Place de la Canourgue liegen. Wir gehen geradeaus durch die Rue Vieille Intendance. An einer Ecke der Präfektur biegt die Rue de l'Université links ab, die zentrale Straße des Universitätsviertels. Im Gewirr der kleinen Gassen finden wir vornehmlich Wohnhäuser, aber auch viele kleine Geschäfte und preiswerte sympathische Restaurants. Wir gehen an der Rückseite der Präfektur und der Place du Marché aux Fleurs vorbei über die Rue Bonnier d'Alco, stoßen auf die Rue Rosset und stehen vor dem **Hôtel de Mirman** (7, Place du Marché-aux-Fleurs). Der geschmückte Innenhof mit seiner schönen Wendeltreppe ist sehenswert. Wir halten uns dann gleich links und wieder rechts (Rue de la Carbonnerie). Die Straßen sind belebt, die Terrassen der Cafés scheinen immer besetzt. Hier finden wir die Luxusboutiquen der Grand Rue Jean Moulin nicht mehr, hier schafft sich das Alltägliche seinen Platz. Unsere Gasse führt uns zu der großen Geschäftsstraße der Rue de l'Aiguillerie, im Mittelalter die große Nord-Süd-Achse der Stadt. Pilger von St-Gilles, Kaufleute aus dem Norden, die großen Umzüge: alles zwängte sich durch diese Straße. In ihrem westlichen Teil ist sie noch immer von alten Häusern und Stadtpalästen gesäumt (besonders sehenswert: Nummer 23, 26, 29 und 31).

Machen wir einen kleinen Abstecher in diese Richtung bis zur Place Pétrarque, die erst 1716 durch die Zerstörung einiger älterer Häuser und Paläste entstand. Man kann sich vorstellen, wie eng die Stadt früher war, als es diese vielen neueren kleinen Plätze noch nicht gab. Besonders schön ist hier das **Hôtel de Varennes,** die Nr. 2. Die würdige Fassade stammt im wesentlichen aus der Mitte des 18. Jh. Hinter ihr verstecken sich die bedeutendsten mittelalterlichen Räumlichkeiten der Stadt. Im Inneren steht man unter gotischen Bögen und Gewölben. Zu sehen sind auch zwei Kopien von Sarkophagen: den Gisant des Jacques von Aragón und den des Papstes Urban V., der aus Mende in den nördlichen Cevennen stammte. Hier finden wir auch den berühmten Salle Pétrarque (Petrarca), einen großen gotischen Raum, den die Stadt für Konzerte, Ausstellungen, Vorträge oder auch Empfänge nutzt.

Folgen wir aber der Rue de l'Aiguillerie weiter nach links bis zur Place Notre Dame, wo sich die kleine **Kirche Notre-Dame-des-Tables** erhebt (Zugang über das Musée Fabre oder 2, Rue

Girard), ursprünglich die Kapelle des Jesuiten-Kollegs. Dies war ein ausgedehnter Komplex, in dessen anderen Teilen sich im Moment die Stadtbibliothek und das Musée Fabre befinden. Die Kirche stammt aus der dritten und letzten Bauphase des gesamten Komplexes und wurde erst 1748 fertiggestellt. Aber schon 15 Jahre später, die Jesuiten haben Montpellier inzwischen verlassen, wird der Bau in ein königliches Kolleg verwandelt und diente auch danach meist als Schule.

Wir lassen die Kirche rechts liegen und gehen geradeaus, mit einem kleinen rechts-links-Schwenk, bis zum Boulevard Bonne Nouvelle. Auf der anderen Seite liegt die Esplanade Charles de Gaulle, daran anschließend der Park **Jardin du Champ de Mars.** Seine heutige Konzeption ist das Ergebnis militärischer Aktionen und politischer Absichten. Die Anlage prägt den Aufbau der Innenstadt maßgeblich, da ihre ganze Nord-Ost-Ecke militärisch bestimmt war.

Ursprünglich verlief über die heutige Allee und den Park die alte Befestigungsanlage. Nach erfolgreicher Belagerung der protestantischen Stadt durch Ludwig XIII. (1622) wurden die Festungsmauer zerstört und die Gräben mit dem Mauerwerk aufgefüllt. Man errichtete die östlich gelegene Zitadelle, die die Stadt wirksam mit dem Feuer ihrer Kanonen bedrohte. Die heutige Esplanade wurde mit Bäumen bepflanzt und zu einem ›Naherholungsbereich‹. Das anschließende Marsfeld aber blieb der militärischen Nutzung vorbehalten. Hier wurde weiter exerziert und auch die Todesstrafe vollzogen. Erst 1885 kann die Stadt

Das neue Stadtviertel Antigone

das Marsfeld erwerben und in einen öffentlichen Garten verwandeln.

Wenige Schritte nach rechts führen uns vor das größte und bedeutendste Museum von Montpellier, das **Musée Fabre.** Es ist aus einer Reihe von Schenkungen privater Sammler hervorgegangen. Sein Schwerpunkt liegt in der französischen Malerei der 1. Hälfte des 19. Jh. (Delacroix, Courbet, Fabre). Darüber hinaus ist die frühe französische Malerei gut vertreten, aber auch Flamen, Holländer, Deutsche, Italiener und Spanier sind in großer Anzahl vorhanden.

Wir verlassen das Museum und gehen rechts, erreichen das Ende der Place de la Comédie und sehen hinten rechts die Oper liegen. Wir halten uns die zweite Straße halblinks zum Triangle und stehen vor dem **Polygone,** dem großen Einkaufszentrum der Innenstadt. Wir durchqueren es immer geradeaus. Dahinter öffnet sich das neue Viertel Antigone, das vor allem durch seine Architektur und seine einheitliche Gestaltung wirkt. Abschließend gehen wir entweder wieder auf demselben Weg zurück bis zur Place de la Comédie oder halten uns von dem Viertel Antigone aus halbrechts aufwärts. Auch so erreichen wir durch die südlichen Viertel wieder das ›Ei‹.

Im Park des Haut Languedoc

Unsere Wanderungen liegen alle im Zentrum des **Parc Naturel Regional du Haut Languedoc,** an Orb und Jaur und in den Monts de l'Espinouse. Der Park selbst hat aber eine wesentlich größere Ausdehnung. Zu ihm gehören Teile der Monts de Lacaune, der Monts de l'Espinouse und ein Teil des Orbtals; er gabelt sich im Westen und umfaßt im Süden einen Teil der Montagne Noire, im Norden das Granitgebiet des Sidobre. Er ist erst 1972 gegründet worden und hat ähnliche Zielsetzungen wie der Nationalpark der Cevennen. Hauptsächlich geht es um die Bewahrung der natürlichen Güter und die Entwicklung der Region, auch im touristischen Bereich.

Die **Montagne Noire** ist der letzte südwestliche Höhenzug des Massif Central und gehört etwa zur Hälfte zum Regionalpark. Ihr sich von Nordosten nach Südwesten hinziehender Rücken besteht hauptsächlich aus Gneis und Granit. Ihren Namen erhielt sie von den dunklen Wäldern, die sie bedecken. Besonders ausgeprägt ist der Gegensatz zwischen dem Norden, der steil aus dem Thore-Tal aufsteigt, und dem südlichen Teil, der

Am Fuß der Monts de l'Espinouse das Winzerörtchen Tarassac

sich sanft in den Ebenen des Lauragais und Minervois verläuft.

Der **Sidobre** liegt im nord-westlichen Zipfel des Parks, östlich von Castres, ein kleines Plateau mit einer durchschnittlichen Höhe von etwa 650 Metern. Das Gebiet besteht aus Granit, so daß sich hier große Steinbrüche befinden. Es handelt sich um die größten Granitlagerstätten Europas. Der Stein ›wächst‹ an vielen Stellen aus dem Boden und bildet dabei manchmal merkwürdige Formationen.

Die **Monts de l'Espinouse** zerfallen in drei Teile: im Westen der Mont du Somail, mit dem Zentrum St-Pons-de-Thomières, auf dessen sanften Hängen Kastanien, Buchen und Heidekraut wachsen. Im mittleren Abschnitt erhebt sich das eigentliche Espinouse-Gebirge, mit schroffen Hängen und kargen Gipfeln auf Höhen um 1000 Meter. Es wird von dem östlichen Teil des Mont Caroux durch die Gorges d'Héric getrennt. Der Mont Caroux dehnt sich weiter bis nach Lamalous-les-Bains im Osten. Er weist um seinen Gipfel von 1091 Metern ein weites Felsplateau auf, über das wir auch ein Stück gehen. Sein Name leitet sich übrigens von dem keltischen *Karr* ab, dem Fels.

Im ganzen Gebiet gibt es keine größeren Städte. Es liegt am Rande der großen Verkehrswege und wird von ihnen nicht berührt. So wird verständlich, daß es auch geschichtlich im Abseits geblieben ist. Die protestantische Bewegung hat es ausgespart; ihre Einflußgrenze liegt weiter im Norden, berührt allerdings noch Castres. Ähnliches gilt für die Katharer; nur Mazamet war von den Truppen des Kreuzfahrerheeres belagert worden. Auch als Hinterland der westlichen Languedoc-Ebene hat es keine überwältigende Rolle gespielt, mit Ausnahme vielleicht wieder von Mazamet, das eine Weile durch seine Tuchindustrie bedeutend war. Noch heute kann man durch das Tal der Mühlen fahren – überall stehen verlassene Fabrikgebäude und Mühlen, ein gespenstischer Anblick.

24 Einsamkeit und Dickicht – bei Roquebrun

Durch ein Bachbett, über den Berg und durch die Wildnis hinab – wieder hinauf und den weiten Blick genießen.

Wichtige Hinweise

Anfahrt: Man fährt von Béziers Richtung Nordwesten auf der D 14 bis nach Roquebrun. Wo die D 14 eine rechtwinklige Kurve beschreibt, biegt man nach rechts auf die D 19 ab. Nach einigen 100 Metern kommt man zu einer Steinbrücke. Kurz dahinter steigt eine kleine Straße auf.

Ausgangspunkt: Die kleine Straße hinter der Steinbrücke.

Dauer: 5:00 Std.

Art: Rundwanderweg.

Schwierigkeitsgrad: Mittel.

Orientierung: Schwer. An einigen Punkten ist erhöhte Aufmerksamkeit erforderlich. Der Weg ist recht unzuverlässig durch einen gelben Doppelstrich markiert. Die Markierung führt manchmal in die Irre.

Höhenunterschied: Im ersten Teil 400 Meter, im zweiten Teil 300 Meter.

Einkehrmöglichkeit: Im ersten Teil der Wanderung liegt in Libes ein kleines Restaurant (Auberge de l'Ermitage) am Wegesrand.

Bademöglichkeit: Nicht während der Wanderung, aber im Orb bei der Brücke in Roquebrun.

Ausrüstung: Wegen des ›kratzigen‹ Abstieges vor dem Tal empfehlen sich lange Hosen. Da wir große Stücke ohne Schatten laufen, ist an Sonnenschutz zu denken.

Hinweise: Es besteht die Möglichkeit, nach 2:30 Std. abzukürzen und im Tal die Straße bis nach Roquebrun zu laufen. Außerdem wird in der Wegbeschreibung immer wieder auf kleine Variationsmöglichkeiten aufmerksam gemacht.

Kartenmaterial: 1:25 000 IGN Nr. 2544 ouest.

Der **Orb** ist einer der Wasserläufe, die in den Ausläufern des Massif Central entspringen und durch die Ebene des Languedoc zum Mittelmeer fließen. Er beginnt seinen Lauf im Kalkgebiet am südlichen Rand des Causse du Larzac und mündet, nachdem er seinen Lauf erst Richtung Westen, dann Richtung Süden geändert und auch

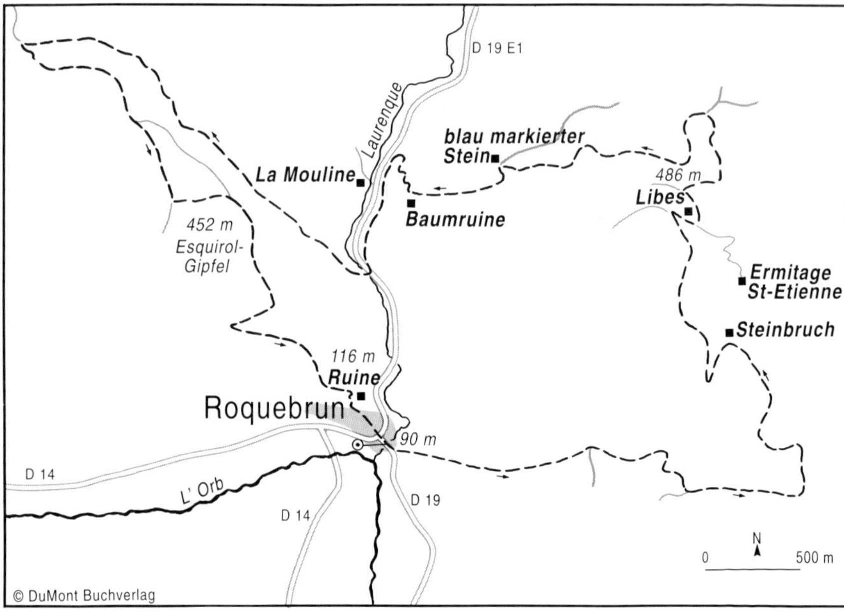

Wanderung 24

Béziers gesehen hat, ins Mittelmeer. So prägt der Fluß als einer der Wasserläufe des Département Hérault dessen Landschaft stark mit, obwohl er insgesamt nur 143 Kilometer lang ist. Die Landstraße begleitet ihn in seinem Oberlauf und an seinen interessantesten Passagen bis südlich von Roquebrun. Dennoch zeigt er sich oft unzugänglich, und es ist mit Mühen verbunden, sich ihm zu nähern. Nur an einigen Stellen bietet er sich den Badenden an, so zum Beispiel in Roquebrun oder in der Nähe von Tarasac bei einem Campingplatz.

Roquebrun liegt recht tief, keine 100 Meter hoch. Seine geschützte Lage – die Monts de l'Espinouse halten die rauhen Nordwinde ab – hat es zu einem klimatisch bevorzugten Ort gemacht. Schon auf der von Norden kommenden D 14 fallen die Stände auf, an denen Bauern ihre Produkte anbieten. Aber nicht nur Kartoffeln und Tomaten. Das Tal ist so fruchtbar, daß hier Wein und Mandarinen, Orangen und Zitronen wachsen. Trotzdem ist es überraschend, wenn die Bauersfrau Feigenmarmelade anbietet: auch Feigen gedeihen hier.

Roquebrun selbst ist ein kleines gemütliches Örtchen mit knapp 600 Einwohnern. Beherrschend thront auf der Höhe der mittelalterliche Turm, an dem wir vorbeikommen. Hier befindet sich auch eine Zentrale des Regionalparkes, die *Maison du Parc*.

Wegbeschreibung

Wir steigen auf der kleinen Straße immer geradeaus aufwärts bis zu einem Haus mit Schießständen für Bogenschützen (0:15 Std.). Hier endet der Asphaltweg. 200 Meter später biegt ein asphaltierter Weg ab. Wir gehen geradeaus weiter, kommen unterhalb eines verfallenen Gehöftes vorbei (0:25 Std.) und steigen durch ein trockenes Bachbett leicht aufwärts.

Bald darauf stoßen wir auf einen breiteren Fahrweg, dem wir nach links aufwärts folgen (0:40 Std.). Der Weg führt uns an einem **Marmorsteinbruch** vorbei (1:00 Std.). Kurz darauf, nach einer serpentinenartigen Wendung des Weges, gehen wir bei einer Gabelung links und oberhalb des Steinbruchs entlang. Nach 20 Minuten, teilweise im Wald, folgen wir dem Weg bei einer Gabelung nach rechts und kommen wenig später an der **Auberge de l'Ermitage** vorbei. (Hier zweigt ein kleiner Weg rechts ab, und man kann einen Abstecher zur Ermitage St-Etienne machen, einer Kapelle aus dem 18. Jahrhundert. Dauer: eine gute Viertelstunde.)

Bald darauf biegt ein schöner Waldweg nach links ab, wir bleiben aber auf dem Hauptweg nach rechts aus dem Wald heraus (1:30 Std.). Kurz darauf biegt unser Weg ins Tal nach links abwärts (1:40 Std.) und führt unter einer Hochspannungsleitung hindurch (1:55 Std.). 5 Minuten später beschreibt der Weg eine spitzwinklige Rechtskurve (2:00 Std.). Diese Stelle nicht übersehen! Hier – ein großer Stein ist blau markiert – verlassen wir den Fahrweg und biegen in der Spitzkehre nach links abwärts.

Das folgende Wegstück bis zu der Asphaltstraße ist z.T. sehr schmal und zugewachsen. (Wer es wegen seiner Rauheit vermeiden will, kann auf dem breiten Fahrweg weiter gehen. Man hält sich immer links und stößt unten auf die Asphaltstraße, der man nach links abwärts folgt. Dieser Weg ist etwa 4 km lang, bis er wieder auf unseren Wanderweg trifft. Man kann

Die okzitanische Sprache

Ein starker Impuls für die Wiederbelebung der regionalen und okzitanischen Traditionen in den 60er und 70er Jahren stammt sicherlich aus dem damaligen Regionalismus. Man wehrte sich dagegen, als Provinz wie eine Kolonie behandelt zu werden, wehrte sich also gegen Paris und den Zentralismus. Dabei spielte natürlich die Sprache als stärkster Ausdruck kultureller Unterschiede eine besondere Rolle. So erschienen die Troubadours wieder auf der Tagesordnung, die Katharer, kurz alles, was man unter okzitanisch und historisch verbuchen konnte.

Die Namen, mit denen die Sprachen des südlichen Frankreich benannt werden, sind vielgestaltig. Es war Dante, der in Anlehnung an die alte römische Einteilung der gallischen Provinz die Sprache des *Oc* von der des *Oil* und des *Si* unterschied, wobei die drei Worte jeweils ›ja‹ bedeuten. Statt dieser alten Differenz hat sich heute eher das Gegensatzpaar ›Französisch/Okzitanisch‹ durchgesetzt. Dabei ist der Ausdruck ›okzitanisch‹ nicht neu: schon die königliche Verwaltung unterschied im 14. Jh. zwischen einer *lingua occitana* und einer *lingua gallica* (der Nordfranzosen). Das zeigt, daß auch die Katharerkriege weder das Französische durchsetzen noch die alte Sprache zerstören konnten. Wohl aber waren die Strukturen des kulturellen Lebens zerstört worden, in denen diese Sprache gelebt hatte. Außerdem besaß nun die lateinische katholische Kirche die ›Kulturhoheit‹.

Das gesprochene okzitanische Wort hatte weiter Bestand, während das geschriebene Wort im 15. und 16. Jh. fast nicht mehr auftauchte, erst im 17. und 18. Jh. wird die alte Sprache wieder aufgegriffen. Der Stellenwert dieser Bemühungen wird schon daraus deutlich, daß das Französische inzwischen seinen Siegeszug angetreten hatte: Franz I. hatte es 1539 als Amtssprache verbindlich gemacht und so allmählich die okzitanische Sprache zurückgedrängt. Die neuen Bemühungen waren literarischer Art. Unterstützt wurden sie etwa durch Modetendenzen wie eine Pariser Mode um 1800, die die Troubadour-Lyrik wieder hoch schätzte.

Aber auch die späteren Versuche und Renaissancen der okzitanischen Sprache haben ihr kein richtiges Leben mehr einhauchen können. Bezeichnend dafür ist, daß ihre Pflege im 19. Jh. wesentlich durch Gesellschaften und Zusammenschlüsse von Dichtern oder gebildeten Bürgern erfolgte. 1919 wird die *Escòla occitana* gegründet, Toulouse zum Zentrum der okzitanischen Sprachpflege. Zeitschriften in okzitanischer Sprache erscheinen, 1935 eine moderne Grammatik des Okzitanischen. Nach dem Krieg erlebt das Okzitanische einen neuen Aufschwung. In den 60er Jahren zieht die alte Sprache viele jüngere Lyriker und Sänger an. Diese Bewegung wird dann auch in der politischen Bewegung der 68er Generation fruchtbar. Die militanten Parolen auf den Wänden erscheinen in okzitanischer Sprache. Der entstehende kritische linke Regionalismus stützt sich stark auf die alte Sprache und vereinnahmt das alte Kulturgut: die autonome und freie okzitanische Kultur gegen die zentrale und herrschende Pariser Zentrale. Trotzdem sollte man nicht vergessen, daß der Rückgriff auf die alten Traditionen nicht nur von den Linken praktiziert wurde. Das Okzitanische hatte eine starke Förderung unter dem Regime von Vichy erhalten. Heute ist das Okzitanische wieder Wahlfach an höheren Schulen, man kann es an der Universität lernen und einige okzitanische Radiostationen produzieren Sendungen.

Die okzitanische Sprache umfaßt eine Reihe von Unterdialekten, die natürlich erst Dialekte sind, seit das Französische die Norm ist: das Gasconische, das Limousin, das Auvergnatische, das Provençalische, ... Allen diesen Dialekten ist aber eine sprachliche Grundstruktur gemeinsam. Einige dieser Elemente seien hier genannt.

So werden etwa die alten lateinischen Buchstabengruppen *ca* und *ga* nicht aufgelöst, sondern aufrechterhalten. In den Verbindungen *sp, sk, st* bleibt das *s* erhalten und geht nicht wie im Französischen unter: *escòla,* statt *école* (Schule). Das End-n entfällt: *pa* statt *pain* (Brot). Die Endkonsonanten *p, t* und *c* bleiben erhalten: *prat* statt *pré* (Wiese). Unterschiedliche Pluralartikel für männlich und weiblich sind noch erhalten und nicht zu einer Form zusammengeschmolzen: *los* und *las.* Das End-a wird oft zu *o;* das *o* wird zu *u.* Das stumme End-e wird ausgesprochen. In manchen Gegenden wird das *r* stark gerollt. Sporadische Aussprache sonst stummer Endkonsonanten: *porc* (Schwein), oder *tabac* (Tabak). Gelegentlich eine Vertauschung der Artikel, *le* (der) statt *la* (die).

die Wanderung dann unten wieder fortsetzen – oder auch auf der Straße direkt bis zur Steinbrücke des Ausgangspunktes weitergehen. Bis zum Ort sind es etwa noch 1,5 km.).

Auf dem schmalen Weg schlagen wir uns nun abwärts durch. Nach 15 Minuten erreichen wir einen Querweg, an dem eine alte Baumruine steht (2:15 Std.). Hier halten wir uns rechts bis zu einem kleinen Fahrweg, der uns abwärts bringt. Er mündet auf die Asphaltstraße (2:25 Std.). Dieser folgen wir etwa 400 Meter nach links. Dann kommt wieder ein leicht zu übersehender Abzweigungspunkt: wir verlassen die Straße kurz vor einer Linkskurve.

Hier biegt ein winziger Weg nach rechts ab (Markierung: gelber Doppelstrich). Dieser schmale Weg führt nun bis zum Bach, überquert ihn aber zunächst nicht, sondern hält sich rechts längs der Steinmauer. Kurz darauf überqueren wir den Bach und steigen auf der anderen Seite zwischen zwei Steinmauern wieder aufwärts. Wir laufen jetzt durch den Wald, zunächst noch parallel zum Bach. Wir steigen auf dem zugewachsenen, manchmal sehr schmalen Weg aufwärts. Unterwegs geht es durch ein Bachbett (3:00 Std.), das wir gleich noch einmal überqueren. Ein verfallenes Haus lassen wir rechts liegen (3:15 Std.) und halten uns weiter aufwärts.

Der Weg läuft in einer freien ebenen Fläche aus (3:25 Std.). Sie wird von einem breiten Fahrweg überquert, dem wir nach links folgen. Nach einer Weile erreichen wir den **Sattel des Esquirol** (3:45 Std.). Wir verlassen den Wald und gehen etwa 150 Meter an

Roquebrun im Orb-Tal

einer Apfelbaumpflanzung vorbei. Rechts steht ein Haus, auf dessen Höhe wir am Rande der Pflanzung links abwärts gehen. Das Feld läuft spitz zu und hört auf. Wir stehen am Waldrand. Achtung: ein kleiner, kaum sichtbarer und zugewachsener Pfad biegt hier in den Eichenwald abwärts. Eventuell muß man am Waldrand etwas suchen. Auf diesem Pfad halten wir uns links (3:50 Std.).

(Wer Lust hat, auf den Gipfel des Berges zu steigen, um die herrliche Aussicht auf **Roquebrun,** das Orbtal und das ganze Umland zu genießen, geht nicht abwärts in den Wald. Er folgt dem Waldrand aufwärts bis in die oberste linke Ecke. Dort führt ein sehr schmaler und stacheliger, zugewachsener Weg bis zum Gipfel.)

Bei einer Abzweigung nach links gehen wir geradeaus weiter (4:00 Std.). Wir verlassen den Wald und steigen auf einem freien Pfad mit schönen Blicken in das Land abwärts. Wir erreichen ein kleines Häuschen (4:15 Std.). Kurz darauf stoßen wir von oben auf eine kleine Steinmauer und gehen rechts. Wir folgen dem unbeschatteten Weg durch Ginster und Macchia geradeaus weiter. Kurz darauf rechts abwärts. Die große Brücke von Roquebrun ist zu sehen, in deren gerader Linie wir stehen. Wir folgen dem absteigenden Weg, der sich in einem großen Bogen der Stadt wieder nähert. Vor einer Burgruine, dem alten Schloß von Roquebrun, steigen wir rechts abwärts (4:45 Std.). Wenig später geraten wir von oben in den **Jardin Méditerranéen** mit vielen südlichen und exotischen Pflanzen. Wir verlassen den hübschen Garten nach einer Besichtigung und steigen in die Stadt ab, an der Kirche vorbei, die wir rechts liegen lassen. Durch eine Art Unterführung, dann zweimal rechts, einmal links (Rue de la Calade). Unten wieder rechts, und nach wenigen Minuten erreichen wir die Steinbrücke und unseren Ausgangspunkt (5:00 Std.).

25 Schroffe Felsen – auf dem Mont Caroux

Durch die Gorges d'Héric steigen wir hoch hinauf auf die ginster- und heidekrautbewachsene Höhe des Mont Caroux.

Wichtige Hinweise

Anfahrt: Von St-Pons-de-Thomière oder von Bédarieux über die D 908 bis nach Mons la Trivalle. Hier fährt man über die Bahnlinie, direkt dahinter rechts und folgt der Beschilderung zur den Gorges d'Héric. Hier befindet sich ein Parkplatz.

Ausgangspunkt: Der Parkplatz in den Gorges d'Héric.

Dauer: 6:00 Std.

Art: Rundwanderweg.

Schwierigkeitsgrad: Anstrengende Wanderung, vor allem wegen des großen Auf- und Abstieges.

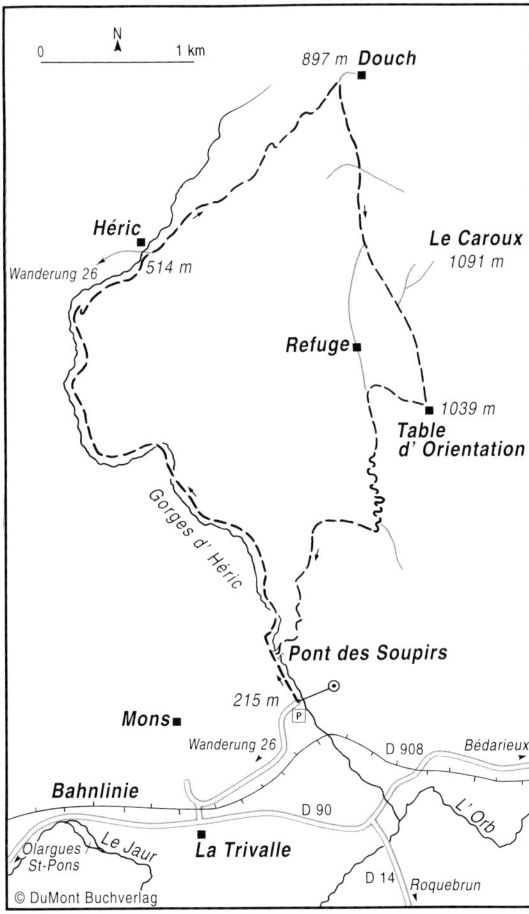

Wanderung 25

Orientierung: Mittel. Teilweise gelbe (Doppel-)Striche, ein Stück rot-weiße GR-Markierung.

Wegbeschaffenheit: Bis Héric betoniert. Dann oft steil und schmal, steinige Felswege und Waldwege bis Douch. Leichter und angenehmer Heideweg bis zu dem steilen und felsigen Abstieg.

Höhenunterschied: 800 m.

Einkehrmöglichkeit: In Mons la Trivalle, in Héric und Douch.

Einkaufsmöglichkeiten: In Mons la Trivalle.

Badegelegenheiten: Im Héric, vor allem im unteren Abschnitt.

Ausrüstung: Richten Sie sich darauf ein, daß es sehr sonnig und windig werden kann.

Bemerkung: Man kann diesen und den folgenden Weg auch verbinden. Dabei muß man einen Teil in der entgegengesetzten Richtung zu der Beschreibung laufen. Beispielsweise kann man die Wanderung über Douch bis Héric gehen und ab dort der Wanderung 26 bis unten folgen. Die Wegdauer verlängert sich entsprechend.

Überall badet man im Héric

Kartenmaterial: 1:25 000 IGN Nr. 2543 ouest.

Viele mögen staunen, daß der ganze Weg durch die Schlucht bis nach **Héric,** diesem kleinen verfallenden Weiler, betoniert ist. Aber Héric ist noch bewohnt: eine einzige Familie hat ihr Haus noch nicht aufgegeben, ist noch nicht hinunter in die Ebene gezogen und wohnt das ganze Jahr hier oben. Sie betreibt das kleine Café, in dem man auch etwas zu essen bekommen kann. Sonst ist niemand mehr da. Für sie also der befestigte Weg und die elektrische Leitung.

Der Reiz des stillen Weilers ist groß. Alte Mauern, schiefergedeckte Häuser, vor langer Zeit zusammengefügte Fenster und Türen, jetzt oft nur noch Löcher, durch die der Himmel schaut, tot, es sei denn, ein Ast wächst hindurch oder eine Katze sonnt sich dort. Alles beginnt sich in ein grünes Meer zu verwandeln. Hier wohnen Ruhe und Stille. Ins Rötliche spielender Gneis, Buchen und Eichen, an denen wir immer wieder vorbeikommen, verleihen dem Tal einen einzigartigen Charakter. Es ist vielleicht das bemerkenswerteste Tal der Monts de l'Espinouse, des gebirgigen Hinterlandes des Languedoc.

Ein Espinouse-Gipfel

Hervorzuheben bleibt der Kontrast zwischen Tal und Hochebene auf dem Caroux. Hier ist nichts mehr von der Enge des Tales, der Schlucht zu spüren, alles dehnt sich in die Weite. Heidekraut und Ginster, soweit das Auge blickt. An den Rändern des Gebirges reicht der Blick weit ins Land, in das Biterrois und bis zum Meer.

Die in den Bergen aufgestellten Bienenstöcke liefern Honig von hoher Qualität. Immer wieder findet man an den Straßen Imker, wo wir alle Sorten versuchen und die besten kaufen können. So etwa in **Mons la Trivalle.** Durch diesen kleinen Ort kommen wir in jedem Fall. Neben einer alten Kapelle sind noch einige Spuren des alten Schlosses zu sehen. In der Nähe, bei Tarassac (Orbbrücke), kann man nicht nur Kajaks ausleihen, sondern ein Freizeitzentrum organisiert auch andere Aktivitäten, Klettertouren, Höhlentouren u. ä. für Anfänger und Fortgeschrittene.

Wegbeschreibung

Kurz vor dem Parkplatz gabelt sich die Asphaltstraße. Die Abbiegung nach links ist für Autos gesperrt. Das ist unser Weg. Nach wenigen hundert Metern sieht man rechts unterhalb den **Pont des Soupirs,** eine schmale Betonbrücke. (Hier biegt man ab, wenn man die Wanderung im Gegensinn macht.) Wir folgen dem betonierten Weg immer geradeaus und bergauf. Ab und zu überquert er das Flüßchen.

Vor dem kleinen Weiler **Héric** (1:30 Std.) biegen wir in einer scharfen Kurve vor dem Örtchen rechts hoch. Ab hier ist unser Weg durch die rotweiße Markierung des GR 7 gekennzeichnet. Wir folgen ein Stück des Weges den Lichtmasten und biegen dann rechts aufwärts. Bei der nächsten Weggabelung halten wir uns wieder rechts (1:40 Std.). Der sehr schöne Weg, felsig und geröllig, steigt an. Er führt teilweise durch Wald, den wir eine Weile später verlassen (2:20 Std.). Jetzt geht es über eine nur noch mit Ginster und Erika bewachsene Hochfläche. Nach dem Col d'Airole (949 m) senkt sich der Weg etwas in Richtung auf das Örtchen **Douch** (2:35 Std.).

150 Meter vor dem Ort biegt der dicht bewachsene Weg rechts aufwärts und stößt nach wenigen Minuten auf einen breiteren Weg, dem wir wieder aufwärts folgen. Er durchquert ein kleines Wäldchen und verläuft dann auf der Hochebene. Wir folgen dem GR. Bald treffen wir auf einen GR-Wegweiser (3:15 Std.). Hier verlassen wir den GR mit seiner rotweißen Markierung und gehen bis zur *Table d'Orientation.* Wir biegen rechts abwärts und halten uns bei der nächsten Gabelung links, mehr am Abhang. Jetzt beginnt der Abstieg auf schmalen Pfaden. Ab und zu ist der Weg durch gelbe Doppelstriche markiert, im übrigen immer wieder durch kleine Steinhäufchen. Er führt in Serpentinen abwärts.

Wir erreichen wieder den Wald (3:55 Std.) und folgen dem Hauptweg abwärts. Bald darauf (4:10 Std.) biegt der Weg, durch gelbe Striche deutlich markiert, links abwärts. Wir folgen weiter dem Hauptweg und kommen dann zu einer Art Felsenplatte, die wir links liegen lassen. Unser Weg biegt 100 Meter später links abwärts. Er läuft jetzt in Serpentinen weiter abwärts (5:30 Std.). Bei einem großen Felsbrocken gabelt er sich. Hier gehen wir wieder links. Der Weg steigt weiter abwärts, überquert die Seufzerbrücke und führt zum Parkplatz zurück (6:00 Std.).

26 In steilem Tal – in den Gorges d'Héric

Wir setzen unsere Wanderung nicht über den Mont Caroux fort, sondern durchqueren über lichte Waldwege Héric und Bardou.

Wichtige Hinweise
Anfahrt: Siehe Wanderung 25.
Ausgangspunkt: Der Parkplatz am Fuß der Gorges d'Héric.

Dauer: 4:00 Std.
Art: Rundwanderweg.
Schwierigkeitsgrad: Die Wanderung ist recht anstrengend, vor allem wegen der zwei Aufstiege hinter Héric und hinter Bardou.
Orientierung: Der Weg ist in unterschiedlicher Qualität durchgängig markiert: von Héric bis Bardou die rot-weiße Markierung des GR; ab Bardou weiß-blau-rot, z. T. allerdings sehr schlecht. Ab Mons la Trivalle ein weißer Punkt.
Wegbeschaffenheit: Bis Héric ist der Weg betoniert, dann manchmal schmale Waldpfade. Ab Bardou ein sehr schöner, angenehmer Waldweg bis Mons la Trivalle. Von dort zum Ausgangspunkt wieder asphaltiert, aber wenig befahren.
Höhenunterschied: 450 m.
Einkehrmöglichkeit: In Héric und Mons la Trivalle.
Einkaufsmöglichkeit: In Mons la Trivalle.
Kartenmaterial: 1:25 000 IGN Nr. 2543 ouest.

Die **Gorges d'Héric** sind in der Saison ein beliebtes Ausflugsziel. Man trifft Kletterer, die die steilen Felswände hinauf- oder hinabsteigen; Wanderer, die die Monts de l'Espinouse durchqueren; picknickende Familien und Badende. Denn der Bach hat den Felsen an vielen Stellen tief ausgehöhlt, so daß sich überall ideale Badeplätze gebildet haben. Das unregelmäßig ausgewaschene Bachbett bietet ganz unterschiedliche Ausformun-

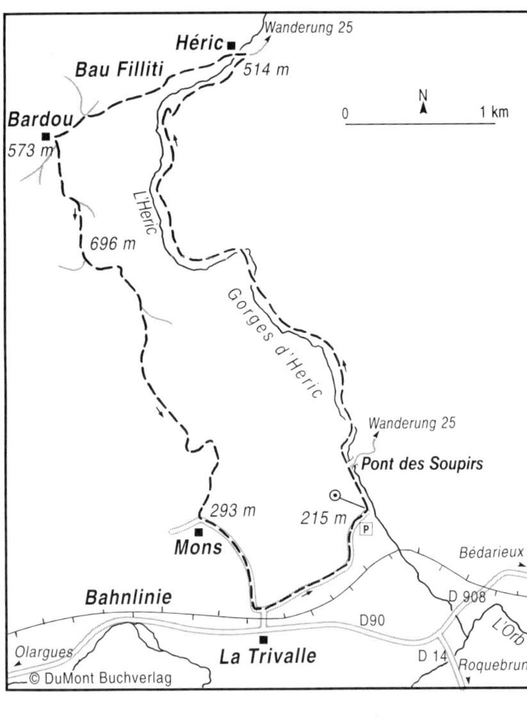

Wanderung 26

gen: kreisrunde ›Seen‹, kleine ›Wasserfälle‹, Verbreiterungen, schmale und tiefe Stellen, kleine Kuhlen, tiefe Löcher und große Becken. Jeder kann Stellen finden, die ihm zusagen. Je höher man kommt, desto spärlicher werden die Badegelegenheiten allerdings. Daß der Héric diese Kraft hat, ergibt sich aus dem steilen Weg, den er hinter sich bringen muß. Er fällt über 800 Meter auf einer Strecke von nur 8 Kilometern.

Bardou gehört zu den kleinen und unscheinbaren Dörfern, die wir durchqueren oder streifen. Es ist bemerkenswert, weil es fast ›tot‹ war und nun wieder zu einem gewissen Leben gefunden hat. Ganz in der Einsamkeit verborgen, führt nur eine kleine, manchmal fast halsbrecherische Straße hinauf, aber nicht in den Ort hinein. Autos bleiben auf einem Parkplatz vor dem Dörfchen; die letzten Schritte muß man zu Fuß gehen. Die Häuser sind wieder instand gesetzt worden, allerdings waren die meisten von ihnen noch vor kurzem ohne Strom. Licht und Kühlschrank

gab es also nicht, Lebensmittel mußte man im Wasser kühlen. Die Häuser dienen als Ferienunterkünfte, was die überwiegend deutschen Autos auf dem Parkplatz verdeutlichen. Viele verbringen hier, in der Abgeschiedenheit und unter wenig komfortablen Bedingungen, einen erholsamen Urlaub.

Lage und Umgebung verleihen dem kleinen Ort einen großen Charme. Wer gegen Abend den Weg von Bardou nach Mons la Trivalle fährt, wird von einer eigenartigen Stimmung angerührt. In einem phantastischen Panorama gehen die Berge, wie in einem Meer, ineinander über. Alles verschwimmt etwas, bleibt aber dennoch klar und deutlich. Etwas unterhalb liegt der Stausee **Lac de l'Airette,** der die Gemeinden des Tales mit Trinkwasser versorgt.

Wegbeschreibung

Vom Parkplatz aus folgen wir dem Weg bis **Héric** (1:30 Std.; siehe Wanderung 25). Ab hier ist der Weg zunächst rot-weiß markiert. Wir steigen durch den zauberhaften Weiler Héric abwärts, bis wir unten im kleinen Tal auf den Bach Vialais treffen, den wir überqueren (1:40 Std.). Wir folgen dem GR und steigen aufwärts.

Auf der Höhe zweigt ein Weg nach rechts ab (2:20 Std.). Wir gehen geradeaus weiter. Der Weg senkt sich wieder, gleich darauf stoßen wir auf eine breite Fahrstraße, die wir überqueren, um nach **Bardou** abzusteigen. Im Ort biegt der Weg unterhalb eines Hauses sofort wieder leicht ansteigend nach links aufwärts (2:25 Std.). Nach wenigen Minuten erreichen wir eine Fahrstraße, der wir nur wenige Meter nach rechts folgen, um dann sogleich wieder nach links aufwärts abzubiegen. Dieser Weg ist teilweise zugewachsen.

Bald darauf stoßen wir auf einen Querweg, dem wir nach rechts folgen (2:35 Std.). Dieser Weg ist oft von Steinmäuerchen gesäumt. Wenige Minuten später biegen wir rechts

Der versteckte Weiler Bardou

abwärts. Der Weg biegt dann noch einmal rechts ab (3:10 Std.), kurz darauf ein weiteres Mal. Wir kommen zu einem Haus, hinter dem wir auf die Straße treffen, der wir links abwärts folgen (3:20 Std.). Ab hier ist der Weg zum Ausgangspunkt mit einem weißen Punkt markiert.

Die Asphaltstraße führt bei der nächsten Kreuzung links, bei der darauffolgenden wieder links (3:30 Std.). An der nächsten großen Gabelung geht es rechts – wer hier links abbiegt, vermeidet das Dorf und gelangt schneller wieder zum Ausgangspunkt – und dann auf der Straße bis in das Dorf hinein (3:45 Std.). Von hier führt der Weg zurück zum Ausgangspunkt auf der Fahrstraße bis zum Parkplatz.

27 Im Kirschgebiet – bei Olargues

Ein Spaziergang durch Felder und Wälder bei Olargues.

Wichtige Hinweise
Anfahrt: Von St-Pons-de-Thomières oder von Bédarieux über die D 908 bis Olargues.
Ausgangspunkt: Der Rathausplatz von Olargues.
Dauer: 2:40 Std.
Art: Rundwanderweg.
Schwierigkeitsgrad: Leicht.
Orientierung: Leicht. Der Weg ist durchgängig markiert. Diese lokale Markierung, meist ein einfacher oder doppelter blauer Strich, ist oft nicht ganz zuverlässig.
Wegbeschaffenheit: Zu Beginn, bei Le Cros, und am Ende wenig befahrener, asphaltierter Weg. Sonst bequeme Wiesen- und Feldwege.
Höhenunterschied: 110 Meter.
Kartenmaterial: Im wesentlichen auf der Karte 1:25 000 IGN Nr. 2543 ouest.

Olargues zählt gut 500 Einwohner und liegt am Fuß des Espinouse-Massivs, im grünen Tal des Jaur auf einem kleinen Berg. Schon aus der Ferne sieht man den alles überragenden alten Turm, der von dem alten Schloß aus dem 11. Jh. übriggeblieben ist. Uralt ist auch die Teufelsbrücke, die wir überqueren, wenn wir das Gewirr der vielen kleinen Gassen hinter uns gelassen haben. Sie heißt aber auch einfach alte Brücke und ist zu Beginn des 13. Jh. gebaut worden, von der Familie der Pons, an die immer noch der Name von St-Pons-des-Thomières erinnert.

Heute ist Olargues ruhig und ein bißchen müde. Ich empfinde es als einen der hübschesten Orte im Gebiet des Regionalparkes mit seinen alten Häusern, den engen und gepflasterten Gassen, der Prunktreppe der Commanderie. Die Leute hier sind sehr nett. Da das *Syndicat d'Initiative* geschlossen war, fragte ich eine alte Frau auf der Straße, an wen ich mich wenden könne. Sie begleitete mich zu dem Haus, in dem der Gesuchte wohnte. Ich wurde in die gute Stube

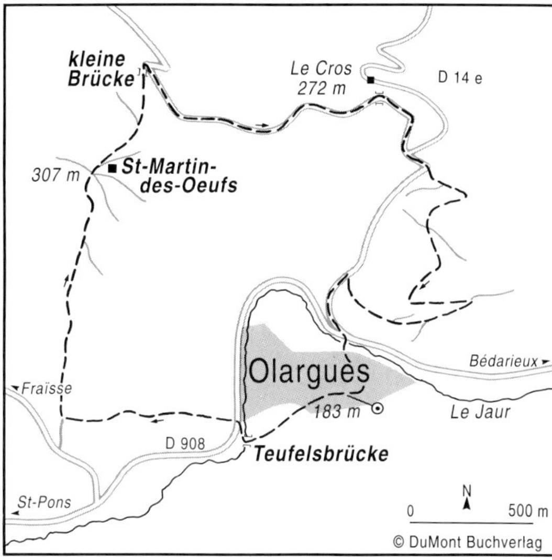

Wanderung 27

gebeten und alleine gelassen, bis die irgendwo in einem Schrank untergebrachten Unterlagen zur Stelle waren. So scheint mir der ganze Ort, so war er vermutlich schon unter Pons II. und Pons III.

Der Ort liegt im Schutz des großen Espinouse-Gebirges und hat deshalb ein sehr günstiges Klima. Diese Lage erlaubt es, das Tal fast wie einen Obstgarten zu bebauen. Besonders berühmt sind die Kirschen von Olargues, aber auch seine Maronen. Im Frühjahr strahlt das Tal im weißen Kleid seiner Kirschblüte.

Besonders beeindruckend wirkt das Tal, wenn man vom Col de Fontfroide über die kurvige kleine Straße herunterkommt, die sich an der östlichen Flanke des Espinouse-Gebirges entlangzieht. Nach den Wäldern beginnt plötzlich und überraschend eine stark mediterrane Pflanzenlandschaft. Weinberge und Oliven treten an die Stelle der Buchen.

Wegbeschreibung
Wir folgen zunächst der Platanenallee in **Olargues** aufwärts, folgen dann weiter der Straße durch die Stadt. Nach dem Café und Restaurant Funambule biegt der Weg sogleich nach rechts ab und führt etwa 200 Meter durch kleine Gassen (immer links halten!), bis er die **Teufelsbrücke** erreicht, die wir überqueren. Danach gehen wir links, bis wir nach etwa 200 Metern vor einer Total-Tankstelle rechts in die leicht ansteigende Straße *Faubourg du Gué* einbiegen (0:10 Std.), die zunächst betoniert ist.

Bald stößt sie auf einen weiteren Weg (0:25 Std.), auf dem wir uns rechts halten. Wir laufen jetzt auf einem landwirtschaftlichen Fahrweg, dessen ursprünglich feste Decke nur noch dann und wann erscheint. Bei einer Weggabelung gehen wir rechts aufwärts und verlassen die Weinberge (0:40 Std.). Fünf Minuten später beschreibt der Hauptweg eine scharfe

Olargues

große Rechtskurve. Hier verlassen wir ihn und folgen dem kleinen Weg nach links. Nach etwa 200 Metern steht ein kleines Steinhäuschen.

Wir folgen dem Hauptweg weiter und erreichen nach wenigen Minuten die kleine **Kapelle von St-Martin-des-Oeufs** (0:55 Std.). Davor treffen mehrere Wege zusammen. Wir gehen geradeaus weiter und folgen dem breiteren, etwas höher gelegenen Weg in gerader Richtung.

Bald darauf eine weitere Weggabelung (1:00 Std.). Wir folgen dem Weg rechts abwärts. Unter einer Stromleitung hindurch gehen wir durch den **Combe de Codouls** über eine kleine romantische Brücke im Wald bis zu einer Asphaltstraße (1:10 Std.). Hier geht es immer rechts abwärts auf der Hauptstraße bis **Le Cros.** Dort beschreibt der Weg eine große Rechtskurve, um sofort danach scharf im spitzen Winkel links abzubiegen – und über die Brücke.

Bei der nächsten Abzweigung rechts bis zu der großen Asphaltstraße, der wir wieder rechts folgen. Einige Minuten später biegen wir nach links ab und gehen an einer Scheune vorbei. Wir sehen das Caroux-Gebirge jetzt vor uns liegen. Bei der nächsten Gabelung gehen wir links (1:50 Std.), bei der darauffolgenden dreifachen Kreuzung ebenfalls. Kurz darauf biegen wir rechts ab und haben den Mont Caroux jetzt im Rücken. Wir blicken wieder in das Tal der Jaur.

In einer Rechtsbiegung des Weges gehen wir geradeaus weiter (2:10 Std.), direkt auf den Kirchturm von Olargues zu. Wir folgen dem inzwischen wieder betonierten Weg, der bald auf die D 14E stößt, der wir nach links folgen. Wir überqueren die D 90 (2:30 Std.) und biegen wenige Meter später nach rechts über die Brücke aufwärts nach Olargues.

Nach der Brücke gehen wir links in einem großen Rechtsbogen in den Ort hinein. Bei einer Kreuzung geht es geradeaus auf den Bahnhof zu, hier befindet sich auch die Post, und biegen rechts aufwärts bis zu unserem Ausgangspunkt (2:40 Std.).

Blick auf den Mont Caroux

28 Toulouse – Stadt der Ketzer und Inquisitoren

Stadtwanderung Toulouse

Diese Stadtwanderung will durch einige bemerkenswerte Viertel und an den Hauptsehenswürdigkeiten vorbeiführen. Was ich hier vorschlage, kann und soll man nicht auf einmal ›erledigen‹. In der Stadt zu laufen ist erfahrungsgemäß anstrengender, als in der freien Natur zu wandern. Deshalb sollten Sie sich bestimmte Abschnitte aussuchen, diese dann je nach Geschmack entsprechend variieren. Der Rundgang führt einmal im Kreis durch fast alle Viertel, kann beliebig unterbrochen oder nur in Teilen befolgt werden.

So quirlig wie die Stadt, so unübersichtlich ist ihre Anlage. Die alte Stadt liegt an einer Biegung der Garonne, der sie folgt. Die umgebenden Boulevards beschreiben noch heute einen Bogen, der parallel zum Fluß verläuft. Es gibt nicht eine Straße, die die

Wanderung 28

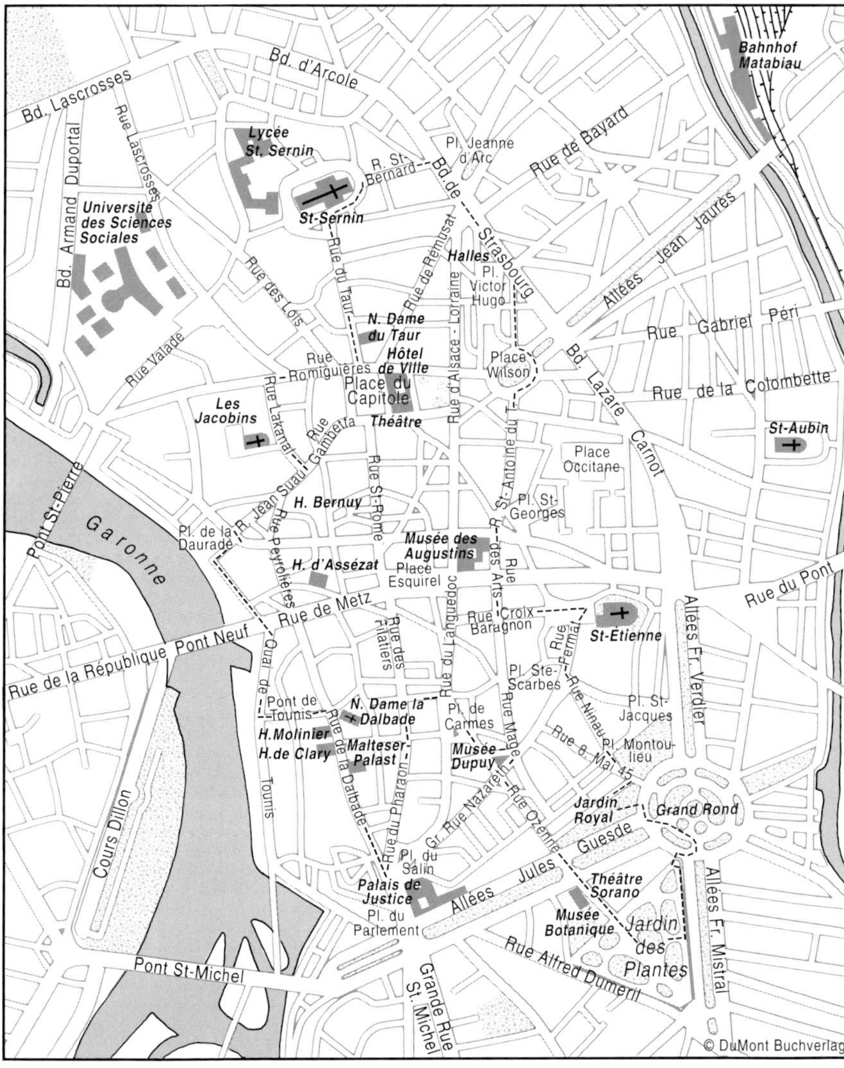

Altstadt wirklich geradlinig durchschnitte.

Wir beginnen unsere Wanderung auf der **Place du Capitole,** dem belebten Mittelpunkt der Stadt. Die *Capitouls,* die alten bürgerlichen Stadtregenten, die ihre Stadtfreiheit gegen die gräfliche Macht erkämpfen mußten, hatten hier ihren Sitz. Sie bildeten eine Art Stadtkapitel und nannten sich die Herren des *capitulum* (lateinisch), des *capitol* (okzitanisch). Darüberhinaus existierte in der Stadt auch ein capitolinischer Jupitertempel, ein *capitolium.* Beide Worte verschmolzen und gaben dem Platz seinen Namen. Hier steht das **Rathaus** *(Hôtel de Ville)* aus der Mitte des 18. Jh., das durch seine lange Front den Platz beherrscht. Im rechten Teil des langgestreckten Gebäudes ist das **Stadttheater** untergebracht. Hinter dem Rathaus erhebt sich der **Donjon,** der einzige und von Viollet-le-Duc in Teilen neu erbaute Rest der alten Anlage aus dem 16. Jh., in dem sich heute das Touristenbüro befindet.

In der Nord-Ost-Ecke des Platzes, unter dem letzten Bogen der Arkadenstellung, biegen wir nach links in die Rue Romiguière. Wir folgen ihr einige Schritte und biegen dann nach links in die Rue Lakanal ein. Kurz darauf zeigt sich zur Rechten, unerwartet und überraschend, ein großer und abweisender Backsteinbau: die **Kirche Les**

Das gotische Gewölbe der Kirche Les Jacobins

Jacobins, die Mutterkirche des Dominikanerordens. Auch wenn das Äußere verschlossen und wenig einladend wirkt, so blendet die Schönheit des Inneren um so mehr. Hier strahlt die Gotik des Midi mit ihrem vielleicht hellsten Stern. Die Harmonie des Innenraums, in dem auch der größte Gelehrte des Ordens, der Heilige Thomas von Aquin, bestattet liegt, ist von strahlender Ausdruckskraft. Die Glasfenster sind bis auf die beiden Rosetten im Osten aus dem 14. Jh. neueren Datums. Nach der Besichtigung von Kreuzgang und Kapitelsaal verlassen wir diese eigen- und einzigartige Kirche – ich war nach meinem ersten Besuch wie betäubt.

Wir gehen auf der Rue Lakanal bis zur Rue Peyrolière, der wir nach rechts folgen. Auf der rechten Seite erhebt sich das **Hôtel Bernuy.** Dieses alte Gebäude aus dem Anfang des 16. Jh. mit seiner hohen Fassade beherbergt heute das Lycée Pierre-de-Fermat und vereinigt etwas eklektizistisch Stilmerkmale von Gotik und Renaissance, Einflüsse aus Spanien und von den Loire-Schlössern. Es lohnt sich, den Turm zu besteigen und von der zweiten Etage den Blick auf die Stadt zu genießen.

Kurz darauf teilt sich die Straße dreifach, wir halten uns in der Mitte auf der Rue Jean Suau und folgen ihr bis zur Place de la Daurade. Hier stoßen wir auf die Garonne und die großen Anlagen, die im 18. Jh. errichtet wurden, um den Fluß zu bändigen und ihn für die Schiffahrt passierbar zu halten. Zugleich waren diese Flußbefestigungen Teile eines großen städtebaulichen Projekts. Zunächst wurde der linksseitige Stadtteil St-Cyprien durch die große Allee des Cours Dillon abgesichert. Häfen mit hohen Kaimauern aus Backstein wurden angelegt. Zugleich sollte der Stadtprospekt durch weitere bauliche Maßnahmen einheitlich und würdig gestaltet und verschönert werden. Dieses großangelegte Vorhaben einer homogenen Stadtfront zum Fluß hin und der entsprechenden Uferpromenade wurde jedoch nie realisiert. Wir gehen links auf einer typisch französischen Promenade, die sich mit ihrem breiten Rasenstreifen zum Fluß hin bevölkert, wenn es wieder warm wird, und genießen das Panorama der Stadt. Die vor uns liegende Brücke, der **Pont Neuf,** eine der ältesten Brücken der Stadt aus dem 16./17. Jh., verbindet, bei strenger Betrachtungsweise, die Gascogne, das linke Flußufer, mit dem Languedoc auf der rechten Flußseite. Man hat diese Promenade oft mit derjenigen des Arno bei Florenz verglichen. Mir scheint das übertrieben. Flüsse, die so stark eingezwängt und umbaut sind, daß die Baumassen beherrschend werden, sagen mir nicht zu.

Bei dem Pont Neuf biegt die Rue de Metz links ab, die Ost-West-Achse der Stadt. Wir machen hier einen kleinen Abstecher nach links zu dem Mitte des 16. Jh. erbauten **Hôtel Assézat.** Es steht nach wenigen Metern fast an der Ecke der Place Assézat, in der Rue de l'Écharpe und ist der schönste Stadtpalast von Toulouse, so heißt es. Erstmals in Toulouse wird hier die klassische Form der Säulenstellungen entwickelt: die drei sogenannten Säulenordnungen der Antike – dorisch, ionisch, korinthisch – werden übereinandergestaffelt. Verspielte und doch schlichte Formen geben dem Ganzen eine große Eleganz und Leichtigkeit.

Wir gehen geradeaus weiter am Fluß entlang, auf dem **Quai de Tounis.** Hier befinden wir uns in einem Randbezirk des südlichen Viertels St-Étienne. Von diesem Quai, der erst im letzten Jahrhundert gebaut wurde, bietet sich noch einmal ein herrlicher Blick zurück auf den Pont Neuf, St-Cyprien und die Garonne. Drüben wieder der Cours Dillon, die Prachtstraße des romantischen Toulouse.

Nach etwa 200 m biegen wir nach links in die Rue du Pont-de-Tounis, bis wir bald darauf die **Kirche Notre-Dame-La-Dalbade** erreichen. Sie stammt aus dem 15./16. Jh. und ist in unserem Jahrhundert stark renoviert worden. Ein typischer Bau der Gotik des Midi, weist sie doch ein reiches Renaissance-Portal auf, das von einer bunten Keramik-Gruppe (1874) gekrönt wird, nachempfunden dem Bild von Fra Angelico, das die Krönung der Himmelskönigin Maria darstellt. Im Innern strahlt das weite einheitliche Schiff eine gewisse Kälte aus.

Viel schöner und interessanter finde ich die **Rue de la Dalbade,** die vor der Kirche rechts abbiegt. Für mein Empfinden eine der schönsten Straßen von Toulouse, in der wir auf eine beachtenswerte Reihe alter Stadtpaläste stoßen, von Honoratioren der Stadt im Laufe der Jahrhunderte errichtet. Viele sind gänzlich symmetrisch gebaut, weisen rechts und links des Portals die gleiche Anzahl von Fenstern auf, und sind, wie immer, aus Backstein errichtet. Besonders bemerkenswert sind die Nummern 7, 18 und 20 mit eleganten Fassaden aus dem 18. Jh.

Das **Hôtel Molinier** (Nr. 22) zeigt uns stolz seine provokative Fassade, die ausgeprägt heidnische Motive aufnimmt. Das ist auch in der Zeit der scheinbar so aufgeklärten Renaissance und später keine Selbstverständlichkeit. Plakativ trägt sie das stoische Motiv *sustine abstine,* also ›ertrage und halte dich fern‹. Kurz darauf das **Hôtel de Clary,** das sogenannte ›Haus aus Stein‹, mit seiner üppigen und überladenen, aber rational-symmetrisch gestalteten und für Toulouse einzigartigen steinernen Fassade. Schräg gegenüber (Nr. 30–32) der große **Palast des Malteser-Ordens** aus dem 17. Jh. Sehenswerte Innenhöfe finden wir bei den Hausnummern 29, 31 und 37.

Die Verlängerung der Straße, die Rue de la Fonderie, stößt auf die Place du Salin. Halblinks uns gegenüber erhebt sich der **Palais de Justice** an der Stelle, wo einst das Parlament zu Toulouse residierte. Gehen wir noch einige Schritte weiter, so finden wir zwischen den Nummern 6 und 8 der Place du Parlament den **Domus Inquisitionis.** Der heilige Dominikus hatte das Haus im Jahre 1215 als Geschenk erhalten. Es beherbergte zunächst die entstehende Gemeinschaft der Dominikanermönche, später die Inquisition.

An der Stelle, an der wir auf die Place du Salin stießen, biegen wir in einem spitzen Winkel in die Rue du Pharaon ein. Sie gehörte vermutlich zum *Cardo,* der alten römischen Hauptstraße in Nord-Süd-Richtung. Auch hier befinden wir uns wieder ganz im alten Toulouse.

Essen in Toulouse

Ich schätze Toulouse auch deshalb, weil man hier gut essen kann. Solides Essen bekommen Sie oft in den ganz kleinen Restaurants, besser Kneipen, in denen Mama kocht und Papa bedient – oder auch umgekehrt. Die Speisekarte ist täglich neu, handgeschrieben. Oder sie ist mit Kreide auf der Tafel draußen notiert und deshalb manchmal ein bißchen schwer zu lesen. Aber gerne wird Aufklärung gegeben: heute gibt es Lunge oder Kalbshirn oder Steak frites, das französische Nationalgericht, von dem Roland Barthes sagt, mit ihm wolle der Franzose sich die Kraft und das magische Blut des Rindes einverleiben; denn es wird üblicherweise *saignant* gegessen, blutig, nicht durchgebraten.

Diese Kneipen sind oft klein, manchmal etwas dunkel, mit eng aneinandergerückten Tischchen für je 2 Personen; jedes Kommen und Gehen sorgt für ein aufwendiges Tischerücken. Die Stammgäste lassen nicht lange auf sich warten: Arbeiter des Viertels, Rentner und ab und zu der Polizist. Der Wein ist kein Hochgenuß, aber trinkbar. Außerdem sind die Preise niedrig, für ein vollständiges, dreigängiges Menu einschließlich des obligatorischen Viertel *vin rouge* zahlt man oft nur wenig mehr als bei uns für eine Pizza mit einem Bier.

Natürlich gibt es nicht nur die kleinen Eßecken. Wer sie nicht mag – volkstümlich hin, volkstümlich her – kann sich auch an der großen Küche ergötzen, wo das Mahl zelebriert wird und der Wein allen Ansprüchen genügt. Zwischen diesen Extremen steht noch eine Fülle von guten und anspruchsvollen Restaurants zur Auswahl.

Eine der Spezialitäten ist das *Cassoulet,* das in Toulouse, Carcassonne oder Castelnaudary gekocht wird. Ein Eintopf mit weißen Bohnen, eingelegter Gans oder Ente, Schaf und Schwein, Wurst und Speck. Ein schweres Essen also, das überall angeboten wird.

Es gibt kein verbindliches Rezept für dieses Gericht. Nicht nur streiten sich Carcassonne, Castelnaudary und Toulouse um das beste Cassoulet. In typisch französischer Weise treibt man auch die Anforderungen an den Eintopf manchmal etwas auf die Spitze. Die Tradition von Castelnaudary, so heißt es, verlangt von dem dortigen authentischen Cassoulet: Der Topf, die *cassole,* die dem Gericht seinen Namen gegeben hat, muß aus dem Ton von Issel gebrannt sein; die Bohnen müssen bei Lavelanet gewachsen sein; sie müssen in dem sehr reinen Wasser von Castelnaudary gekocht werden; und zu guter Letzt: das Holz für das Holzfeuer, über dem das Cassoulet zubereitet wird, muß aus der Montagne Noire stammen. Wer aber selbst kochen will, der findet alles Notwendige, alle Früchte des Südens auf den Märkten. Salate in allen Variationen. Obst und Gemüse liefert das Hinterland in Hülle und Fülle, auch Fleisch und Fisch. Auf dem Markt kann man in der Saison auch Trüffel kaufen. Der Preis für das Kilogramm ist hoch, da Trüffel aber leicht sind und man für die Erprobung nicht sehr viel braucht, kann man den Versuch gut wagen.

Das **Hôtel du Capitoul Marjevol** (Nr. 47) verfügt über einen herrlichen Innenhof. Eine loggiaartige Arkadenstellung, ein alter bewachsener Ziehbrunnen, ein offenes Treppenhaus aus Holz, das durch seine schwarze Farbe mit dem rot-weißen Mauerwerk kontrastiert. Die schweren dunklen Balken sind von unten in tiefem Blau gestrichen. Der Hof wirkt mit seinen unterschiedlichen Elementen reich, jedoch nicht überladen, und hell, obwohl er recht klein ist. Der in das Haus Nummer 21 integrierte Turm bildet das älteste Element der Straße: er stammt aus dem Jahre 1478.

Wir stoßen auf die **Markthalle** der Place des Carmes, um die wir links herumgehen. Hier wird jeden Morgen ein Markt abgehalten, auf dem man der breiten Palette des südlichen Landbaus in allen Varianten begegnet. Wir überqueren die Rue du Languedoc und biegen sodann nach halblinks in die Rue Ozenne ein, die erst zu Beginn dieses Jahrhunderts ›geschlagen‹ wurde, wobei viele alte Häuser zerstört wurden.

Wir biegen in die zweite Straße nach links, in die Rue de la Pleau. Hier liegt gleich zur Linken das **Museum Paul-Dupuy,** in dem etwa 80 000 Exponate aus der angewandten Kunst (Metall, Holz), Uhren und andere Maschinen vom Mittelalter bis in unsere Tage sowie vieles aus der lokalen Produktion (Fayencen u. a.) ausgestellt sind.

Von der kleinen Place Perchepinte biegt die Rue Mage nach links ab, vielleicht die besterhaltene und einheitlichste der alten Straßen. Hier triumphiert vor allem das 17. und 18. Jh. Wir gehen aber rechts und erreichen nach wenigen Schritten wieder die Rue Ozenne, der wir nach links bis über die Allées Jules Guesde folgen. Hier befindet sich der Haupteingang zum **Jardin des Plantes.** Gleich links hinter dem Theater Sorano das **Naturgeschichtliche Museum,** rechts die Gebäude der medizinischen und der pharmazeutischen Fakultäten. Wir schlendern durch den Park, halten uns dann links und kommen über eine Brücke auf den sogenannten Grand Rond – der gar nicht rund, sondern oval ist – eine parkähnliche große Verkehrsinsel.

Wir verlassen ihn über die nächste Brücke, wieder links, die uns direkt in den königlichen Garten führt, den **Jardin Royal.** Diese Anlagen stammen aus der gleichen Zeit wie die großen Uferpromenaden der Garonne. Um die Mitte des 18. Jh. hatte man beschlossen, dem Geist der Zeit entsprechend, die Möglichkeiten zu Spazierfahrten und -gängen zu erweitern. Von dem Grand Rond sollten strahlenförmig sechs große Promenaden ausgehen. Aber das Projekt wurde nicht vollendet, aufgegeben. Warum? Noch heute streitet man darum, ob es der mangelnde politische Wille war, ob die Arbeiten mit dem Ausbruch der Revolution eingestellt wurden; oder ob es der städtische Geldmangel war, weil die Bourgeoisie der Stadt ein Opfer der zusammenbrechenden Getreidemärkte war.

Wir verlassen den königlichen Garten nach rechts, gehen ein paar Schritte nach links, auf der Rue du 8 mai 45, bis zur Place Montoulieu, wo wir halbrechts in die Rue Ninau gelangen. Wir kommen in das **Viertel der Antiquare,** überall öffnen sich in alten Gebäuden und unter gotischen Bögen dezente Geschäfte für die Spezialisten des Alten. In der Rue Ninau selbst stoßen wir wieder auf prachtvolle Stadtpaläste, die sich Adel und Honoratioren des 16. (Nr. 15, Hôtel de Jean de Ulmo) und des 18. Jh. (Nr. 19 und 12–14) erbauen ließen.

Auf der Place Ste-Scarbes halten wir uns rechts (Rue Fermat) bis zur Place St-Étienne.

Vor uns liegt die eigenwilligste, wenn nicht die »häßlichste Kirche von Toulouse« (Rolf Legler), die **Kathedrale St-Étienne.** Ihre Fassade wirkt völlig disparat, unharmonisch und schief. Die verschiedenen An- und Umbauten über lange Jahrhunderte hinweg haben sie verschandelt. Den Höhepunkt erreicht die Verwirrung im Inneren: das Hauptschiff liegt mit dem riesigen gotischen Chor nicht in einer Achse. Mit diesem Chor nach nordfranzösischer Art wird das ganze Gebäude unglaublich verzerrt. Wie fremd und nur zufällig verknüpft stehen beide Teile aneinandergeklebt. Man hatte den Chor 1272 begonnen, ohne sich um das alte Schiff zu kümmern, das abgerissen werden sollte. Aber Geld und Geist reichten nicht aus, die Bauarbeiten wurden nach 15 Jahren eingestellt. Erst Jahrhunderte später wurde der kuriose Zusammenhang der beiden Teile hergestellt.

Aus der Kirche kommend überqueren wir den Platz und gehen geradeaus durch die schöne alte Rue Croix-Baragnon. Hier beginnt das elegante Viertel, das sich bis zur Place Wilson hinaufzieht, elegante Luxus-Boutiquen und teure Geschäfte für den gehobenen Geschmack. An der nächsten Kreuzung biegen wir nach rechts in die Rue des Arts ein. Kurz darauf überqueren wir wieder die Rue de Metz.

Zur Linken haben wir einen sehr schönen Blick auf das Augustinermuseum, **Musée des Augustins,** das in einem alten Klostergebäude untergebracht ist. Es beherbergt eine großartige und sehr ausgedehnte Sammlung romanischer Skulptur, daneben auch eine beachtliche Gemäldesammlung. Auf der rechten Seite des Museums, an der Rue des Arts, liegt die größte Buchhandlung von Toulouse, die des Verlagshauses Privat.

Dann halten wir uns rechts (Rue Cantegril) und stehen sogleich auf der Place St-Georges, einem der ältesten Plätze der Stadt und immer schon ein beliebter Punkt gesellschaftlichen Lebens. Hier fand schon im Mittelalter der Markt statt, hier wurden die öffentlichen Hinrichtungen vollzogen (171 Vollstreckungen in der Zeit von 1739 bis 1780). Die berühmteste ist wohl die Hinrichtung des Protestanten Jean Calas.

Er war angeklagt worden, seinen ältesten Sohn ermordet zu haben, um dessen Übertritt zum Katholizismus zu verhindern. Trotz seines beharrlichen Leugnens wurde er durch das Parlament von Toulouse 1762 zum Tode verurteilt und aufs Rad geflochten. Voltaire entfesselte mit seiner Schrift »Traité de la tolérance« eine gewaltige Kampagne gegen die Intoleranz der Parlamentsräte von Toulouse und ihresgleichen und für Jean Calas, dessen Hinterbliebene er auch unterstützte. Drei Jahre später wurde Calas rehabilitiert.

Der Platz wurde Ende der 70er Jahre neu gestaltet und ist heute ein sehr beliebter Treffpunkt. Cafés mit ausge-

St-Sernin

dehnten Terrassen, Musikbars und Jazzkeller, Restaurants, Geschäfte und Wohnhäuser säumen ihn. Bis tief in die Nacht herrscht ein buntes Treiben, hier trifft sich die *jeunesse dorée.* Gesehen und gesehen werden. Der Platz ist immer noch *in.*

Wir gehen links die Rue St-Antoine du T. hinauf. Zwischen dem Platz St-Georges und dem Platz Wilson haben sich, vor allem in den kleineren Straßen, feine Geschäfte und teure Boutiquen niedergelassen. Ihr Gegengewicht finden sie in den großen Kaufhäusern der Rue Alsace-Lorraine und Rue de Metz. Aber auch ein großes Einkaufszentrum, das neue St-Georges rechts der Rue du St-Antoine du T., ist entstanden.

Geradeaus geht es zur Place Wilson, einem der eleganten Zentren von Toulouse. Der Platz gehört zu den Realisierungen eines städtebaulichen Projekts aus der ersten Hälfte des 19. Jh., am deutlichsten sichtbar in der großen Perspektive Richtung Nord-Ost: eine große durchgehende Straßenflucht bis in die Außenbezirke hinein. Der Brunnen in der Mitte der Anlage ist einem Poeten des Languedoc gewidmet, Pierre Godolin. Nobelgeschäfte, Restaurants, Cafes und vor allem Kinos prägen das Bild. Zum Erstaunen des Touristen stehen auch gegen Mitternacht noch lange Schlangen vor den Kinos. Anders als bei uns sind die Projektionsräume oft unglaublich groß, fassen hunderte von Personen. Und sie sind auch zu später Stunde häufig noch voll besetzt.

Wir folgen nun der Rue d'Austerlitz in Richtung Norden, nicht der breiten Allée Président Roosevelt. In der Parallelstraße zur Linken, auf der Place Victor Hugo, stehen die **Halles** mit dem **Fischmarkt.** Der Boulevard de Strasbourg liegt vor uns. Bebauung und Charakter des Viertels haben sich grundlegend geändert, Atmosphäre und Charme der Altstadt verlieren sich. Wir kommen in den zweiten Ring, der vom **Canal du Midi** begrenzt wird. Hier beginnen sich neue Wohnblocks und Hochhäuser auszudehnen.

Von der Place Jeanne d'Arc führt die Rue de Bayard direkt zum **Bahnhof Matabiau,** wo wir zu jeder Tages- und Nachtzeit etwas zu essen kaufen können. Das ist aber nicht nur für das Bahnhofsviertel typisch. In dem Viertel Arnaud-Bernard sorgen Studenten und die vornehmlich aus den südlichen Mittelmeerstaaten stammende Bevölkerung dafür, daß der Magen nie darben muß. Wir befinden uns schon inmitten dieses Viertels, wenn wir nach wenigen Schritten von dem Boulevard de Strasbourg in die Rue St-Bernard nach links einbiegen.

Wir stoßen hier aber nicht nur auf die arabische und studentische Bevölkerung – es gibt eine große Zahl von preiswerten und netten Restaurants –, sondern direkt auf die bedeutendste Kirche der Stadt: **St-Sernin.** Vor uns liegt ein wunderbarer Anblick, das Chorhaupt und das mit Apsiden geschmückte Querschiff der großen romanischen Pilgerkirche, die ältesten Teile des Bauwerkes, und der große achteckige Glockenturm, der seine fünf sich immer weiter verjüngenden Etagen in den Himmel reckt.

Der weiträumige Platz, der die Kirche absichtlich und bewußt zu einem Kunstwerk auf dem Präsentierteller macht, lädt dazu ein, den Bau in

Ruhe zu umschreiten. Immer wieder bieten sich neue Perspektiven. Die Fassade ist allerdings unvollendet. Im Inneren zeigt sich eine typische Pilgerkirche des 12. Jh., deren Anlage die Aufnahme der Pilgermassen ebenso ermöglichte wie die Durchführung der Meßgottesdienste durch die Mönchsgemeinschaft.

Wenn wir aus der Kirche kommen, kann es passieren, daß sich der ganze Kirchplatz inzwischen in einen großen bunten Flohmarkt verwandelt hat. Hier bieten vor allem arabische Händler alles an, was vorstellbar ist.

Etwa auf der Höhe der Mitte des südlichen Schiffes nehmen wir die Rue du Taur. Diese schöne mittelalterliche Straße bringt uns an der Kirche Notre-Dame-du-Taur vorbei wieder zum Ausgangspunkt unseres Streifzuges zurück, zu der Place du Capitole.

Blick in die Gorges du Tarn ▷

Praktische Reise-Informationen

Reisevorbereitung

Auskunft

Allgemeines Informationsmaterial, Hotel- und Restaurantlisten, Hinweise auf Campingplätze und Firmen, die Ferienwohnungen und -häuser vermieten, versenden die Französischen Fremdenverkehrsämter auf Anfrage.

In Deutschland
Berliner Allee 26
4000 Düsseldorf 1
✆ 0211/80375

Westendstr. 47
6000 Frankfurt a. M. 1
✆ 0 69/7 56 08 30

In Österreich
Landstrasser Hauptstr. 2 A
PF 11
A-1033 Wien
✆ 02 22/75 70 62

In der Schweiz
Bahnhofstr. 16
PF 4979
CH-8022 Zürich
✆ 01/2 11 30 85
2, rue Thalberg
CH-1201 Genf
✆ 0 22/32 86 10

In Frankreich
Comité Régional du Tourisme
12, Rue Foch
F-34000 **Montpellier**
✆ 67 60 55 42

Comité Départemental de Tourisme de l'Aude
39, Boulevard Barbès
F-11000 **Carcassonne**
✆ 68 71 30 09

Comité Départemental de Tourisme du Gard
3, Place des Arènes
30011 **Nîmes**
✆ 66 21 02 51

Comité Départemental de l'Hérault
Place Maréchal Godechot
F-34000 **Montpellier**
✆ 67 54 20 66

Office Départemental de Tourisme de la Lozère
4, Place Urban V
F-48002 **Mende**
✆ 66 65 34 55

Office de Tourisme Alès et Cévennes
Boîte Postale 49
F-30101 **Alès**
✆ 66 52 21 15

Der Cevennen-Nationalpark und der Regionalpark des Haut Languedoc verfügen über eigene Informationsbüros:

Parc National des Cévennes
B. P. 4
F-48400 Florac
✆ 66 45 01 75

Parc Naturel Régional du Haut-Languedoc
B. P. 9
F-34200 St. Pons
✆ 67 97 02 10

Darüber hinaus bestehen regionale Informationsbüros.

Reiseveranstalter

Die Cevennen werden als Ziel für Wanderreisen immer beliebter. So bieten zum Beispiel folgende Unternehmen Wanderreisen an:

Baumeler Wanderreisen GmbH
Thomas-Wimmer-Ring 9
8000 München 22
✆ 0 89/23 50 81 82

Rudolph-Reisen Kunst und Wandern
Konviktstr. 21–23
D-7800 Freiburg
✆ 07 61/2 20 55 oder 3 30 55

Reisezeit

Das Klima in den verschiedenen Wandergebieten unterscheidet sich sehr.

Die **Cevennen,** im südlichen Abschnitt mediterran, sind in jeder Jahreszeit zu bereisen. Mai und Juni sowie Ende August und September sind aber als Reisemonate besonders zu empfehlen. Im Gebiet des Mont Aigoual kann man es wegen der üppigen Vegetation und der ausgedehnten Waldgebiete auch in heißen Sommern gut aushalten. Ab Oktober ist mit Kälteeinbrüchen zu rechnen. Bekannt sind aber auch die starken Regenfälle, die den Wanderer jederzeit überraschen können. Im Durchschnitt fallen auf dem Mont Aigoual über 2 m Niederschlag pro Jahr. Im Winter bietet das Gebirgsmassiv des Mont Lozère Wintersportmöglichkeiten.

Auf den **Causses** sind Frühling und Sommer am empfehlenswertesten. Die Temperaturen sind dann auch nicht übermäßig hoch; nur in den Schluchten wie den Gorges du Tarn werden manchmal hohe Temperaturen gemessen. Im Herbst kann man mit starken Wolkenbrüchen rechnen, die aber von dem porösen Boden schnell absorbiert werden. Hier beginnt der Winter später, kann aber auch sehr hart werden. Besonders die eisigen Winde aus dem Norden sind gefürchtet. Bis Ende Februar, Anfang März muß man mit Schneestürmen rechnen.

Die **Küstenregion** des Languedoc ist im Sommer für Strandurlauber zu empfehlen, wobei es aber sehr heiß werden kann. Die Sonne trocknet dann alles aus. Insofern sind die Frühjahrs- und Herbstmonate angenehmer. Allerdings fegen in diesen beiden Jahreszeiten oft heftige Winde über das Land.

Wanderausrüstung

Ein leichter winddichter Anorak gegen Wind und Regen sowie im Sommer ein Schutz gegen die Sonne sind erforderlich. Wichtig ist festes, eingelaufenes Schuhwerk mit Profilsohlen, das den Knöcheln Halt gibt. Denken Sie auch an einen kleinen Rucksack, in dem Sie Ihre Verpflegung, weitere Utensilien wie Verbandszeug, Taschenmesser, Taschenlampe u. a. bequem mitnehmen können. Im Sommer sollten Sie vor allem auf den Causses nie ohne einen entsprechenden Wasservorrat aufbrechen. Zwei Liter sollten es sein, da die Ansiedlungen selten sind.

Anreise

... mit dem Auto

Die Cevennen und das Languedoc legen sich gleichsam sichelförmig südlich um das Zentralmassiv. Wer in die Cevennen will, also den östlichen Teil, fährt mit dem Auto am besten über die französische Autobahn auf der Strecke Mulhouse – Lyon (A 7) bis zur Ausfahrt Bollène.

Wer seinen Zielpunkt weiter im Westen hat, folgt der Autobahn weiter und fährt hinter Orange auf der A 9 (Languedocienne) über Montpellier bis Béziers. Nach Béziers auf der Autobahn A 61 (Entre deux mers) bis nach Toulouse. Von Mulhouse bis nach Toulouse sind es etwa 950 km.

Wer über Paris fahren will, folgt der Autobahn A 10 bis Bordeaux, dann auf der A 61 nach Toulouse und entsprechend weiter.

Möglich ist auch die Nutzung eines Autoreisezugs, der direkt nach Südfrankreich (Narbonne) fährt.

Die gebührenpflichtige Autobahn ist in einzelne Zahlstrecken eingeteilt. Bei Beginn zieht man sich üblicherweise ein Ticket, das bei der nächsten Zahlstelle oder bei der gewählten Ausfahrt abgerechnet wird. Bei Verlust des Tickets ist der höchste Betrag zu entrichten, der bis zu der Zahlstelle möglich ist. Zur Zahlung der Gebühr werden auch die gängigen Kreditkarten akzeptiert, etwa Visa oder MasterCard. Für die Strecke Mulhouse - Toulouse beträgt die Autobahngebühr etwa 100 DM (Stand Frühjahr 1992).

... mit der Bahn

Je nach Zielgebiet ist die Reiseroute bei einer Anreise mit der Bahn unterschiedlich. In die Cevennen empfiehlt sich die Anreise über Lyon, für die Küstenregion des Languedoc die Strecke Lyon – Avignon – Montpellier oder eventuell Genf - Avignon - Montpellier. Wer die Annäherung von Westen erproben will, sollte in Toulouse starten, also am besten über Paris fahren.

Zu den kleinen Orten in den Cevennen kommt man allerdings mit der Bahn nicht. Die Züge umfahren das Gebiet großräumig. Mit dem Zug kann man Alès, Villefort und Mende erreichen, die kleineren Orte sind höchstens noch an das Busnetz angeschlossen.

Die Société nationale des Chemins de Fers, S.N.C.F, also die französische Bahn, gewährt verschiedene Vergünstigungen, die vom Alter des Reisenden, der Reisezeit oder der Länge der Strecke abhängen. Eine Erkundigung ist meist lohnend.

... mit dem Flugzeug

Über Flughäfen verfügen die größeren Städte wie Avignon, Montpellier und Toulouse, aber auch Nîmes und Perpignan. Die Verbindungen aus Deutschland kann man bei der Air France (Friedensstr. 11, 6000 Frankfurt/M.) und allen Lufthansabüros erfahren. Die Air France bietet auch Spartarife an.

Informationen von A–Z

Autofahren

Die erlaubte **Höchstgeschwindigkeit** auf der Autobahn beträgt 130 km/h (auf der Landstraße je nach Ausbau: 110/90 km/h; in den Ortschaften 60 km/h, sofern nicht eine geringere Geschwindigkeit vorgeschrieben ist). Überschreitungen der Höchstgeschwindigkeit werden mit empfindlichen Geldbußen geahndet.

Bleifreies Benzin *(sans plomb)* ist in Frankreich inzwischen fast überall zu haben.

Parken: Achten Sie darauf, nicht im Parkverbot zu parken, auch wenn alle anderen es tun. Das falsch geparkte Auto wird ohne Zögern abgeschleppt, sogar wenn es den Verkehr nicht stört. Mühen und Kosten, das eigene Gefährt wieder zu bekommen, sind erheblich. Außerdem können Verkehrsordnungswidrigkeiten sehr teuer werden.

Auf den kurvigen und manchmal sehr engen Straßen sollten Sie vor unübersichtlichen Kurven immer hupen, auch wenn es zunächst ungewohnt ist.

Camping

Es gibt eine Fülle von Campingplätzen, von der einfachen Dorfwiese bis zu dem Vier-

Sterne-Platz. Für Juli und August, die französische Ferienzeit, empfiehlt es sich vorzubestellen, wenn man einen besser ausgestatteten Platz ins Auge gefaßt hat. Wildes Campen ist nicht gestattet, wird aber in gewissem Umfang toleriert. Im Cevennen-Nationalpark ist es allerdings streng untersagt. Verzeichnisse der Campingplätze versenden die Fremdenverkehrsämter auf Anfrage.

In den Cevennen empfehlen sich als Standquartiere z. B.:
bei Ganges: **Camping Municipal, 34190 Montoulieu, ✆ 67737931
bei Meyrueis: ***Le Capelan, 48150 Meyrueis, ✆ 66456274
bei Mende: **Tivoli, 48000 Mende, ✆ 66650038

Im Nationalpark des Haut Languedoc:
bei Mons La Trivalle: **Camping Municipal de Tarassac, 34390 Mons La Trivalle, ✆ 67977264
bei Olargues: **Le Baous, 34390 Olargues, ✆ 67977150
bei Roquebrun: **Camping Municipal Le Nice, 34460 Roquebrun, ✆ 67896199

Elektrizität

In den Hotels kann man normalerweise Geräte mit Flachstecker anschließen. Für normale Schuko-Stecker braucht man einen Adapter.

Essen und Trinken

Die feine Küche finden Sie im Hinterland kaum, dafür kann man hier die hervorragenden Produkte des Landes in ›unverfälschter‹ Form genießen, oft heftig und deftig. Grundlagen der Küche sind häufig Knoblauch und Olivenöl. Vor allem auf den Causses gibt es Schafgerichte in allen Variationen, von der Lammkeule auf Kräutern bis zum Schafskäse, geschmacklich hervorragend und frisch. In manchen Bauernhöfen ist ein ausgezeichneter Ziegenkäse erhältlich *(Fromage de Chèvre)*. Die Cevennen bieten Pilze und viele Arten von Waldfrüchten. Honig, insbesondere der bei uns wenig bekannte Kastanienhonig sowie der *Bruyère*, ist von ausgeprägtem Geschmack und eigenwilligem Aroma und deshalb einen Versuch wert.

An der Küste und in den größeren Städten ist besonders Fisch zu empfehlen. Sofern er aus dem Mittelmeer kommt, kann man ihn frisch genießen. Man sollte aber immer fragen, ob er frisch oder tiefgefroren *(surgelé)* ist. Köstlich sind oft Muschelspieße, Austern und Fischsuppen.

Zur Küste hin erstrecken sich ausgedehnte Weinberge, die das Landschaftsbild dominieren. Über die Hälfte der landwirtschaftlichen Nutzfläche ist dem Wein vorbehalten und fast die Hälfte der französischen Weinproduktion stammt aus dem Languedoc (ca. 40%). Trotzdem ist dieser Wein bei uns längst nicht so bekannt wie etwa ein Bordeaux oder ein Burgunder, was hauptsächlich daran liegt, daß hier Massenanbau betrieben wird und Qualitätsweine auf der Strecke bleiben. Allerdings versuchen immer mehr Winzer, auf den Anbau von Qualitätsweinen umzustellen.

Das französische Weingesetz unterscheidet vier Qualitätsstufen. Die entsprechenden Bezeichnungen stehen auf den Etiketten der Flaschen. Die höchste Stufe stellen die AOC-Weine dar. Das bedeutet *Appellation d'Origine Controlée*, also eine kontrollierte Herkunftsbezeichnung. Die Herstellung dieser Qualitätsweine aus einem begrenzten Anbaugebiet unterliegt strengen Regelungen (z. B. Mindestalkoholgehalt, Höchstertrag pro Hektar, geregelte Kellereiverfahren). Über die geschmackliche Qualität dieser Weine ist damit aber nicht allzuviel gesagt.

Die nächste Stufe sind die VDQS-Weine, *Vins Délimités de Qualité Supérieure*, Weine gehobener Qualität begrenzter Gebiete. Sie geben auf dem Etikett normalerweise nur das Anbaugebiet an, enthalten aber keine genaueren Ortsbezeichnungen mehr.

Dann folgen die Landweine, die *Vins de Pays.* An sie werden nicht mehr die Anforderungen gestellt wie an die AOC- oder die VDQS-Weine. Auf dem Etikett erscheint nur der Name des Großanbaugebietes. Es sind nach meinen Erfahrungen oft sehr gute, wenn auch keine schweren Weine, die man zum Essen hervorragend trinken kann.

Die niedrigste Stufe sind die Tafelweine, die *Vins de Table.* Sie tragen gar keine Herkunftsbezeichnungen mehr und sind in unterschiedlicher Weise verschnitten, ja stammen häufig aus Nordafrika oder anderen Ländern, also nicht mehr aus einem der französischen Weinbaugebiete.

Geldwechsel

Üblicherweise sind die **Banken** vormittags von vor 9.00 Uhr bis gegen Mittag und nachmittags von etwa 14 Uhr bis gegen 16.00 Uhr geöffnet. Auch in größeren Hotels ist es möglich, Geld umzutauschen.

Der Französische **Franc** ist seit Jahren im Verhältnis zur Mark sehr stabil. Man kann davon ausgehen, daß man für 30 DM etwa 100 FF bekommt (Frühjahr 1992). Der Umtausch im Land ist günstiger.

Euroschecks (derzeit bis 1400 FF), Kreditkarten und Reiseschecks werden überall akzeptiert, auch in kleineren Restaurants oder Geschäften. Meist wird ein Personaldokument (Personalausweis oder Reisepaß) verlangt.

Von **Postsparbüchern** kann man bis zu DM 2000 pro Monat gebührenfrei abheben.

Höhlen

Im gesamten Gebiet gibt es eine große Anzahl von Höhlen. Sie sind ein starker – im Sommer auch kühler – Anziehungspunkt, so daß manchmal lange Schlangen entstehen, vor allen Dingen an Sonn- und Feiertagen sowie in den Schulferien. Sie befinden sich oft in privaten Händen und dürfen erst dann der Öffentlichkeit zugänglich gemacht werden, wenn eine ausreichende Ausstattung gegeben ist. Besonders lohnend:

Bei Mialet: Grotte de Trabuc,
✆ 66 85 03 28
Bei Meyrueis: Aven Armand,
✆ 66 45 61 31
Grotte de Dargilan, ✆ 66 45 60 20
Bei Ganges: Grotte des Demoiselles,
✆ 67 63 70 02
Bei St-Jean-de-Fos: Grotte de Clamouse,
✆ 67 57 71 05
Bei Carcassonne: Gouffre Géant de Cabrespine, ✆ 68 26 14 22

Über Öffnungszeiten erteilen die Fremdenverkehrsämter Auskunft.

Man findet auch da und dort Hinweise auf Möglichkeiten zu speleologischen Ausflügen in die unterirdische Welt der Höhlen. Unter der Führung eines erfahrenen Höhlenliebhabers kann sich auch der Neuling, entsprechend ausgerüstet, eine Weile unter der Erde in den Höhlen und Erdspalten bewegen. Auskünfte erteilt z. B.:
G.R.E.S.
M. Meilhac
Les Courrèges
Breau 30120 Le Vigan
✆ 67 81 16 24
In vielen Orten gibt es auch Spéléo-Clubs.

Karten

Für die Anfahrten zu den Wanderungen und zur Orientierung sind die Straßenkarten von Michelin am besten geeignet. Die Nummern 80 und 83 decken unser Gebiet im wesentlichen ab. Die Karte Nr. 82 umfaßt Toulouse und reicht bis an die Pyrenäen. Michelin-Karten sind in Frankreich überall erhältlich und wesentlich billiger als bei uns.

Das *Institut Géographique National* hat für Frankreich Karten im Maßstab 1:50 000 (orange) und 1:25 000 (blau) vorgelegt.

Diese sind beide für Wanderungen gut geeignet, sofern man auf sehr genaues Kartenmaterial nicht verzichten möchte. Die blauen oder orangen Karten sind bei den Wanderungen auch angegeben. Ich halte aber die beiden folgenden Ausschnittskarten der IGN im Maßstab 1:100 000 für ausreichend, auf denen sich unsere Wanderungen im wesentlichen befinden: IGN Nr. 354 (Parc National des Cévennes) und IGN Nr. 65, série verte (Béziers – Montpellier/Parc Naturel Régional du Haut Languedoc (est)).

Überblickskarten und Stadtpläne findet man auch in dem grünen Michelin-Führer Gorges du Tarn, Cévennes – Bas Languedoc.

Kirche

Obwohl Frankreich überwiegend katholisch ist, gibt es vor allem in den Cevennen Gemeinden, die überwiegend evangelisch sind. Dementsprechend werden Gottesdienste abgehalten.

Kriminalität

In der Küstenregion ist eine gewisse Vorsicht geboten (Autoeinbrüche und Trickbetrüger). Im Gebirge ist damit selten zu rechnen.

Literatur

Außer den üblichen Reiseführern liegt über die Cevennen fast keine Reiseliteratur vor. Besonders hinzuweisen ist auf folgende Werke:

Aschenbacher, Helmut: Côte Languedoc – Roussillon (Goldstadt)
Kinder, Thomas: Die Cevennen. (S&B Wanderführer. Scheuble und Baumgartner)
Legler, Rolf: Languedoc – Roussillon. Von der Rhône bis zu den Pyrenäen. (DuMont Kunstreiseführer)
Languedoc – Roussillon, Merianheft
Seidler, Peter: Languedoc – Roussillon. (Kohlhammer Kunst- & Reiseführer)

An Romanliteratur sei auf folgende Werke hingewiesen:

Carrière, Jean: Der Sperber von Maheux
Chabrol, Jean-Pierre: Die Narren Gottes
Tieck, Ludwig: Aufruhr in den Cevennen
Stevenson, Robert L.: Reise mit dem Esel durch die Cevennen

Öffnungszeiten

Die Öffnungszeiten der Ladengeschäfte sind anders als bei uns. Man muß mit einer längeren Mittagspause rechnen. Zwischen 12.00 Uhr und 16.00 Uhr ist oft alles geschlossen. Manche Supermärkte sind allerdings durchgehend geöffnet; sie liegen meistens am Rand der Ortschaften oder ganz außerhalb auf der grünen Wiese. Dafür kann man abends auch noch um 19 Uhr oder auch später einkaufen. Sonntag vormittag findet sich immer eine geöffnete Bäckerei, manchmal auch ein Lebensmittelgeschäft. Wochenmärkte nur vormittags.

Sport

Die Cevennen bieten eine Fülle von sportlichen Möglichkeiten. Die Gemeinden fördern diese Anlagen, da sie dem aktiven Urlauber Gelegenheiten zur Betätigung bieten möchten. Hingewiesen sei z. B. auf: Fahrradfahren, Kanu, Segeln und Surfen, Bogenschießen, Reiten, Angeln. Das touristische Freizeitangebot an der Küste ist außerordentlich weit gefächert und bietet viele Möglichkeiten. Am besten erteilen die lokalen Touristenbüros Auskunft.

Sprache und Verständigung

Der durchschnittliche Franzose geht davon aus, daß ein zivilisierter Mensch die französische Sprache beherrscht. An Fremdsprachenkenntnissen darf man in Frankreich nicht zu viel erwarten. Einige Worte sollte man sich einprägen oder wenigstens ein kleines Lexikon dabei haben.

Wichtige Wanderbegriffe

la carte (géographique)	Landkarte
la boussole	Kompaß
le col	Paß
la vallée	Tal
l'auberge	Herberge
l'hôtel	Hotel
le camping	Campingplatz
la ferme	Bauernhof
le cabanon	Hütte
le chemin	Weg
le sentier	Pfad, Wanderweg
la chapelle	Kapelle
le château	Schloß
le cloître	Kloster
le lac, l'étang	See, Teich
la marche	Stufe
la grange	Scheune
la plaine	Ebene
la maison	Haus
le mas	Bauernhaus
le mont	Berg
le pic	Gipfel
le pont	Brücke
le port	Hafen
le pré	Wiese
la rivière	Fluß
le ruisseau	Bach
la distance	Entfernung
la descente	Abstieg
la montée	Aufstieg
le sac à dos	Rucksack
le sac de couchage	Schlafsack
la tente	Zelt
la balade, la randonnée	Wanderung
tout droit	geradeaus
à gauche	links
à droite	rechts
un abri	Unterstand
le temps	Wetter
beau temps, mauvais temps	gutes, schlechtes Wetter
la neige	Schnee
l'averse	Regenschauer
la boue	Matsch
le soleil	Sonne
le vent	Wind
l'ombre	Schatten
la boulangerie	Bäckerei
l'épicerie	Lebensmittelladen
la boucherie	Metzgerei
la pharmacie	Apotheke
le pain	Brot
la bière	Bier
le vin	Wein
la chambre double	Doppelzimmer
la chambre single	Einzelzimmer
la douche	Dusche
le petit déjeuner	Frühstück

Telefon

Münztelephone gibt es fast kaum noch. Auch in einsamen Gegenden hat sich in Frankreich inzwischen das Kartentelefon durchgesetzt. Die *Télécarte* ist in Tabakwarengeschäften oder auf der Post erhältlich. Man kann normalerweise auch von Telefonzellen aus ins Ausland telefonieren (Vorwahl Deutschland: 19 49; Österreich: 19 43; Schweiz: 19 41). Man kann sich auch in Telefonzellen anrufen lassen. Die Telefonnummer steht auf einem blauen Schild mit dem Symbol einer Glocke.

Touristeninformation

Praktisch jeder Fremdenverkehrsort verfügt über ein eigenes Touristenbüro. Die Büros heißen entweder *Syndicat d'Initiative* oder *Office de Tourisme.* Ausstattung und Informationsmöglichkeiten sind in den einzelnen Büros sehr unterschiedlich. Normalerweise können sie aber am besten über das örtliche Angebot informieren (Regional- und Stadtpläne, Restaurants, Öffnungszeiten, Anmieten von Autos, Fahrrädern oder

Kajaks, Sportmöglichkeiten usw.). Sie sind während der Saison in den meisten Orten vormittags und nachmittags geöffnet, außerhalb der Saison häufig ganz geschlossen.

Umwelt

Das Umweltbewußtsein ist in Frankreich bisher weniger ausgeprägt als bei uns. Der Cevennen-Nationalpark und der Regionalpark des Haut-Languedoc versuchen verstärkt, den Umwelt- und Naturschutz zu fördern. Die in den Büros erhältlichen Broschüren stellen diese Arbeit gut dar.

Unterkunft

Hotels
In den Cevennen selbst findet man in den kleinen Orten oft keine Unterbringungsmöglichkeiten. In Zentren wie etwa Meyrueis, Florac oder Mende ist es zur Hauptsaison empfehlenswert, ein Zimmer vorzubestellen. Zur Auswahl eines geeigneten Hotels ist neben dem roten Guide Michelin das Verzeichnis der in dem Logis de France zusammengeschlossenen Hotels sehr nützlich. Es kann über das französische Fremdenverkehrsamt kostenlos bezogen werden.

Gîtes d'Étapes
Diese sind einfache Unterkünfte, etwa im Stile von Jugendherbergen. Auch bei einer Übernachtung in einer Gîte d'Étape ist eine Anmeldung empfehlenswert. Ein Adressenverzeichnis ist etwa erhältlich bei: Association de Tourisme de Randonnée Languedoc-Roussillon, 8–10, Avenue du Port Juvénal, F-34000 Montpellier.

Gîtes ruraux und Campotels
Für Reisende, die in kleinen Gruppen oder mit Kindern reisen und sich selbst versorgen wollen, sind diese einfachen, aber oft preiswerten Unterkünfte besonders geeignet. Es handelt sich um Ferienhäuser oder um kleine Wohnungen und Appartements in Feriensiedlungen mit ausgerüsteter Küche.

Campotels, insgesamt 16, finden sich nur in dem Département Hérault. Informationen erteilt: Comité départemental de Tourisme de l'Hérault. Place Maréchal Godechot, 34000 Montpellier.

Über die Gîtes ruraux informieren die Fremdenverkehrsämter.

Verkehrsmittel

Die öffentlichen Verkehrsmittel sind besonders in den bevölkerungsarmen Cévennen nur schwach ausgebaut. Zwar kann man die größeren Orte mit dem Bus, mit der Bahn aber kaum erreichen. Die Ausgangspunkte vieler Wanderungen kann man mit öffentlichen Verkehrsmitteln nicht immer anfahren. Doch beginnen einige Wanderungen dieses Buches in Ortschaften.

Zwischen den Orten verkehren die Busse in der Regel nur selten, etwa morgens und abends. Fahrkarten kann man an den Busbahnhöfen kaufen, die auch Auskunft geben und Fahrpläne verkaufen.

Wintersport

Besonders der Mont Lozère bietet ausgedehnte Wintersportmöglichkeiten. Vor allem für Skiläufer ist gesorgt. Wenn auch die Abfahrten den alpengewöhnten Skihasen nicht ganz befriedigen werden, so wird doch der Langlauffreund voll auf seine Kosten kommen. Informationen erteilt:
Comité régional des ski des Cévennes,
190, Av. Père Soulas,
F-34090 Montpellier,
✆ 67 54 62 44.

Abbildungsnachweis

Farbabbildungen

Marianne Bongartz (Köln) Abb. 6
Georg Henke (Bremen) Abb. 7, 15
Irmgard Preisinger (Freiburg) Abb. 1, 2, 4, 16
Werner Richner (Saarlouis) Titel, Abb. 3, 8, 9, 10, 11, 12, 13, 14
Werner Stuhler (Hergensweiler) Abb. 5

Schwarz-Weiß-Abbildungen

Dirk Althoff (Berlin) S. 34, 91, 137, 166, 169, 172, 176, 178
Archiv für Kunst und Geschichte (Berlin) S. 24
Hans-Georg Deggau (Freiburg) S. 71, 87o, 87u, 154
Georg Henke (Bremen) S. 49, 51, 54, 59, 73, 74, 83, 99, 110, 112, 130, 148, 160, 161, 162, 183, 195
Martin Jeiter (Morschenich) S. 20li, 30, 35, 42, 44, 173
Leonard von Matt (Schweiz) S. 198
Irmgard Preisinger (Freiburg) S. 15, 18, 66, 81, 96o, 96u, 102o, 102u, 106, 139, 144, 146, 151, 152, 170, 186, 187, 190, 196
Werner Stuhler (Hergensweiler) S. 2, 8/9, 10, 13, 14, 20re, 32, 35re, 37, 38, 40, 43, 47, 60/61, 132, 141, 208

Alle übrigen Abbildungen stammen aus den Archiven des Autors und des Verlages.

Karten und Pläne: DuMont Buchverlag Köln

Bitte schreiben Sie uns, wenn sich etwas geändert hat!

Alle in diesem Buch enthaltenen Angaben wurden vom Autor nach bestem Wissen erstellt und von ihm und dem Verlag mit größtmöglicher Sorgfalt überprüft. Gleichwohl sind – wie wir im Sinne des Produkthaftungsrechts betonen müssen – inhaltliche Fehler nicht vollständig auszuschließen. Daher erfolgen die Angaben ohne jegliche Verpflichtung oder Garantie des Verlages oder des Autors. Beide übernehmen keinerlei Verantwortung und Haftung für etwaige inhaltliche Unstimmigkeiten. Wir bitten dafür um Verständnis und werden Korrekturhinweise gerne aufgreifen: DuMont Buchverlag, Postfach 10 04 68, Mittelstraße 12–14, 5000 Köln 1.

Register

Orte

Personen

Languedoc-Roussillon

Von der Rhône bis zu den Pyrenäen

Von Rolf Legler. 352 Seiten mit 48 farbigen und 145 einfarbigen Abbildungen, 102 Karten und Zeichnungen, 16 Seiten praktischen Reisehinweisen, Register, kartoniert (DuMont Kunst-Reiseführer)

»Dieser Führer hilft dem Leser mit eingehenden Beschreibungen und vielen praktischen Ratschlägen, seine eigene, für ihn interessante Route durch diese verwirrende Landschaftsvielfalt zu finden. Rolf Legler kennt Languedoc und Roussillon durch viele Studienreisen nach Südfrankreich.«
Elmshorner Nachrichten

»Legler nähert sich seinem Gegenstand mit Sympathie und Engagement. Daß er die aktuellen Probleme Südfrankreichs behandelt, macht den Band über seine Funktion als Kunstreiseführer hinaus interessant.«
Linksrheinischer Rundfunk

»Richtig reisen«: Languedoc-Roussillon

Von Dirk Althoff. 396 Seiten mit 27 farbigen und 140 einfarbigen Abbildungen, 31 Karten und Plänen, 67 Seiten praktischen Reisehinweisen, Register, kartoniert

»Ob mit dem Auto, dem Fahrrad oder zu Fuß unterwegs – dieser Führer aus der bewährten Reihe weist den Weg in die schönsten Regionen zwischen Pyrenäen und Camargue, umfaßt die Bandbreite von einsamen Klöstern zu quirligen Festivals, von stillen Bergnestern bis zu den supermodernen Ferienzentren am Mittelmeer. Abgerundet wird der Reiseführer durch einen Sonderteil mit praktischen Reiseinformationen.«
Hessen Kurier

»Schon beim ersten Blättern in diesem reich bebilderten Führer kommt rechte Urlaubsstimmung auf – und für die Vorbereitung einer Tour sind die beigefügten praktischen Informationen nützlich.«
Hellweger Anzeiger

»Richtig reisen« / »Richtig wandern«

- Ägypten
  - Kairo
  - Sinai und Rotes Meer
- Algerische Sahara
- Arabische Halbinsel
- Australien
- Bahamas

Belgien
  - Belgien mit dem Rad

Bundesrepublik Deutschland
  - Berlin
  - München
  - »Richtig wandern«: Ostfriesland
- China
- Cuba
- Dänemark
  - Bornholm
- Ferner Osten
- Finnland

Frankreich
  - »Richtig wandern«: Bretagne
  - »Richtig wandern«: Burgund
  - »Richtig wandern«: Cevennen und Languedoc
  - Elsaß
  - Korsika
  - Languedoc und Roussillon
  - Paris
  - »Richtig wandern«: Pyrenäen
- Griechenland
  - Die griechischen Inseln
  - Kreta
  - »Richtig wandern«: Kykladen
  - »Richtig wandern«: Nordgriechenland
  - »Richtig wandern«: Peloponnes
  - »Richtig wandern«: Rhodos
- Großbritannien
  - London
  - Nord- und Mittelengland
  - »Richtig wandern«: Nord-England
  - »Richtig wandern«: Schottland
  - »Richtig wandern«: Englands Süden
  - »Richtig wandern«: Süd-England
- Guadeloupe – Martinique
- Holland
  - Amsterdam
- Hongkong mit Macau und Kanton

Indien
  - Nord-Indien
  - Süd-Indien
- Indonesien
- Irland
- »Richtig wandern«: Island
- Italien
  - Friaul – Triest – Venetien
  - Neapel
  - Oberitalien
  - Rom
  - Sizilien
  - Süditalien
  - »Richtig wandern«: Südtirol
  - Toscana
  - »Richtig wandern«: Toscana und Latium
  - Venedig
- Jamaica
- Kanada und Alaska
  - Ost-Kanada
  - West-Kanada und Alaska
- »Richtig wandern«: Lappland

Luxemburg
  - Belgien und Luxemburg
- Madagaskar – Komoren
- Malediven
- Marokko
- Mauritius
- Mexiko
- Nepal
- Neuseeland
- Norwegen

Österreich
  - Graz und die Steiermark
  - »Richtig wandern«: Tirol
  - Wien
- Ostafrika
- Philippinen
- Portugal
  - Azoren
- Réunion

Rußland
  - Moskau
- Schweden
- Die Schweiz und ihre Städte
- Seychellen
- Spanien
  - Andalusien
  - Barcelona
  - Extremadura
  - Gran Canaria
  - Ibiza/Formentera
  - »Richtig wandern«: Der Spanische Jakobsweg
  - Katalonien
  - Lanzarote
  - »Richtig wandern«: La Palma, La Gomera, El Hierro
  - Madrid und Kastilien
  - »Richtig wandern«: Mallorca
  - »Richtig wandern«: Pyrenäen
  - Teneriffa

Südamerika
  - Argentinien – Chile – Paraguay – Uruguay
  - Peru und Bolivien
  - Venezuela, Kolumbien und Ecuador
- Thailand
- Türkei
  - Istanbul
- Tunesien

Ungarn
  - Budapest

USA
  - Florida
  - Hawaii und Südsee
  - Kalifornien
  - Los Angeles
  - Neu-England
  - New Orleans und die Südstaaten
  - Südwesten – USA
  - Texas
  - Washington D.C.
- Zentralamerika
- Zypern